陈少峰　王　起　王建平　主编

中国文化旅游产业报告

ZHONGGUO WENHUALVYOU CHANYE BAOGAO

—— 2015 ——

華文出版社
SINO-CULTURE PRESS

图书在版编目（CIP）数据

中国文化旅游产业报告 . 2015 / 陈少峰，王起，王建平主编 .
—北京：华文出版社，2015. 7
ISBN 978 - 7 - 5075 - 4384 - 1

Ⅰ. ①中… Ⅱ. ①陈… ②王… ③王… Ⅲ. ①旅游业—
研究报告—中国—2015 Ⅳ. ①F592

中国版本图书馆 CIP 数据核字（2015）第 155249 号

中国文化旅游产业报告 2015

主　　编： 陈少峰　王　起　王建平
责任编辑： 吴　晶
出版发行： 华文出版社
地　　址： 北京市西城区广外大街 305 号 8 区 2 号楼
邮政编码： 100055
网　　址： http：//www. hwcbs. com. cn
投稿邮箱： hwcbs@ 126. com
电　　话： 总编室 010　58336239　责任编辑 010 - 58336193
发行部 010 - 58336270　010 - 58336122
经　　销： 新华书店
印　　刷： 三河市宏盛印务有限公司
开　　本： 710mm × 1000mm　1/16
印　　张： 17. 5
字　　数： 290 千
版　　次： 2015 年 8 月第 1 版
印　　次： 2015 年 8 月第 1 次印刷
标准书号： ISBN 978 - 7 - 5075 - 4384 - 1
定　　价： 59. 00 元

主　办

北京大学文化产业研究院

中国文化企业研究中心

海大国际经济文化交流有限公司

新疆白龙马影视传媒公司

中国互联网文化产业论坛

中国书画五十人论坛

锦航文化科技集团

天舟文化股份公司

编写委员会

主　　编	陈少峰	王　起	王建平		
执行主编	何　毅	朱建相	黄向军		
副 主 编	范婷婷	郭兴月	黄　鑫		
编 委 会	白　静	付　斌	矫国梁	康福田	刘　锋
	李金莲	裴虹博	屈燕妮	王　波	徐　曼
	张雷雷	黄向军	范婷婷	朱建相	徐文明
	王　鸿	何　毅	刘登顺	黄锦宗	黄　鑫
	王　起	王建平	罗争玉	赵　磊	陈少峰

序 言

中国文化产业的发展如火如荼，许多文化企业逐渐成为大型的舰队式的企业集团（联合体）。在经济新常态的环境下，一方面，中国文化产业发展出现了跨国并购、跨界融合、企业主导以及互联网文化产业高速发展等的新格局、新态势；另一方面，中国传统的文化产业也受到新兴业态的文化产业的巨大冲击，需要与时俱进，探寻新机遇，把握新（商业）模式。整体上看，当前的中国文化产业出现了大震荡与大发展双重格局并存的奇特景象。

文化产业作为塑造国家文化软实力的核心力量之一，越来越受到各界的高度重视。北京大学文化产业研究院致力于研究中国文化产业的大趋势、大格局，研究国家文化产业发展战略和文化企业的商业模式。在当今文化产业发展的关键时期，我们联合了国内一些有志于学术探索的文化企业、文化企业家和百多位学者，联合主持并共同编写了《中国文化企业报告2015》、《中国文化企业品牌案例》、《中国互联网文化产业报告2015》、《中国互联网文化企业报告2015》、《中国书画产业报告2015》、《中国文化旅游产业报告2015》、《中国电影产业报告2015》等学术研究的专题报告。不过，遗憾的是，除了《中国文化企业报告2015》（作为系列化编写以来已是第四个年度研究报告）之外，其余6个报告均为第一次组织学者编写，其中存在不少疏漏、草率与不足之处，敬请谅解。我们将在今后努力改进不足，争取持续提供更严谨的研究成果。

本次各项报告的主持和写作分工是：主编负责专题大纲的策划与协调，执行主编与副主编负责具体写作的统筹与统稿，每一位作者负责撰写某个具体章节的内容。本着文责自负的原则，所有作者所撰写的内容章节均署实名与所在工作单位。此外，需要补充说明的是，以上所列的《中国文化企业报告2015》、《中国文化企业品牌案例》等两部报告由三位主编共同策划和协调，张立波同时也参与负责统筹和统稿；其余报告中的执行主编和副主编均负责该报告的统筹和统稿。

目 录

CONTENTS

第一章　中国文化旅游产业现状与趋势

● 文化是旅游的重要资源。旅游是以资源为基础产生的一种活动。文化旅游是伴随社会生产力进步而崛起的新的生活方式。文化旅游业的发展，是社会生产力进步的标志，也是实现可持续发展的动力。

● 21世纪我国旅游的方向直指向文化旅游。文化旅游产品以其丰富的文化内涵、相当的发展规模和精深的人文底蕴独占鳌头，成为最具竞争力的优势产品。文化旅游是指自然资源之外、人为创意旅游资源的旅游。寻求文化享受已成为当前旅游者的一种风尚。文化旅游产业是一种特殊的综合性产业，因其关联度高、涉及面广、辐射力强、带动性大而成为新世纪经济社会发展中最具活力的新兴产业之一。

● 我国的旅游业正在慢慢转型，文化与旅游结合的需求越来越明显。现阶段实现旅游产业利益最大化和不断发展，关键在于开发利用各种文化资源，满足人们对旅游产品和服务中的文化价值需求，在深度挖掘旅游文化内涵的过程中，建立产业良性的内部运行机制和外部发展模式，从而提升产业价值，获得可持续发展。目前我国文化旅游品牌开发持续推进，文化旅游管理和服务不断加强，文化旅游市场已经具备一定的规模，各地大力开发文化旅游资源。

● 未来我国文化旅游产业政策前景利好，文化旅游产业经济前景广阔，文化旅游产业进一步细分，向现代化和市场化方向发展，将会得到创新性发展。

一、文化旅游产业基本概述

低碳经济时代，文化和旅游两大产业逐渐成为世界主要国家优先发展的“绿色朝阳产业”。党中央提出“要推动文化产业与旅游、体育、信息、物流、建筑等产业融合发展”。作为我国大力扶持发展的第三产业新模式，文化与旅游两大产业的融合发展对促进整个国民经济的发展升级和结构转型有着重要意义。

（一）文化旅游的概念内涵

文化是旅游业的灵魂，是旅游者活动的本质属性，是旅游资源的魅力所在，与旅游资源有着水乳交融的关系。[①] 文化旅游是通过旅游实现感知、了解、体察人类文化具体内容之目的的行为过程。文化旅游产业是文化产业的一个重要组成部分，但近年来，我国学术界和一些省市政府部门对文化旅游产业的认识存在泛化现象，许多人把旅游业主体都作为文化产业的组成部分，包括旅游交通企业、旅游住宿企业、纯自然的观光型景区等。其实，这是把旅游文化与文化旅游混为一谈。真正的文化旅游产业主要是由人文旅游资源所开发出来的旅游产业，是为满足人们的文化旅游消费需求而产生的一部分旅游产业。它的目的就是提高人们的旅游活动质量。[②] 文化旅游的核心是创意，“创造一种文化符号，然后销售这种文化和文化符号”，并强调文化旅游的“文化”是一种生活形态，“产业”是一种生产行销模式，两者的连接点就是“创意”。因此，文化旅游可以理解为“蕴含人为因素创造的生活文化的创意产业”。

（二）文化旅游的特征

第一，知识密集性。文化旅游产品蕴含着大量的知识信息，是一种知识密集型旅游产品。文化旅游能为旅游者提供大量丰富的科普知识、历史知识、社会知识，接受艺术熏陶，提高文化修养，使游人从中得到某些感悟与升华。如到徽州民居中旅游，许多楹联很能教育人，或者崇尚孔孟之道，或者注重教化，或者抒情言志，或者劝人积德行善，或者教人治国济世，认真品读，大有茅塞顿开之感。

第二，超综合性。旅游产业本身就是一个综合性极强的产业，而文化旅游又赋予了其更为丰富的内容。从旅游环节的角度看，文化旅游产业是集“吃”“住”“行”“游”“购”“娱”“健”“闲”“体”九位一体的产业，并在每一个旅游环节中赋予了更为丰富的文化内容；从产业关联的角度看，文化旅游产业是集“旅游产业”“文化产业”“休闲娱乐产业”“艺术产业”“体育产业”商业等

① 曹诗图，袁本华．论文化与旅游开发［J］．经济地理，2003，23（3）：405－408.

② 大河网－河南日报．文化旅游产业：走好文化创意之路［EB/OL］．http：//news. sina. com. cn/o/2007－09－12/05361255227ls. shtml，2015－04－17.

一体化的庞大产业，产业边界越来越模糊。从某种意义上讲，文化旅游产业已经发展成了一个万能的无所不包的产业，具有超强的综合性。

第三，延展性。延展性是指以一项文化旅游产品为核心可以衍生出一系列的其他产品。文化旅游产业的文化含量高，附加值大，通过深度开发与创新，能够挖掘和衍生出一系列的新产品，具有超强的延展性。文化既是旅游产业的一个重要内容，也是旅游产业的重要环节与表现形式，通过文化创意活动挖掘和表现它的丰富内涵，创造出一系列意想不到的新型旅游产品。例如大型实景歌舞剧《印象刘三姐》和《长恨歌》的演出，都成功地带动了当地文化旅游产业的发展。此外，文化旅游的延展性还表现在旅游产品内涵的功能延展。最有说服力的例子是在游览中，如果导游能适当引入精彩的故事典故，就可以提升游览项目的档次，增加旅游产业的附加值。

第四，载体性。文化旅游产业的发展不是孤立的，必须以历史文化景点“文化艺术场所”演出会展场所等为载体。文化旅游产业的发展程度与这些载体的品质和密集程度息息相关。这些载体与旅游的九个环节共同构成了完整的文化旅游产业链。在现代文化旅游业的九个环节中，不仅每个环节都有文化渗透其中，具有丰富的文化内涵，而且与此相关的历史文化景点“文化艺术场所”演出会展场所等构成了文化旅游的产业链。一般来说，文化景点“文化艺术场所”演出会展场所布局越密集越完整，文化旅旅游产业链就越长。完整的文化旅游产业链不仅包括吃、住、行、游、购、娱、健、闲、体九个环节，而且由一系列相关的文化景点与场所构成，在文化旅游产业的发展中，其载体起着越来越重要的作用。因此，可以说文化旅游产业的载体是文化旅游产业链以及文化产业发展的关键性因素。

第五，体验性与参与性。静态的文化观赏是传统的低层次的一种旅游方式。现代文化旅游倡导的是文化体验与文化参与行为。由于时代的变迁和发展，当代人对旅游的要求越来越高，单纯的静态观赏历史古迹已经无法满足当代人对文化旅游的需求，文化旅游的体验和参与的程度要求越来越高，人们在体验和参与的过程中感受文化的价值和魅力。此外，从市场主体的角度看，文化旅游市场的主体以中青年人群以及“身心年轻”的老年人群为主，客观上也要求参与性、体验性较强的文化旅游活动。因此，体验性与参与性越来越成为文化旅游的核心本质要求。

第六，创意性。运用文化符号创造出无中生有的文化吸引物是当代文化旅游产业发展的又一个显著特点。今天的文化旅游不仅仅与历史古迹相联系，而更多的是通过文化创意来实现的。好的创意本身就可能成为文化旅游的吸引点。例如没有任何旅游资源的迪拜与阿布扎比可以每年吸引众多游客之秘籍，就在于好的创意。它们通过全新理念设计的现代超豪华购物中心“七星级的金帆船酒店”、超豪华的文化广场、超豪华的清真寺等现代建筑和创意产品，吸引游客从世界各地聚集迪拜与阿布扎比，带动了阿联酋文化旅游产业的大发展。此外，举办大型节事活动如各式选秀活动、博览会等，能够带来巨大的产业联动效应，促进文化旅游产业的大发展。

第七，精品性。从产品的角度看，文化旅游产品资源的品位高，它是人类历史的结晶，是在历史发展中沉淀下来的人类精神与物质行为的精品。这些精品，既有在人类历史发展中作为各类精英精神行为结晶的精品，如价值观念、学术思想等；也有各类精英作为物质行为结晶的精品，如以物质形态遗存的建筑物及其内涵文化。

第八，民族性与国际性。文化旅游的景点，一方面具有民族性，是一个民族精华的代表；另一方面具有国际性，因为文化旅游景点既是民族领先的，又是世界一流的，是被世界认可的高品位的民族精品，因而同时具有了国际性和世界性。可以说，文化旅游产业所反映的文化内涵是民族性与国际性的统一。

（三）文化与旅游的关系

1. 文化和旅游的关系

旅游和文化的关系非常密切，我们分别从旅游主体——旅游者、旅游客体、旅游资源和旅游媒介旅游业来分析这个问题。

（1）文化是旅游者的出发点和归宿点

在有了闲暇时间和收入的情况下，个人要成为旅游者还须有旅游动机和旅游需求。旅游者出游主要是出于“乐生”的需要，出于了解异地文化的动机，想要寻求一种体验。文化因素已渗透在现代旅游业的各个方面，文化是旅游者的出发点和归宿点。旅游也成了学习知识的一种手段。它不仅能促进人的文化素质的提高，还能挖掘我们的民族文化，推动各国优秀文化的发展，提高社会文化水平，有利于各国人民的交往，有利于发展国际文化的交流与合作。[①]

（2）文化是旅游资源的魅力源泉

旅游资源是一种永久和无限的知识资源，它和文化有着密不可分的关系。首先，自然旅游资源和历史旅游资源大多具有永久价值。大好河山孕育着文化，文化辉映着大好河山。如众多的名山胜水成了佛寺、道观的建造之地，孕育了丰富的宗教文化，再如我国的故宫、长城等，都是旅游者向往之地。其次，从人文旅游资源来看，许多文化产物都是人文旅游资源，略加开发就可以成为富有吸引力的旅游产品，大量的人文旅游资源都具有丰富的文化内涵。游人要欣赏、感悟它，就需要进行旅游开发，培育人文景观。再次，随着科技的迅速发展，人造主题公园得到大规模建设，知识推动着旅游的发展。

（3）文化是旅游业的灵魂

文化是旅游之魂。旅游者出游目的主要是审美和求知等精神需求。旅游也不仅仅停留在游山玩水的感官愉悦的观光旅游层次上，也是一种满足高层次的增长知识的需求。这就要求我们要开发具有文化品位、能够满足旅游者文化需求的旅游产品。由此可见，旅游与文化的关系非常密切，旅游既是对文化的消费，同时也创造文化。

2. 我国大力发展文化旅游产业的重要意义

明确了旅游和文化的关系，就不难看出文化旅游会引起文化的交流碰撞从而推动本土文化的变迁。它可以导致地方文化的商业化，进而创造一种新的文化态势——旅游文化。

第一，文化产业与旅游产业的融合有利于促进我国旅游产业新格局的形成。新时代的发展和变化对旅游产业不断提出新要求，旅游产业的发展进入了一个全面调整和提升的新时期，而此时文化产业与旅游产业的融合，为旅游产业的发展注入了新鲜的血液，带来了新的活力。不仅如此，在新一轮的产业整合与竞争中，旅游产业新格局的形成必将同文化产业与旅游产业的融合发展相联系。可以说，文化旅游产业的发展，有利于促进我国旅游产业新格局的形成。

第二，文化产业与旅游产业的融合有利于促进我国旅游产业发展方式的转变。我国旅游产业的发展总体档次低，发展方式落后。文化旅游产业的发展，一

---

① 梁月．试论旅游和文化的关系［J］．北方经贸，2005（9）：61－62.

方面有利于用文化来提升旅游产业的品位与档次，促进旅游产业发展方式的转变；另一方面，通过旅游业来为文化产业的发展提供载体，通过对传统文化的再创新与产业化，实现从单一的文物观光型向文化体验型转变。既弘扬我国优秀的历史文化，又塑造现代文化，实现旅游产业由量到质的转变，从而推动旅游经济的全面发展。

第三，文化产业与旅游产业相互融合有利于旅游产业功能的完善。旅游产业不仅具有解决劳动者就业，带动经济发展的功能，更具有促进人们身心健康，增加知识，提升境界的功能。过去一味地强调旅游产业的经济功能，其他功能被弱化。现代旅游业教育与提升人们境界的功能越来越突出，文化产业与旅游产业融合发展有利于推动以公益目的、教育目的、文化传播目的为主导的旅游产业的发展。

第四，文化产业与旅游产业相互融合有利于促进先进文化的传播。各民族、各地区的文化差异是旅游活动产生的动机之一。旅游者到一个地区旅游，目的之一是学习和了解当地的风土人情、历史文化及社会文化，同时旅游者把自己的言行举止有意无意地传给当地的居民，这就促进了文化之间的交流和传播。在文化旅游产业发展中，通过推出一批文化创意产品，让静态的文化资源活起来，使静态文化动态化，地下文化显性化，从而既有利于弘扬传统文化中的优秀与先进部分，又有利于建设现代文化，促进先进文化的广泛传播。

第五，文化产业与旅游产业相互融合有利于促进旅游目的地品牌价值的充分兑现。一般来说，文化旅游目的地是文化遗迹品位高、分布密集的地方，在国内外具有很高的知名度与品牌价值，是该地区或国家一张重要的名片。发展文化旅游产业，有利于丰富旅游内涵，提升旅游品位，促进旅游目的地价值的充分兑现。

二、中国文化旅游业的发展环境

文化旅游发展政策是在应对国际金融危机的大背景下出台的。2008 年由美国次贷危机引发的全球金融危机，对我国经济社会转型发展提出了严峻挑战，文化产业和旅游业的产业调节功能及其对“保增长、扩内需、调结构、促改革、惠民生”的作用被高度重视。“旅游业兼具经济功能和社会功能，资源消耗低，带动系数大，就业机会多，综合效益好。”旅游业逐渐成为国民经济的战略性支柱产业。

（一）中国文化旅游产业政策分析

经过近十年的快速发展，文化产业在国民经济中的增长性、带动性和辐射性日益凸显。统计资料显示，近年来我国文化产业每年保持15%的增长速度，远超GDP和第三产业的增速。在这近十年间，国家也相应出台了各种激励政策以发展文化旅游行业。

2009年以来，国务院相继出台了《文化产业振兴规划》和《关于加快发展旅游业的意见》，标志着文化旅游产业成为国家战略性产业。2009年文化部与国家旅游局联合出台的《文化部　国家旅游局关于促进文化与旅游结合发展的指导意见》是我国第一份关于文化旅游发展政策的文件。自此开始，文化旅游的概念及其相应的制度安排陆续出现在各级各类文件之中。

近年来，中央层面出台的文化旅游发展政策主要体现在《文化产业振兴规划》《国家"十二五"时期文化改革发展规划纲要》《文化部"十二五"时期文化改革发展规划纲要》《文化部"十二五"时期文化产业倍增计划》等文件之中。具体情况如下表所示。

表1-1　近年文化旅游发展政策

发布时间	发布机关	文件名称	文化旅游发展政策内容
2009年8月	文化部、国家旅游局	文化部　国家旅游局关于促进文化与旅游结合发展的指导意见	打造文化旅游系列活动品牌；打造高品质旅游演艺产品；利用非物质文化遗产资源优势，开发文化旅游产品；实施品牌引领战略，引导文化旅游产品开展品牌化经营；鼓励主题公园、旅游度假区设立连锁网吧、游戏游艺场所；举办文化旅游项目推介洽谈会，推动文化旅游企业开展合作；深度开发文化旅游工艺品（纪念品）；加强文化旅游产品的市场推广；积极培育文化旅游人才；规范文化旅游市场经营秩序
2009年9月	文化部	文化部关于加快文化产业发展的指导意见	促进文化与旅游相结合，以文化提升旅游的内涵，以旅游扩大文化的传播和消费。打造文化旅游系列活动品牌，扶持具有地方、民族特色的文化旅游项目；建立《文化旅游节庆活动扶持名录》和《国家文化旅游重点项目名录》。鼓励对演艺与旅游资源整合，在知名旅游景区打造高品质、有特色的演艺精品。在有效保护的基础上，对历史文化名城、文物古迹进行科学开发利用，合理开发传统手工技艺类和表演类非物质文化遗产。深度开发文化旅游工艺品，提升品位，拓宽市场。

续表

发布时间	发布机关	文件名称	文化旅游发展政策内容
2009年9月	国务院	文化产业振兴规划	扩大文化消费。开发与文化结合的教育培训、健身、旅游、休闲等服务性消费，带动相关产业发展
2009年12月	国务院	国务院关于加快发展旅游业的意见	大力推进旅游与文化、体育、农业、工业、林业、商业、水利、地质、海洋、环保、气象等相关产业和行业的融合发展。丰富旅游文化内涵。把提升文化内涵贯穿到吃住行游购娱各环节和旅游业发展全过程。旅游开发建设要加强自然文化遗产保护，深挖文化内涵，普及科学知识。旅游商品要提高文化创意水平，旅游餐饮要突出文化特色，旅游经营服务要体现人文特质。要发挥文化资源优势，推出具有地方特色和民族特色的演艺、节庆等文化旅游产品。充分利用博物馆、纪念馆、体育场馆等设施，开展多种形式的文体旅游活动。集中力量塑造中国国家旅游整体形象，提升文化软实力
2011年10月	中国共产党第十七届中央委员会第六次全体会议	中共中央关于深化文化体制改革推动社会主义文化大发展大繁荣若干重大问题的决定	推动文化产业与旅游、体育、信息、物流、建筑等产业融合发展。积极发展文化旅游，促进非物质文化遗产保护传承与旅游相结合，发挥旅游对文化消费的促进作用
2011年11月	国家旅游局	国家旅游局关于进一步加快发展旅游业促进社会主义文化大发展大繁荣的指导意见	科学引导和积极培育健康丰富的旅游文化。继续加强文化旅游精品建设。一是要重点支持一批全国性的文化旅游活动品牌，逐步建立国家和地方层面的文化旅游活动重点名录库。二是围绕非物质文化遗产的传承保护推出一批旅游精品。三是继续提升一批具有地方文化特色的旅游演艺精品。四是继续引导、支持和规范文化旅游名街、名镇发展，加快推进文化旅游实验区、示范区建设，探索建设文化旅游特色产业聚集区。五是要继续鼓励创意和制作具有地方文化特色的旅游工艺品、纪念品，不断丰富中国特色旅游商品体系
2012年2月	中共中央办公厅、国务院办公厅	国家“十二五”时期文化改革发展规划纲要	加快发展文化产业，积极扩大文化消费、积极发展文化旅游，促进非物质文化遗产保护传承与旅游相结合，提升旅游的文化内涵，发挥旅游对文化消费的促进作用，支持海南等重点旅游区建设
2012年2月	文化部	文化部“十二五”时期文化产业倍增计划	科学编制文化旅游发展规划，打造文化旅游特色产业集聚区。认定一批全国文化旅游实验区。打造国际知名旅游演艺及文化旅游系列活动品牌。对历史文化名城、文物古迹、手工技艺类和表演类非物质文化遗产进行开发利用，深度开发文化旅游工艺品；从2010年开始，文化部国家旅游局每4年推出一个中国文化旅游主题年，每两年举办一届中国国际文化旅游周，定期发布《国家文化旅游重点项目名录》

2013 年 4 月 25 日，十二届全国人大第二次会议表决通过了《中华人民共和国旅游法》。这成为我国旅游发展的标志，也将成为我国旅游发展的转折点。至此，我国旅游形成了由国家大法、国务院条例、部门规章组成的完整的法律法规体系。

2014 年，在党中央、国务院的正确领导下，在各级党委、政府的高度重视下，旅游发展环境不断改善。全国人大开展《旅游法》执法检查，推动了《旅游法》的贯彻落实。国务院出台《关于促进旅游业改革发展的若干意见》（国发〔2014〕31 号），提出了新时期旅游业改革发展的方向和任务。国务院成立旅游工作部际联席会议，创新了协调商议旅游业改革发展重大问题的机制。与中宣部、中央文明办共同开展提升中国公民出境旅游文明素质宣传活动，营造文明旅游的社会氛围。各省、区、市深入贯彻落实国发 31 号文件，强化了旅游统筹协调机制，海南、北京、云南、江西、广西、西藏六个省、区、市先后成立旅游发展委员会。海南、云南、上海等地修订了旅游条例。山东、浙江、甘肃、安徽等省先后出台贯彻落实国发 31 号文件的政策文件。旅游综合改革深入推进，共有十个市县开展国家旅游综合改革试点。

（二）经济与社会环境分析

2009 年旅游业占国内生产总值的比重为 3.78%，到了 2010 年旅游业占国内生产总值的比重已经达到了 3.95%。① 在中国旅游研究院 2014 发布的《中国旅游经济蓝皮书（第六部）——2013 年旅游经济运行分析与 2014 年发展预测》显示，2013 年我国旅游经济平稳运行，预计国内旅游人数 33 亿人次，同比增长 11.6%，提前两年实现《国务院关于加快发展旅游业的意见》中提出的发展目标。2014 年旅游经济延续了平稳较快增长态势，国内旅游约 36 亿人次，增长 10%；入境旅游 1.28 亿人次，下降 1%；出境旅游首次突破 1 亿人次大关，达到 1.09 亿人次。全年旅游总收入约 3.25 万亿元，增长 11%。

2014 年上半年共有 9 省公布了其旅游收入数据，排名前五的依次为四川、北京、湖北、山西、湖南。但通过对排名表的观察不难发现，尽管目前北京高居第二位，但可以看到其增速缓慢。排名在第三、第四、第五位的湖北、山西和湖南也都处在高速的增长阶段，各省市的竞争越发激烈。具体情况如下表所示。

① 中国行业研究网．2010 年中国旅游业收入占 GDP 比重统计情况［EB/OL］．http://www.chinairn.com/doc/70310/700321.html，2015－04－18.

表1-2 我国2014年9省旅游收入增长排名

名次	省、区、市	旅游收入（亿元）	同比增长（%）
1	四川	2457.60	29.3
2	北京	1907.20	8.2
3	湖北	1627.60	18.55
4	山西	1301.98	26.2
5	湖南	1291.26	20.55

三、中国文化旅游业的发展现状

（一）文化旅游品牌开发持续推进

2014年为了落实我国“智慧旅游年”的各项工作，实施美丽乡村富民工程，中央七部门联合发文在全国挑选出6130个重点扶持村开展乡村旅游扶贫，与扶贫办共同推进旅游扶贫试点工作。实施中国旅游商品品牌提升工程，举办“中国国际旅游商品博览会”和“中国旅游产业博览会”。完善旅游公共服务设施，投入4亿元旅游发展基金支持新建、改建约40万个景区停车位，投入1.5亿元贷款贴息，支持90多个旅游项目转型升级。与国家开发银行联合推出135个中国旅游投资优选项目，在全国投资增速放缓的情况下，实际完成旅游投资约7053亿元，同比增长32%。推动全国红色旅游二期规划落实，广泛开展红色旅游系列主题活动。全年乡村旅游新增收入400亿元，新增就业约20万人，带动超过3300万农民受益，新增国家生态旅游示范区36个，新增5A级旅游景区9家，目前全国5A级旅游景区总数达184家。

（二）文化旅游管理和服务不断加强

为了贯彻《旅游法》，旅游行政管理部门开展治理旅游市场秩序自查自纠。探索依靠市场主体开展市场监督的有效方式，分区域、针对性地开展治理旅游市场秩序行动。持续推进旅游标准化工作，发布10项旅游行业标准，启动第三批标准化试点。进一步简政放权，取消边境旅游项目许可，下放外资旅行社设立审批、旅行社经营边境游资格审批和4A级景区评定。在全国开展“寻找最美导游”活动，加强行业精神文明建设。以导游援藏和旅游人才援藏、援疆为重点，开展西部旅游人才援助。完成旅游行政干部培训和旅游业青年专家遴选，推动旅游职业教育改革。全行业积极参加“党的群众路线教育实践活动”，深化各项整改措施，有力地推动了全行业的作风转变。

（三）文化旅游市场已经具备一定的规模

2014 年 6 月，国际游乐园及景点协会亚太区副主席 Andrew Lee 在 2014 年亚洲（国际）景点游乐设施及设备博览会上表示，近年来亚太区的游乐园和景点行业正处于高速增长期，度假村、水上公园、主题公园等娱乐休闲景点纷纷兴建及扩张。根据 AECOM 的数据显示，目前我国共有 59 个在建主题公园。2012 ~ 2013 年，我国共有 14 个主题公园开幕，预计到 2020 年，包括 59 个主题公园、5 个水上乐园将建成运营，潜在入园人次将达 1.663 亿，总投资额达 238 亿美元。美国的主题公园有不到 40 个，日本的主题公园有 30 多个。中国的主题公园或者贴着主题公园标签的娱乐项目已经接近美国和日本的综合；主题公园规模在全国范围内也越来越大。①

我国影视基地最早起源于 20 世纪 20 年代各大影业公司的片场、摄影棚和外景地，三四十年代在上海、长春等地已见雏形。1987 年无锡中视影视基地建立，成为我国最早规划建设的影视拍摄基地。无锡影视城出人意料地成为轰动一时的旅游热点，自此影视旅游开始在国内盛行，影视城建设项目也纷纷上马，掀起一股“造城”的热潮。经过二十多年的发展，影视基地建设已初具规模。据不完全统计，目前我国通过审批的影视城已达 110 多家。一批影视基地开始了市场化运作，较为完整的服务体系和配套设施，完善的经营理念和营销措施，降低了影视拍摄的制作成本，推动中国影视业良性发展，同时又带动地方旅游经济的快速增长。

除了主题公园和影视基地这两种文化旅游规模越来越大之外，和传统文化挂钩的红色旅游以及民族风俗旅游也越来越受到人们的青睐，根据中红网发布的信息，目前全国已经有一百多个红色旅游经典景区，其中十二个全国重点红色旅游景区，三十条精品旅游路线。可以说，红色旅游已经成为我国旅游业中极其重要的一部分。

从整体上看，我国文化旅游产业已经形成了以红色旅游和民族文化旅游为基础，主题公园和影视基地为发展重心的格局，文化旅游规模仍然在快速增长中。

---

① 北京商报. 中国拟建主题公园数量全球居首［EB/OL］. http：//finance. 21cn. com/stock/gdls/cb/2014/0619/16/27500863. shtml，2015 - 04 - 18.

（四）各地方大力开发文化旅游资源

各地在立足于本地方或本民族的文化特色和传统的基础上，不断挖掘和开发适合本地区本民族的CT项目并呈现产业化发展态势。部分地方政府将本地区定位为CT城市，按照这种产业化发展进行城市规划和发展布局。目前持这种发展思路的城市不在少数，比较典型的有陕西西安、河南开封及湖北鄂州。

西安是历史悠久的世界历史文化名城，也是举世闻名的世界四大文明古都之一，居中国古都之首，是中国历史上建都时间最长、建都朝代最多、影响力最大的都城，是中华民族的摇篮、中华文明的发祥地、中华文化的代表。远古时代，“蓝田猿人”就在那里繁衍生息；新石器“半坡先民”在此建立部落，公元前11世纪，周文王在沣河两岸建立丰镐二京，从此揭开了西安千年帝都的辉煌史。有着三千一百多年的建城史和一千二百多年的建都史，先后有周、秦、汉、唐等13个王朝在这里建都，有“秦中自古帝王州”的美誉。西安曾经是中国政治、经济文化中心和最早对外开放的城市，著名的丝绸之路以西安为起点；“世界八大奇迹”之一的秦始皇陵兵马俑则展示了这座城市雄浑、厚重的历史文化底蕴。悠久的历史文化积淀使西安享有“天然历史博物馆”之誉。文物古迹种类之多，数量之大，价值之高，在全国首屈一指，许多是国内仅有、世界罕见的稀世珍宝。

在西安旅游资源的开发过程中，非常突出文化主题，尤其突出地方特色，加强“自然”与“文化”、“新”与“旧”的融合，使历史题材与现代科技表现手段互补，积极塑造诸如“丝绸之路起点”的形象，以周、秦、汉、唐历史文化为主题，逐步建成特色鲜明的大型文化旅游区，大力弘扬丝路文化、黄河文化。以秦兵马俑为基础，带动诸如华清池、碑林、半坡村遗址、大小雁塔、帝王陵墓古迹、古城墙等相关景点的形象，突出厚重的文化主题，挖掘丰富的文化内涵，实现多彩的文化回归。

厚重、丰富、悠久的历史文化是旅游业赖以生存和发展的基础，也是西安旅游产品的优势所在。对传统旅游产品文化性的深层次的挖掘与开发，是从更新角度将传统旅游产品展示给旅游者。文化性是旅游产品生命力的源泉，只有保持文化含量才能在旅游业的竞争中立于不败之地。文化元素是地区识别的重要指标，也是创造差异性的核心因素，要想在旅游业的激烈竞争中赢得先机，创造较高的市场占有率更需要突出“特色”——文化。在形成文化定位的基础上，还要讲究品牌的推介、宣传与包装，形成独特的品牌文化。文化是“根”，只有这条根深深地植于文化的热土之中，才能形成其独具特色的旅游文化定位，使西安的旅游业焕发青春；将西安打造成全国领先的文化型旅游城市。

开封同西安类似，曾经作为六个朝代的都城，文化底蕴及其深厚，尤其以宋代文化最为突出。北宋时期开封人口达150万，是一座气势雄伟、规模宏大、富丽堂皇的都城和繁华的世界大都会。北宋画家张择端的巨幅画卷《清明上河图》生动形象地描绘了当时的繁华景象。宋文化是我国历史上发展最鼎盛时期灿烂文化的代表，在我国历史文化中占有重要位置。唐宋八大家中宋代占六个；宋代书法创造了文化发展史上的又一个巅峰时代；形成了“苏、黄、米、蔡”四大名家并对后世产生了深远影响；宋词更是把中国文化发展推向了一个新的鼎盛时期，后人至今还在广为传颂。另外，清正廉明的包公、满门忠烈的杨家将、精忠报国的岳飞等历史名人故事，也都彰显了宋文化的独特风采。

依托深厚的历史文化底蕴，开封市委市政府制定了“由文化旅游资源大市向文化旅游强市跨越”的战略目标，积极实施旅游带动战略，大力发展文化旅游产业，开封的文化旅游产业有了飞速的发展。近年来，开封规划建设了水系工程和城墙修复工程，复建和扩建了包公祠、开封府、清明上河园、中国翰园、天波杨府等景点景观，形成了龙亭湖风景区、包公湖风景区、禹王台—繁塔风景区和朱仙镇风景区等17处旅游景区（点），其中国家级4A景区7处。以龙亭为代表的宋代宫廷文化，以包公祠和开封府为代表的宋代府衙文化，以清园为代表的宋代民俗文化以及以繁塔、铁塔、大相国寺和延庆观为代表的宋金宗教文化，将开封打造成了宋文化特色突出的文化旅游胜地。在做好景区景点建设的基础上，开封举办了一系列大型活动充实文化旅游产业的内容。如中国开封菊花花会，作为河南省三个省级节会之一，已经举办了27届；中国收藏文化（开封）论坛是开封市人民政府、中国收藏家协会共同举办的中国收藏文化（开封）论坛旨在打造全国一流收藏文化品牌；首届中国木版年画艺术节在开封举办。另外还有禹王大庙会、翰园祭祖庙会、万岁山春节庙会等大型民俗文化旅游活动，年年都红火热闹。大型实景演出《大宋东京梦华》和原创歌舞剧《清明上河图》盛大登场。朱仙镇木版年画、汴绣（宋绣）、北宋官瓷、灯笼、风筝、烙画、雕画等规模生产成为全国著名的艺术品品牌，这一切都使开封充满了宋文化的诱人魅力，凸显了开封文化旅游产业发展的巨大前景。

湖北鄂州在文化底蕴上虽不及西安和开封，却有着其独特的特色，即吴楚文化。如果说西安和开封更多的是北方文化的话，那鄂州更多的就是南方文化。鄂州是湖北省公布的第一批省级历史文化名城，既有鄂王城传承下来的鄂文化，也有武昌城传承下来的吴文化。鄂文化和吴文化传承鄂州文脉，影响了一代又一代鄂州人。在推动湖北文化大发展大繁荣中，鄂州以推进城乡建设一体化试点城市为契机，以建设旅游城市为切入点，注重加强对吴楚文化的开发、保护和利用。

鄂州市政府近年来提出了加快文化与旅游的融合，增强文化鄂州的竞争力的发展战略。充分挖掘吴楚文化、“武昌鱼”饮食文化和优秀民俗民间文化，推进文化与旅游的结合，催生新的旅游文化业态。一是加强文化旅游景点建设。投资建造三国吴都文化博物馆。开发利用三国吴都文化遗产，投资建设滨江三国吴都旅游风光带工程，一期工程观音阁公园已于2008年建成开放，二期正在建设。维修西山寺和葛山道观以及武术培训及养身基地。二是提升文化旅游品位。鄂州在城市建设中将历史文化与旅游发展结合起来，把城区当做最大的文化旅游景区来建设，通过旅游业的壮大来完善城市功能，通过挖掘文化的内涵来提升城市形象；将城市基础设施与文化旅游设施建设结合，增强城市的配套能力和旅游产业的承载能力；将城市品牌打造与旅游目的地打造统筹推进，建设三国吴都文化旅游目的地和宜居宜业城市。三是打造精品旅游线路。重点开发三国吴都、梁子湖、红莲湖、百里长港等“一都两湖一港”，形成三条精品旅游线路。鄂州市大力发展文化旅游从而重新规划城市布局和结构的政策已经在鄂州市政府的带领下取得良好进展。

上述三个城市依托自己的历史文化底蕴在文化旅游方面的发展拥有得天独厚的优势，但实际上，目前的文化旅游产业已经不仅仅局限于历史文化，当代文化，舶来文化也越来越盛行。如郑州的方特主题公园就是参考美国迪斯尼乐园的形式开发，而万达集团在青岛开发的万达影视基地借助万达影视集团强大的影视资源以及在电影文化方面的优势也与青岛传统海滨城市旅游业互补，目的是将青岛打造成全方位、多元化的旅游城市。

四、中国文化旅游业发展前景及趋势

（一）文化旅游产业发展理念得到创新

我国将全面贯彻落实党的十八大和十八届二中、三中全会精神，按照建设中国特色社会主义事业“五位一体”总体布局的要求，坚持深化改革、依法兴旅，处理好政府与市场的关系，推动形成政府依法监管、企业守法经营、游客文明旅游的发展格局；坚持融合发展，推动文化旅游业发展与新型工业化、信息化、城镇化和农业现代化相结合，实现经济效益、社会效益和生态效益相统一；坚持以人为本，积极营造良好的旅游环境，让广大游客游得放心、游得舒心、游得开心，在旅游过程中发现美、享受美、传播美。

（二）文化旅游产业政策前景利好

文化旅游发展政策的趋势应该与文化旅游发展趋势相匹配并带有一定的前瞻性。从国内外文化旅游发展的趋势来看，我国文化旅游发展政策的趋势主要表现在以下几方面。

一是加强顶层设计，科学编制全国文化旅游发展规划将会成为政策制定相关部门的紧迫任务。目前我国文化旅游发展政策相对滞后，文化旅游理论与实践研究相对薄弱，文化旅游发展的理念相对陈旧，趋于保守，通过广泛调研总结分析国内外文化旅游的实践经验和经典案例，提出适合我国文化资源开发利用实际的文化旅游发展理念。在此基础上，文化、旅游、影视、出版、体育等多个部门协同合作，对文化旅游的具体业态及其发展做出科学规划，已经成为当务之急。

二是出台具体鼓励和扶持性的政策将会成为今后文化旅游发展政策的重要内容。作为相对独立、特征鲜明、潜力巨大的新型旅游形态，文化旅游具有强劲发展势头。文化旅游发展政策对贯彻落实文化强国战略，增强文化影响力和竞争力，振兴文化产业和旅游产业具有引导、调节的重要功能，这就要求加大文化旅游发展政策支持力度，尤其是财政、税收、金融等政策的扶持力度。加强对文化旅游市场和文化旅游企业的宏观指导和政策引导，对文化旅游特色产业集聚区、全国文化旅游实验区、国际知名旅游演艺品牌建设；历史文化名城、文物古迹及非物质文化遗产开发利用；文化旅游活动品牌建设等发展文化旅游的重要举措，要出台更具体的实施办法及扶持政策细则，同时要制定科学、合理、规范的行业标准和评价体系，把制度理性转化为技术理性，切实推进文化与旅游结合发展，推动我国文化旅游向纵深发展。

三是文化旅游管理体制改革将进一步深化。文化旅游的深度发展势必带来文化的各种形态与旅游的深度结合，尤其是在高科技浪潮之中，文化产业不断升级换代，新型业态不断涌现，必然催生文化旅游更丰富的业态，这就对深化文化旅游管理体制改革提出了客观要求。完善和推进文化旅游发展政策，需要加快文化、旅游系统管理体制机制改革，以使两个系统的管理工作协调一致，从现实条件来看，地市级及以下的文广新局与旅游局的合并将会成为文化体制改革的一个新趋势；从长远来看，考虑文化旅游业态的充分发展，文化、旅游、影视、出版、体育等多个部门协同合作机制建设也会成为完善文化旅游发展政策的客观要求。

（三）文化旅游产业经济前景广阔

文化旅游产业的经济前景同样值得看好。从 2009 年到 2013 年，我国国内旅游业收入翻了一番，从 10183.69 亿元暴增至 26276.12 亿元。2014 年国内旅游 36 亿人次，增长 10%；入境旅游 1.28 亿人次，下降 1%；出境旅游首次突破 1 亿人次大关，达到 1.09 亿人次。全年旅游总收入约 3.25 万亿元，增长 11%。2015 年旅游业发展预期目标为：国内旅游 39.5 亿人次，增长 10%；旅游入出境 2.48 亿人次，增长 4.6%，其中入境 1.28 亿人次，与上年基本持平；出境 1.2 亿人次，增长 10%。国内旅游收入 3.3 万亿元，增长 12%；国际旅游收入 580 亿美元，增长 3%；旅游总收入 3.66 万亿元，增长 11%。除入境旅游外，全面实现“十二五”确定的发展目标。①

为此，可以预测在未来旅游业特别是文化旅游业将是下一个重要的经济增长点。

（四）文化旅游产业进一步细分

观察各省文化旅游产业的发展，可以发现文化旅游产业的发展已经告别了粗犷式的大杂烩发展路线，转而开始有重点的进一步细化。目前，各省依据本地区的优势推出的旅游文化产业主要有主题公园、红色旅游、影视旅游、民族文化旅游等。

---

① 刘佳. 2014 出境游破 1 亿人次大关 2015 旅游总收入 3.66 万亿元［EB/OL］. http://travel.people.com.cn/n/2015/0115/c41570-26391640.html.

目前国内建成和在建的主题公园约有33座，大部分集中在长三角和珠三角的一线城市，如上海、南京、青岛等。这实际反映了产业细化的一个趋势，即在沿海一线城市大力发展主题公园项目。

全国建成的影视基地达上百家，从数量上说已经是很庞大了。目前排名比较靠前的影视基地有横店、无锡、长影。从分布来看，前十大影视基地中只有上海影视乐园位于一线城市，其余大多分布于横店、中山、涿州等中小城市。这说明，相比主题公园，这些城市更愿意发展影视基地来带动当地的文化旅游产业。

在文化旅游资源中，红色旅游资源也占到相当大的一块比重。红色旅游文化主要集中在江西、湖南和湖北等地。这些地区有丰富的红色文化资源，借助资源的优势大力发展红色旅游文化是这些地区的普遍做法。

休闲度假旅游也将得到进一步发展。在未来城乡规划中将会不断统筹考虑国民休闲度假需求。设施建设将会加强，服务功能不断完善，布局将会合理优化，营造居民休闲度假空间。体育旅游、竞赛表演、健身休闲与旅游活动将会融合发展。整形整容、内外科等优势医疗资源面向国内外提供医疗旅游服务将会得到推进。依托我国中医药优势，将形成一批中医药健康旅游服务产品。规范服务流程和服务标准，发展特色医疗、疗养康复、美容保健等医疗旅游。未来我国将建立旅居全挂车营地和露营地建设标准，完善旅居全挂车上路通行的政策措施，不断推出具有市场吸引力的铁路旅游产品。森林旅游、海洋旅游、邮轮游艇旅游、低空飞行旅游将不断得到发展。

乡村旅游将继续得到发展。依托各地区位条件、资源特色和市场需求，不断挖掘文化内涵，发挥生态优势，突出乡村特点，将会不断开发一批形式多样、特色鲜明的乡村旅游产品。乡村旅游与新型城镇化将有机结合，合理利用民族村寨、古村古镇，发展有历史记忆、地域特色、民族特点的旅游小镇，将会建设一批特色景观旅游名镇名村。

老年旅游将得到重视和发展。结合我国养老服务业、健康服务业发展特点，将会开发出多层次、多样化的老年人休闲养生度假产品。

（五）文化旅游产业向现代化和市场化方向发展

2014年9月25日，国家旅游局发布通知，公布了入选《2014全国优选旅游项目名录》的135个旅游项目名单。该名录是根据《关于做好全国优选旅游项目推荐工作的函》相关要求，由国家旅游局与国家开发银行共同组织专家遴选了

135 个市场前景好、投资回报高、符合旅游发展新趋势、能带动旅游业转型升级的全国优选旅游项目确定而成。下表为名录详单。

表 1 – 3　全国 2014 年优选旅游项目

省（市）	序号	项目名称
北京	1	慕田峪旅游景区升级改造项目
	2	云居寺文化景区建设项目
	3	斋堂镇爨柏古村古道文化旅游区基础设施建设项目
	4	八达岭世界葡萄博览园文化展示项目
天津	1	方特欢乐世界项目
	2	东方环球影城主题乐园项目
	3	滨海航母公园俄罗斯文化创意风情街建设项目
	4	大盘山皇家文化休闲度假区建设项目
上海	1	“龙之谷”室内沙滩主题乐园建设项目
	2	上海国际帆船港建设项目
	3	青西郊野公园建设项目
重庆	1	统景风景区提档升级项目
	2	金佛山景区整体开发项目
	3	万州国际温泉盐疗旅游度假区建设项目
	4	小南海—八面山旅游景区建设项目
	5	黄安坝高山草场度假区开发项目
河北	1	承德御道口养生休闲度假区项目
	2	圣蓝皇家海洋游乐园科普基地项目
	3	翠云山国际旅游度假区建设项目
	4	西部长青旅游度假区建设项目
	5	清西陵精品景区建设项目
河南	1	伏羲山大峡谷旅游区开发项目
	2	焦作云台山休闲度假服务区建设项目
	3	三门峡高阳山温泉度假区项目
	4	商丘黄河故道生态保护综合旅游区项目
	5	嵖岈山温泉小镇项目

续表

省（市）	序号	项目名称
山东	1	桓台马踏湖生态旅游度假区建设项目
	2	台儿庄古城建设项目
	3	寿光市区中华汉文化产业园项目（洰淀湖风景区）
	4	微山岛旅游综合开发项目
	5	曲阜明故城保护复兴项目
山西	1	太行山大峡谷旅游风情小镇开发建设项目
	2	乔家大院千朝农谷建设项目
	3	平遥古城景区改造提升项目
	4	五老峰景区旅游设施提升改造项目
	5	垣曲历山风景区基础设施建设项目
辽宁	1	大连香洲旅游度假区建设项目
	2	抚顺丰远·热高乐园建设项目
	3	阜新海棠山风景区开发项目
	4	鞍山岫岩玉皇山文化旅游观光带建设项目
吉林	1	图们江三角洲国际旅游区建设项目
	2	查干湖旅游区升级项目
	3	长白山特色文化旅游示范区建设项目
	4	环长白山旅游开发项目
黑龙江	1	五大连池风景区中医健康综合体建设项目
	2	亚布力滑雪旅游度假区综合旅游开发项目
	3	鹤岗国家森林公园建设项目
	4	横道河历史文化名镇建设项目
内蒙古	1	内蒙古阿尔山—柴河旅游区建设项目
	2	锡林郭勒盟元上都旅游区建设项目
	3	乌海市乌海湖旅游区建设项目
	4	阿拉善盟巴丹吉林沙漠探险旅游区建设项目
	5	巴彦淖尔市黄河湿地旅游区建设项目
湖北	1	恩施大清江国际旅游度假区建设项目
	2	荆州古城历史文化旅游区扩建升级项目
	3	洪湖湿地生态旅游建设项目（洪湖岸边是家乡）
	4	李时珍医道文化旅游区建设项目

续表

省（市）	序号	项目名称
湖南	1	长沙大王山旅游度假区建设项目
	2	长沙大围山生态旅游整体开发项目
	3	湘潭水府旅游区基础建设项目
	4	娄底新化紫鹊界景区综合开发项目
安徽	1	淮北隋唐运河古镇项目
	2	佛子岭风景区开发项目
	3	太平湖陵阳山景点旅游项目
	4	杏花村文化旅游区建设项目
江西	1	婺源大型山水实景演出项目
	2	大灵山禅文化园项目
	3	安福武功山旅游休闲度假区建设项目
	4	青原山风景名胜区整体开发项目
	5	郁孤台历史文化街区建设项目
江苏	1	徐州潘安湖湿地公园建设项目
	2	苏州石湖渔家村文化旅游项目
	3	项王故里景区建设项目
	4	泰州市姜堰溱湖景区湖西庄旅游综合开发项目
浙江	1	晨龙太空旅游区
	2	长兴顾渚陆羽茶文化风景区提升建设项目
	3	东阳上海滩影视旅游拍摄基地建设项目
	4	舟山观音文化园建设项目
	5	天台山文化旅游休闲集聚区集散中心建设项目
福建	1	土楼永定景区综合提升项目
	2	连城县冠豸山生态旅游示范区项目
	3	武夷山“世遗水岸慢城”项目
	4	邵武和平古镇旅游开发项目
广东	1	河源市紫金县御临门温泉度假村建设项目
	2	熙和湾客乡文化旅游产业园景区建设项目
	3	客天下旅游产业园—客家小镇项目
	4	珠海长隆国际海洋度假区建设项目
	5	碉楼与赤坎古镇项目

续表

省（市）	序号	项目名称
广西	1	桂林龙胜龙脊梯田景区提升项目
	2	巴马寿乡绿色养生园旅游服务项目
	3	桂林独秀峰·王城景区提升项目
	4	崇左凭祥友谊关中越国际旅游合作区项目
	5	巴马赐福湖国际长寿养生度假小镇项目
海南	1	太空家园项目
	2	长影海南国际影视产业基地建设项目
	3	亚龙湾热带森林旅游区建设项目
	4	红树林乡村旅游区建设项目
云南	1	建水古城传统风貌保护恢复暨景区建设项目
	2	元阳县红河哈尼梯田世界景观文化遗产保护及旅游可持续发展建设项目
	3	红河水乡旅游建设项目
	4	明宇·版纳四季国际度假区建设项目
	5	丽江老君山格拉丹景区保护开发建设项目
贵州	1	青岩古镇景区提升项目
	2	赤水旅游综合体建设项目
	3	百里杜鹃旅游综合体建设项目
	4	荔波古镇民族文化旅游综合体建设项目
	5	荔波小七孔旅游假小镇项目
四川	1	广安红色文化影视旅游城建设项目
	2	阿坝州中查沟旅游设施建设项目
	3	雅安市碧峰峡景区提升设项目
	4	枸溪河国家湿地公园建设开发项目
	5	嘉陵江第一曲流旅游度假区建设项目
陕西	1	延安圣地河谷旅游产业园区建设项目
	2	韩城司马迁文化景区开发项目
	3	汉中龙岗文化生态旅游园区建设项目
	4	太白山国际旅游度假区综合开发项目
甘肃	1	平凉崆峒山旅游基础设施建设项目
	2	嘉峪关世界文化遗产保护与展示工程项目
	3	敦煌玉门关·阳关·雅丹旅游景区基础设施建设项目
	4	张掖丹霞国家地质公园建设项目
	5	麦积文化旅游产业园建设项目

续表

省（市）	序号	项目名称
宁夏	1	西夏风情园建设项目
	2	吴忠市黄河国家湿地公园建设项目
	3	青铜峡黄河大峡谷景区建设项目
	4	中卫市腾格里沙漠湿地旅游区基础设施建设工程项目
青海	1	贵德生态休闲旅游度假区建设项目
	2	年保玉则藏乡（扶贫）产业园项目（西木措风情藏乡产业园）
	3	互助县北山国家森林公园浪士当景区建设项目
	4	喇家考古遗址公园建设项目
新疆	1	新疆帕米尔旅游区建设项目
	2	喀什噶尔老城景区基础设施建设项目
	3	喀纳斯（冲乎尔）国际旅游度假区建设项目
	4	达坂城西部歌城小镇建设项目
西藏	1	阿里山圣湖旅游综合开发项目
	2	西藏然乌康巴风情国际旅游小镇建设项目

在此份名录中，文化旅游资源占比超过80%。北京、上海等地，这个比率几乎占到100%。以天津为例，大家所熟知五大道、西开教堂这种传统的文化旅游产业已经没有再出现在名录之上，取而代之的是方特主题公园和东方环球影城；上海的情况和天津类似，这反映了我国的文化旅游产业资源挖掘已经不再局限于现有的文化资源，转而开始重视人工创造、制造文化旅游资源。相比现有的文化资源，这些新兴的人工创造的文化旅游资源科技含量更高，文化更加多元化，更容易吸引人们的眼球。

在《2014全国优选旅游项目名录》中，各地文化旅游所占项目比例很高，一方面说明全国的文化旅游市场已经兴起，另一方面也说明各地的文化旅游竞争也已经进入白热化阶段。

推动旅游业发展市场化，将进一步以市场为导向，充分尊重市场规律、市场主体和游客评价，转变思路，按照规律办事，让市场这只手来调节旅游产业的资源配置；推动旅游业发展产业化，要进一步优化旅游产业发展要素，完善旅游产业体系，强化旅游业的竞争力，要加强旅游产业集聚区、度假区、休闲区建设，形成完善的旅游产品体系；推动旅游业发展信息化，要进一步通过建立起能够共享的全国旅游信息平台，通过提升信息化以完善建立政府公共服务与管理体系，充分利用和更好发挥各种信息服务的功能，促进旅游业由传统服务业转变为现代服务业。

（六）文化旅游产业将会得到创新性发展

文化旅游是一项充满憧憬、创意的文化活动，必须以观念创新推动文化旅游产品的开发。在文化旅游产品开发中，要按照全面创新的战略要求，用新的思维认识、开发和管理文化旅游产品。

我国文化旅游产业今后工作的重点将在扩大旅游供给、优化产品结构、完善发展环境、加强改革创新等方面下工夫，不断通过做大做强文化旅游业，实现“富民强国”的发展目标。具体来说，一是促进旅游投资，扩大旅游供给。二是加大产品开发，满足消费需求。旅游产品开发的主要问题是产品供给不足、产品结构单一，特别是精品景区数量少、休闲度假类产品短缺。今后将会把传统产品提档升级和丰富新产品新业态摆在突出位置。三是加强改革创新，增强旅游业发展动力。四是加强规划引导，推进区域旅游一体化发展。要重点抓好“一带一路”、京津冀、长江国际黄金旅游带等配合国家战略发展的重点区域旅游规划。五是完善旅游发展环境，挖掘旅游消费潜力。与旅游发达国家相比，我国旅游公共服务设施还不完善，很大程度上制约了旅游消费，必须在完善公共服务和优化发展环境方面下工夫。

国家将继续鼓励文化旅游产品创新。譬如专业艺术院团与重点旅游目的地合作，打造特色鲜明、艺术水准高的专场剧目。大力发展红色旅游，加强革命传统教育，大力弘扬以爱国主义为核心的民族精神和以改革创新为核心的时代精神，积极培育和践行社会主义核心价值观。规范整合会展活动，发挥具有地方和民族特色的传统节庆品牌效应，组织开展群众参与性强的文化旅游活动。杜绝低水平的人造景观建设，规范发展主题公园。支持传统戏剧的排练演出场所、传统手工艺的传习场所和传统民俗活动场所建设。在文化旅游产品开发中，反对低俗、庸俗、媚俗内容，抵制封建迷信，严厉打击黄、赌、毒。

参考文献

[1] 宋振春，李秋. 文化旅游产业与城市发展研究 [M]. 北京：经济管理出版社，2012.

[2] 王亚欣. 当代藏传佛教文化旅游研究 [M]. 北京：经济管理出版社，2012.

[3] 张国洪. 中国文化旅游 [M]. 天津：南开大学出版社，2001.

[4] 梁月. 试论旅游和文化的关系 [J]. 北方经贸，2005 (9).

裴虹博（中国人民公安大学）

第二章　文化旅游企业经营与商业模式

● 商业模式是文化旅游企业战略发展的关键，盈利模式是商业模式的核心，只有找到了文化旅游企业的盈利模式和高效管理模式，才能确保文化旅游企业稳健发展。好的盈利模式能够为各参与者和利益相关者创造价值，能够帮助文化旅游企业建立产业生态价值链。

● 除了盈利模式和管理模式之外，文化旅游企业要持续快速增长，更需要建立通畅的融资渠道和行之有效的融资模式。进行文化旅游产业资本运作，才能确保文化旅游企业能够保持快速增长和扩大规模，建立文化旅游企业航母。

● 本章将汇编和梳理目前国内外文化旅游企业常用的盈利模式、管理模式和投融资模式，详细说明各种模式的总体特征、应用存在的问题、模式创新的内容和经典案例。

一、文化旅游企业盈利模式

所谓文化旅游企业的盈利模式是指文化旅游企业所经营的文化旅游产业中各种收入方式的分类与结构。文化旅游作为文化产业与旅游产业无缝嫁接的产物，其盈利模式具备文化与旅游双方面的特点。其盈利模式不仅呈现出多元化的盈利点，而且纵向和横向的延伸带来了更多的盈利点，从而形成良好的产业链条，实现多元化的盈利模式和长期获益的效果。

（一）如何设计文化旅游企业的盈利模式

1. 文化旅游企业实现盈利的必备条件

（1）整合核心资源构建核心竞争力

拥有核心资源意味着拥有核心竞争力，比如故宫和长城拥有的天然的历史文化资源。反过来，核心竞争力不仅仅是核心资源，是指文化旅游企业构筑的，和其他竞争对手不同的，且能满足消费者需求的文化旅游内容。比如迪斯尼主题公园及其衍生品所构筑的核心竞争力是其他企业很难模拟的，它是一条文化旅游产业链的建设，拥有持续的媒体题材和品牌且便于持续性的广告投入。

（2）找到符合市场需求的发展方向

依托于强劲增长的市场需求是文化旅游企业快速增长的必要条件。找到有直接清晰需求的买单者，不仅是政府的买单，还是最终消费者的买单，是文化旅游企业实现盈利的必要条件。

2. 文化旅游企业实现盈利的核心驱动力

（1）市场驱动

当某个文化旅游市场增长强劲，只要能够提供符合该市场需求的产品和服务，企业经营收入就会自然而然的增长，企业就能体现出较好的盈利水平。

（2）管理驱动

文化旅游企业大多是人力、资金密集型企业，通过提升企业管理能力将驱动企业创造更高的盈利水平。这就要求文化旅游企业应该加强人力资源管理和人力队伍培训，做好资金使用的事前预算、事中结算、事后审计的管理制度。

（二）单一门票模式

1. 模式基本说明

单一门票模式是指文化旅游经营项目主要依靠门票收入而形成的经济收益的经营模式。目前，我国许多旅游景区和文化演出项目，主要依赖于门票收入作为主要经济来源，其盈利模式可以纳入单一门票模式。北京故宫、八达岭长城、演唱会等知名的文化旅游项目都在采用该种模式，并主要依靠门票涨价来增加经济收入。

2. 模式总体特征

（1）经济收入主要依赖于门票收入，许多文化旅游景区和文化演出活动都依赖于较高价格的门票收入。比如许多文化演出活动普通座位门票价格 200 元以上，许多 5A 文化旅游景区门票价格也在 200 元以上。

（2）通过门票涨价来提高经济收入是门票经济的突出特点，因此许多文化旅游经营企业通过节庆、旺季提高门票价格来创收。

3. 模式应用存在的问题

（1）单一门票模式直接通过门票涨价创收，加重文化旅游支出负担，迫使消费者减少停留时间和其他支出，致使当地文化旅游收入单一，获利链条短，反过来抑制了文化旅游经济的发展。文化旅游业是一个完整的产业链条，当“门票经济”异军突起，就会发生产业链结构变异，导致其他文化旅游经济的萎缩。如果没有其他文化旅游消费的业态，文化旅游相关要素及相关延伸产品就不可能全面发展，将使得当地文化旅游经济始终处于不良发育状态。

（2）“门票经济”膨胀，必然产生各种恶疾。上行下效，促使门票泛滥，各地都有可能把各种自然与人文景观，乃至小镇、村落、民居等圈起来收费，由小圈变大圈，把社会变成封闭系统，长此以往，会妨碍开放性休闲旅游的发展。

4. 模式创新

（1）文化旅游资源属于公共资源，因此对于公共资源的利用，应当进一步加大公共投入，并以准公共服务产品对外开放以降低价格。

（2）改变文化旅游项目的单一门票经济模式，改变文化旅游产品结构单一的现状，发展门票之外的其他文化旅游新业态和相关的周边服务业，推动“门票经济”向“文化旅游综合经济”转变，例如免门票的杭州西湖模式。

（3）强调门票公益性，对不同种类的文化旅游项目门票定价进行分类分级管理。利用公共资源，合理控制公共自然资源和历史资源发展起来的文化旅游票价。

5. 经典案例

据中国旅游研究院与携程旅行网发布的一份报告显示，从国内游客看，门票支出占旅游消费比重最大，达21.92%。某门户网站上一项超过1000名网友参与的调查显示，89.2%的网友认为景区门票“太贵了，门票支出已经严重影响旅游热情”。超过九成的网友可接受的5A级景区门票心理价位在100元以内，其中约61%的网友认为，门票价格应在60元以内。

（三）门票+多元消费模式

1. 模式基本说明

以收门票为主，但门票价格通常不会太高，主要收入依托景区其他类型的旅游消费，如餐饮、购物、娱乐、体验、商务等，目前大多数旅游景区均采用此种模式。

2. 模式总体特征

门票+消费。门票价格较低，大众化产品，均能接受，景区内旅游产业比较完善，产业构建体系较全面，消费点比较多，创造收入较多，能够带动就业与当地产业的发展。

3. 模式应用存在的问题

管理比较乱、竞争比较激烈，持续时间不长。通常这类消费模式，需要依托大型景区，或者不断在模式上进行创新，才能保证持续的经营与消费。

4. 模式创新

首先，需要经营者从“硬件”到“软件”将“景区”变“社区”。与以前相比，旅游消费者群体正发生明显变化：一是出游越来越理性，准备工作做得更充分；二是对网络依赖度较高；三是更注重旅游的“售后服务”和个人体验。要把景区打造成游客宜居的“社区”，其一，完备便捷的服务和接待体系；其二，完善到细节的消费及生活环境；其三，“零距离”的服务跟踪和改进程序。

其次，从“刺激”到“满足”：旅游经济创新释放内需潜力。随着消费者收入水平逐年增长，旅游产品已进入升级换代的关键时期。“旅游内需潜力巨大，与其说是‘刺激’，不如说是‘满足’，应该创新旅游模式满足多元化、分层次的旅游需求，并带动相关产业发展。”目前中高端旅游市场已形成一定规模并保持快速增长，比如到国内一些新开通高铁的重点城市进行宣传推广，并连续到德国 ITB 展（柏林国际旅游展）等国际知名旅游展会上设摊推介。

5. 经典案例：金海湖

金海湖风景区位于平谷区城东 15 公里处，距北京 85 公里，水域面积 6.5 平方公里，是北京地区水域面积最大的综合性水上娱乐场所，现为市级风景名胜区和市级旅游度假区。金海湖三面环山，峰峦叠翠、风景秀丽，有湖光塔、金花公主墓、望海亭、锯齿崖等自然景观、人文景观数十处。金海湖水域宽阔、碧波万顷，是开展水上运动娱乐项目的理想之所。这里有游船、快艇、自驾艇、水上飞、水上飞伞、脚踏船、手划船、肥仔船、速降、大型水滑梯、赛龙舟、香蕉船、橡皮艇、皮划艇、甲壳虫跑车等 30 余种丰富多彩的娱乐项目。

金海湖门票仅为 30 元/人次；水上娱乐项目分为速降、飞伞、滑水、水上摩托、自驾快艇、皮划艇等，人均租赁消费 200 元/人次；金海湖餐饮分夜间烧烤、景区景点小吃、农家乐、餐饮酒店等；住宿分为帐篷露营、集装箱酒店等，这些大大丰富了金海湖的旅游收入体系。

（四）零门票的多元消费模式

1. 模式基本说明

零门票的多元消费模式是指，以门票免费或象征性旨在控制游客规模功能的收取 1 元门票的促销方式，吸引大量游客到目的地，通过游客的餐饮、住宿、娱乐和购物的消费实现商业盈利目的。该模式下，通过免门票快速聚集人气，带来人流，并促进大量人流在门票之外的餐饮、住宿、娱乐和购物实现消费目的。

2. 模式总体特征

（1）该模式借助互联网思维“免费流量”模式，实现文化旅游产业发展模式的创新。该模式利用“零门槛”创造可进入性，吸引眼球，带来人流，并通过关联业态和产品获取经济回报，创新了盈利模式。

（2）该模式适合于多元消费业态的文化旅游经营项目。在门票免费模式下，门票之外的其他业态消费的收益能够弥补门票免费带来的损失。

（3）容易短期内聚集大量人流，快速引爆市场。该模式也将是一种很好的促销手段和方式。

3. 模式应用存在的问题

（1）要实行门票免费需要经过科学的测算，以确保其他业态的收益能够以某种合理的方式弥补门票免费带来的损失，该测算比较复杂，较难进行准确估算。

（2）当门票收费经营主体和餐饮、娱乐、购物等其他主营主体不是一个主体或者直接的利益关联体，要实行门票免费，需要协调和平衡好各方主体的利益关系，协调工作难度较大。

（3）在刚实行门票免费时，短期内将聚集大量人流，可能带来文化旅游经营项目的安全隐患，比如过度拥挤导致的安全隐患，或者低素质游客进入带来的生态环境破坏。应当考虑通过控制免费门票的发放数量等手段综合进行游客规模的控制。

4. 模式创新

该模式的难点是各业态的经营主体的利益统一，即在门票免费下带来的其他业态的创收能够以合理的方式分配给原门票收费的经营主体。因此需要创新各经营主体的合作模式，比如共同组建股份公司联合经营文化旅游经营项目，或者组建协调小组，以开放、民主的方式，共同参与内部利益机制的协调和建立。

5. 经典案例："一元门票"引爆大武夷旅游市场

在各地景点门票普涨的情况下，福建省南平市却推出了"一元门票游大武夷"活动，不仅让更多游客领略到武夷山的魅力，还带动了相关产业同步增长，推动大武夷旅游从"门票旅游经济"向"综合旅游经济"转型。

2014 年月 9 月，南平启动"一元门票游大武夷"活动，包含武夷山景区在内的全市 12 个 A 级景区近 610 元的门票变为 1 元。为此，仅武夷山景区就将损失千万元门票收入，却带给武夷山景区所在的南平市意想不到的收获。通过将全市旅游资源整合打包、统一促销，南平市旅游业从武夷山"一枝独秀"走向"百花齐放"，进一步打响了"大武夷"的旅游品牌。在"一元门票"吸引下，2014 年 9 月份全市共接待游客 289. 77 万人次，同比增长 78%；实现旅游收入 26. 33 亿元，同比增长 49. 7%。受到"一元门票"效应的利好影响，南平市"一元门票游大武夷"活动延长了 5 个月。

南平市旅游局局长温秀美说，业界人士认为，"一元门票"既是旅游营销的一次创新，也是倒逼旅游全产业链同步发展的尝试。专家认为，"一元门票游大武夷"活动借助互联网"免费流量"思维实现了旅游产业发展理念的更新和突破。这种"免费流量"思维，就是利用"零门槛"带来的可进入性，吸引眼球和点击率，创新盈利模式，通过关联产品和产业获取高额回报。国家旅游局规划司产业处武芳梅博士认为，当前应加快推动单一依靠门票收入的观光型景区，向能为游客提供多种服务、包含多种业态的休闲度假型景区转型。

（五）收租与提成模式

1. 模式基本说明

以出租土地进行收取租金，或开发商出租商业房收取租金、进行物业管理。这种模式中的租金，通常按照固定额度收取，但也可以改为根据租赁商家的经营收入进行提成的方式。

2. 模式总体特征

以出租土地进行收取租金的模式，主要是一级地产开发商分割土地进行二次出租，供二级开发商进行开发；出租商业为政府、开发商将建设好的商业地产进行出租，发展商业，收取租金，进行物业管理。

3. 模式应用存在的问题

按照固定额度进行土地出租，将导致土地价格抬高，最终在开发的商品上价格高，从而整体回收资金较慢；商业地产出租导致经营主题混乱，物业管理成本高。

4. 模式创新

该模式可以打破商业地产收租的传统模式，将固定租金创新改为提成，按商户营收来收取一定比例的提成，使得商户有积极性，互利共赢。

5. 经典案例：观澜湖民国风情街

观澜湖从1992年开始经过20多年的发展，在深圳、东莞、海口等地建立了休闲旅游度假区，投资金额达到400亿元，业务板块在原有的高尔夫球会、休闲旅游、房地产开发基础上，新增商业地产开发运营、养生旅游和品牌输送三大主营业务，构成了六大业务板块。旅游小镇，兰桂坊时尚街区以及观澜湖华谊冯小刚电影公社项目是其新增业务。

观澜湖华谊冯小刚电影公社项目，是观澜湖联合华谊兄弟及国内著名导演冯小刚，携手于海南岛海口市兴建的电影主题公园，目前，只开放第一景区“1942民国街”。在春节试营业7天期间，该项目接待人数达12.6万，而整个观澜湖旅游度假区接待游客量预计超过20万人，占海口总游客量的两成。

该项目占地超过1500亩，总投资超过55亿元，其中观澜湖占股60%、华谊兄弟占股35%、冯小刚占股5%。目前，通过招租，民国风情街已经有100多个商户，未来的景区收入不是商户租金，而是商户营收的提成。观澜湖董事长朱鼎健透露，经测算，电影公社的年回报率为15%左右。朱鼎健表示，未来观澜湖将继续在内地扩张，下一步计划选择云南、重庆、广西等地建设观澜湖度假旅游区。

（六）文化旅游+地产模式

1. 模式基本说明

房地产不依附原有的旅游资源、旅游景区，往往先投入巨资，专注于搞大型旅游项目开发，营造具有影响力、冲击力的旅游景观景区，改善区域基础设施条件和环境质量，提升知名度，靠旅游业的关联带动作用引来人流物流，将生地变成旅游熟地和旺地，引起景区附近地产升值，再趁势搞房地产开发。

2. 模式总体特征

从旅游起步，进行优化环境，进而带旺地产，从而实现全面发展是旅游与房地产良性互动的典型。

3. 模式应用存在的问题

旅游投资是一个长线投资，投资回收期较长，需要强大的资金支持；地产投资回收期较短，长线与短线投资相互结合可以解决投资商的资金问题，但是会造成以文化旅游名义圈地，导致土地浪费，不能有效利用土地。

4. 模式创新

旅游与地产的模式，最开始是传统观光型的景区与周边相关地产的配套，随着旅游需求的多样化、常态化，对于旅游的要求越来越高，旅游的精致化与产业化的形成促成旅游与地产模式的升级

5. 经典案例：华侨城旅游度假区。

华侨城先后建成锦绣中华、中华民俗村、世界之窗、欢乐谷四个颇具特色和影响力的主题公园，将过去的荒滩野岭变成具有极高知名度和美誉度的旅游城，为自己创造出区域性旅游资源优势，再以此为依托，开发高质量的旅游主题房地产。从结果来看，华侨城城区旅游房地产采取的是一种混合功能的概念，实际上是将旅游功能和居住功能融为一体、混合布局，把住宅、旅游及相关的设施与服务整合在同一空间内，实现房地产开发与旅游景观开发高度融合，房地产成为景观的有机部分，景区环境又深化了房地产的旅游内涵，建成集旅游、度假、文化教育相关的特色商业与高档居住为一体的花园城市综合社区。

（七）产业链并购模式

1. 模式基本说明

产业并购是指与上市公司主营业务相同或者相关的并购方对该上市公司实施的并购行为，它分为纵向并购、横向并购。产业并购是从产业结构变化的角度来解释并购动因的。纵向并购是指处于生产不同阶段、企业上下游之间的并购；横向并购是从事同种商业活动企业之间的并购。此外，战略投资者在完成对上市公司并购以后，一般会继续发展上市公司原有产业，将原有产业做大做强。产业并购的价值导向是并购后的协同效应，即通过并购后的产业整合提高双方企业的绩效。

2. 模式总体特征

从并购的动机出发，大致分为三类：一是以借壳上市为目的的股权置换式收购；二是以整体上市为目的的资产注入式并购；三是以产业整合和产业价值提升为目的的资产重组与并购，第三种方式即所谓的产业并购。与借壳上市和整体上

市为目的的并购活动相比，产业并购在决策主体、并购目的和并购方式上都区别于前两者，进而在价值创造活动中也体现出其独特的作用。

3. 模式应用存在的问题

并购战略严重缺失、整合重点不清晰、重硬资产轻软件。

4. 模式创新

并购标的本身决定了资金的整体性质。基于企业自身的实际状况和对并购进程的有效把握，设计好长短期资金的比例，并且根据各种并购融资工具和方式实现的时间，安排好各种资金到位的优先顺序，也是并购融资中一项非常重要的环节。

5. 经典案例：万达集团布局文化旅游全产业链

截至2014年12月31日，万达集团旗下的万达旅业投资有限公司自2013年10月成立以来，已经成功并购了北京、湖北、湖南、江西、安徽、浙江、云南等地的11家旅行社，进一步推进万达旅业布局包含旅游度假区、文化旅游城、主题公园、酒店宾馆、旅行社等业态的文化旅游全产业链。

在投资文化旅游产业的过程中，万达集团原来已在长白山、武汉、西双版纳等地打造旅游度假区、文化旅游城、主题公园等项目。万达集团对旅游度假区、文化旅游城、主题公园等不动产的布局仅仅是万达文化旅游全产业链条上的末端。在全国主要旅游省份或万达文化旅游项目所在地并购、新建优质旅行社，最为直接的目的是将为向万达旅游项目提供稳定、高质量的旅游客源，打造与酒店宾馆、文化旅游项目的协同效应。

二、文化旅游企业资产运营模式

（一）文化旅游轻资产模式

1. 模式基本说明

用有限资产获取最大收益，是所有企业追求的最高境界。在经济迅猛发展的当下，“变轻”不仅仅是一种选择，也是一种必然。在轻资产模式中，企业紧紧抓住自己的核心价值，而将非核心业务，例如物流、生产等外包出去。轻资产运营是以价值为驱动的资本战略，是网络时代与知识经济时代的背景下企业战略的新结构。

2. 模式总体特征

企业紧紧抓住自己的核心业务，而将非核心业务外包出去。

3. 模式应用存在的问题

缺乏对产品的有效控制，对外包服务商存在一定的依赖；存在损失战略信息的风险；存在培养潜在对手、被迫打价格战、弱化企业服务能力的可能。

4. 模式创新

采用轻资产模式，可以通过品牌输出、管理输出的方式，或者租赁、部分参股及带资管理的方式来实现。

5. 经典案例：美利亚酒店集团

美利亚酒店集团拥有一流的度假村酒店，与获有AAA信用评级的大型跨国投资基金合作，实现了资产流动周转和资产增值空间。

集团曾与英国伦敦区域投资基金建立合作，将位于西班牙伊比沙岛的Sols′ArgamassainIbiza（现更名为MEIbiza）转型合资公司并保有酒店管理权。交易一年后，更名后的MEIbiza被国际酒店奖（International Hotel Awards）授予“欧洲最佳转型酒店”称号，平均客房收益（RevPAR）较之前平均增长近3倍。交易双方对此项合作的结果，都表现出了极高的满意度。

美利亚酒店集团联合美国投资基金艾威基金（Avenue Capital），就其卡尔维沙滩（Calvià Beach）项目及马拉加的SolAlohaPuerto酒店展开合作计划。艾威基金对位于马盖鲁夫的4家酒店总计1500间客房进行重组定位和重装开幕的财务支持。

美利亚酒店集团在合作过程中获益良多，快速减轻借贷压力，加速了旗下酒店品牌的产品优化和价值提升，大大促进了整个集团的发展。据美利亚酒店集团预计，投资项目将使与多家地产商合作的酒店资产将高达8亿欧元。

（二）文化旅游O2O模式

1. 模式基本说明

将线下商务的机会与互联网结合在了一起，让互联网成为线下交易的前台。

2. 模式总体特征

线上与线下结合，最大限度借力时代科技成就，有利于促进交易。

3. 模式应用存在的问题

提升缓慢；大资产集团运作，形成垄断；在线旅游渗透率低、旅游服务属于无形服务，线上与线下难以形成闭合。

4. 案例介绍：遨游网+

“遨游网+”包括三项重要战略计划，即邀约100家旅游产业优质运营商、建设O2O“百城千店”和招募全国英才加入遨游网+发展事业。旨在依托多年在旅游业的积累与运营，围绕大数据时代用户需求和交互行为变化，为线下各方提供更易用的技术解决方案和更智能的生产经营决策体系；在O2O层面，遨游网融合互联网、移动互联网、连锁店、呼叫中心等多个服务场景，为用户创造更便捷、更专业的服务体验；在产业链上，用户、资源方、服务方、内容方、平台方等相关方各得其所，创造用户真正受益、企业可持续发展的旅游生态新格局。

遨游网+的内涵是利用互联网技术与平台，使互联网与传统旅游业融合创新，协同增效，最终创造旅游业新的价值与发展生态。

（三）品牌管理输出模式

1. 模式基本说明

品牌管理输出模式，是指品牌企业通过向合作项目输出管理品牌，并实现产业化、连锁式经营的无形资产运营模式。该模式有利于实现低投入、低风险、高收入的全国化连锁经营。

2. 模式总体特征

（1）注重管理品牌形象塑造，如同酒店管理品牌一样，必须以强调的品牌影响力和项目管理能力为支撑，以促进营销和管理的提升。

（2）依赖于管理团队能力，输出品牌不仅是品牌影响力和管理制度，更重要的是输出的管理团队的执行能力；只有建立一支强大执行能力的管理团队，才能确保品牌管理输出的成功运营。

3. 模式应用存在的问题

文化旅游经营项目各具特征，每个项目差异化严重，品牌管理复制难度较大，特别是品牌管理输出模式很大程度上依赖于管理团队的能力，因此受到不同管理团队能力的影响，使得文化旅游经营品牌管理输出难度更大。

4. 模式创新

从单一的品牌输出转化为智力、管理和品牌对外输出，首推文化景区“新标”，注重内生式增长，缔造可复制的“全产业链”，演绎外延式扩展，业务外输多项目落地。

5. 经典案例：宋城文化演绎品牌管理输出模式

作为中国文化演艺第一股，宋城股份以“主题公园+文化演艺”深度融合的经营模式，成功打造了“宋城”和“千古情”两大知名文化品牌，又在华东地区打造了最具影响力的杭州乐园和烂苹果亲子乐园，不断增强板块整合的协同共进效应。上市后宋城股份迅速进入产业模式跨区域复制拓展的品牌夯实之路，在三亚、丽江、九寨沟等一线旅游目的地城市快速布局，将品牌塑造与当地文化和旅游市场无缝对接，形成延展至全国范围的一线品牌体系。

2013 年，宋城集团与福州新海岸旅游开发有限公司签订合作协议，对该公司旗下福州浪浪浪水公园项目受托进行经营管理，并取得了商业的成功，可谓宋城集团品牌管理输出的成功案例。

宋城集团深耕主题公园和文化演艺产业，通过品牌管理输出模式，实现产业化、连锁式经营，形成多元化、大文化的有机品牌格局，彰显了其外延扩展的活力。从品牌的打造到品牌的输出，实现宋城集团未来低投入、低风险、高收入的全国化经营。

宋城股份此次受托经营福州浪浪浪水公园的收入，除前期一次性取得水公园的设计费 300 万元之外，每年还将获得基本管理收入 200 万元。以水公园的经营时间来看，每年主要经营两个多月的时间，每个月实现 100 万元的管理费收入，且以宋城股份多年在杭州乐园水公园上积累的经营经验，首次品牌和管理输出选择水公园模式应是一个很好的尝试。此外根据经营收入，公司还有可能取得奖励管理费，但公司所承担的成本仅为三名管理人员的工资。这种合作形式对公司而言完全是“轻资产”业务模式，业务板块所达利润率很高，实现了品牌作为信誉、品质和资源的手段所带来的溢价和增值。

宋城股份与新海岸公司签订委托经营管理协议书，是抓住旅游和文化行业发展的重大机遇，充分利用公司在主题公园、文化演艺行业具有丰富的经验和独特的竞争优势，在原有完全自主经营模式上的创新和突破。品牌管理输出业务模式，不需承担主题公园较高资本投入带来的折旧，而是通过品牌和管理的进驻，获得管理和经营性收入，这种业务模式既可以在一定程度上分享景区发展提升带来的收益，又免去了承担景区发展初期大额资本投入的负担，有更高的业绩稳定性和风险防御性，通过公司对市场需求的整合运作能力和经验，有效组织资源，以最少的投入，获取最大的经济回报，可以说是毛利率极高的业务模式。

宋城股份此次借助其雄厚实力和品牌优势，通过委托经营管理这样一种将硬件设施与软件管理剥离开来的新兴模式，有助于进一步拓展品牌增值空间，为公司更轻更快发展拓宽了思路。随着国民旅游的升温，目前我国有不少基础建设和接待设施已经具备或基本具备的景区，要进一步提升景区的接待和服务质量，存在引进具有多年品牌运作经验的公司对景区实行委托经营管理，提供规范化、专业化管理服务的迫切需求。

从“品牌打造”的内涵性增长到“品牌输出”的外延式拓展，无疑是宋城集团利用品牌价值挖掘出来的新的盈利增长高点，结合自身异地项目的落地开花，有望成为公司突破式跨越发展的重要两翼和战略举措。

三、文化旅游企业投融资模式

2014 年国务院发布的《关于促进旅游业改革的若干意见》提出，要加大财政金融对旅游业的扶持力度。这一由财政部、国家发展和改革委员会及国家旅游局等部门研究的新形势下中央财政支持旅游业发展的相关政策计划于 2015 年 6 月底前出台，旅游项目普遍存在的融资难题或将得以缓解。

在旅游业投融资方面，国家表示，明确支持符合条件的旅游企业上市，保证各种融资渠道畅通，加强债券市场对旅游企业的支持力度，鼓励发展旅游资产证券化产品；加大对小型微型旅游企业和乡村旅游的信贷支持。从不同方面着手解决旅游开发资金难题。未来，在政策引领下，旅游业将在金融创新与资本支持下为社会经济发展带来更大效益。

（一）企业上市模式

截至 2014 年 7 月，在境内 A 股国有核心文化传媒上市公司不完全统计约 25 家，其中国有有线电视网络 10 家，国有报业 7 家，国有出版业 8 家。在境内 A 股非核心文化传媒上市公司 36 家，其中民营影视广告书业上市公司 13 家，旅游（演艺）业上市公司 23 家。

境外上市的中国内地文化传媒企业主要包括在香港资本市场上市的内地文化传媒企业近十家和在美国资本市场上市的内地文化传媒企业十多家。在香港资本市场上市的内地文化传媒企业包括北青传媒（北京青年报社的控股上市子公司），国有图书销售公司新华文轩，早期内地一批广告传播公司大贺广告、白马广告等，互联网公司腾讯（2004 年）、万达商业地产等。

1. 模式基本说明

企业上市模式，是指文化旅游企业改造为符合我国企业上市条件的股份公司，以公开招商发行方式向社会公众筹集资金的模式。企业股票上市可选择上交所的主办上市，深交所的中小板、创业板上市以及新三板上市。

2. 模式总体特征

（1）企业股票上市从社会公众筹集资金，可筹集资金量较大，资金成本较低。

（2）通过上市可以提升文化旅游企业的社会知名度，是很好的营销手段。

（3）通过上市规范了企业的管理行为，提升了企业管理效率和盈利能力。

3. 模式应用要注意的问题

（1）该模式适用于资产规模较大、最近三年盈利较好且稳定增长的文化旅游企业，不适合初创型中小型文化旅游企业融资。

（2）该模式不适合应用于文化旅游项目的融资。

（3）该模式的前期成本较高，且融资时间较长，涉及股份制改造、资产重组、制度重新设计等多个重要环节。

4. 模式创新

2009 年，中国证监会开放了创业板上市，为文化旅游企业股票提供了一个较低门槛的上市条件。创业板上市为文化旅游科技企业提供了较好的融资渠道，并通过市场机制有效评价文化旅游创业资产价值，促进知识与资本的结合，推动知识经济的发展，增加文化旅游创新企业股份的流动性，便于企业实施股权激励计划等，鼓励员工参与企业价值创造。

5. 经典案例：长白山景区 IPO 上市

2012 年 9 月，长白山旅游股份有限公司（以下简称“长白山旅游”）在证监会官网披露了首次公开发行股票招股说明书（申报稿），拟登陆上交所上市。该公司股票于 2014 年 8 月 22 日在上海证券交易所上市。长白山旅游公司主营旅游客运、旅行社及温泉开发、利用业务，此次首次公开发行上市股数 6667 万股，募集 4 亿多元，拟用 3 年多时间建设长白山国际温泉度假区建设项目。

长白山旅游通过上市募集资金，进行业务结构调整，加大对温泉的开发、利用，并为进军旅游酒店业务领域做准备，完善其旅游服务产业链条，提升长白山旅游的综合竞争力。此项举措，将对其发展具有重大的意义。

（二）ABS 模式

1. 模式基本说明

所谓 ABS，是英文 Asset Backed Securitization 的缩写，它是以项目所属的资

产为支撑的证券化融资方式，即以项目所拥有的资产为基础，以项目资产可以带来的预期收益为保证，通过在资本市场发行债券来募集资金的一种项目融资方式。资产证券化的具体操作指的是发起人出于一定目的，将地方政府或文化旅游企业具备一定条件的、能产生未来现金流的资产出售或委托给特殊目的公司。由特殊目的公司汇集大量的同质资产，以之为抵押发行多样化的证券，并通过一系列信用增级手段提高评级机构对证券评估的等级，由包销商出售给投资者，并由服务商持续提供贷款服务，信托机构持续监督和转移分配投资者收益的过程。证券化交易的风险与资产原始所有者的风险无关，而只与证券化资产本身相关。

地方政府和文化旅游企业及文化旅游项目的资产证券化（ABS）融资模式是一个复杂的系统工程，它涉及许多参与者，主要包括九个参与主体：一是发起者；二是服务人；三是特殊目的公司（SPV）；四是受托管理人；五是相关支持体系；六是信用评级机构；七是投资银行；八是投资者；九是专业咨询服务机构。

2. 模式总体特征

（1）ABS 融资模式的最大优势是通过在国际市场上发行债券筹集资金，债券利率一般较低，从而降低了筹资成本。

（2）通过证券市场发行债券筹集资金，是 ABS 不同于其他项目融资方式的一个显著特点。

（3）ABS 融资模式隔断了项目原始权益人自身的风险，使其清偿债券本息的资金仅与项目资产的未来现金收入有关，加之，在国际市场上发行债券是由众多的投资者购买，从而分散了投资风险。

（4）ABS 融资模式是通过 SPV 发行高档债券筹集资金，这种负债不反映在原始权益人自身的资产负债表上，从而避免了原始权益人资产质量的限制。

（5）作为证券化项目融资方式的 ABS，由于采取了利用 SPV 增加信用等级的措施，从而能够进入国际高档证券市场，发行那些易于销售、转让以及贴现能力强的高档债券。

（6）由于 ABS 融资模式是在高档证券市场筹资，其接触的多为国际一流的证券机构，有利于培养东道国在国际项目融资方面的专门人才，也有利于国内证券市场的规范。

3. 模式应用存在的问题

（1）缺乏可支撑证券化业务的优质资产。

（2）缺乏规范化的市场投资。

（3）缺乏完善的法律环境。

4. 模式创新

（1）离岸模式转化为本土化模式，创新一套符合中国国情的ABS融资模式。

（2）在构建资产池时，考虑到文化旅游企业的无形资产和特许经营权权益资产特殊情况，可以开放允许对无形资产进行评估计入企业资产。

5. 经典案例：南传佛教项目资产证券化（ABS）融资模式

西双版纳南传佛教历史文化旅游景区项目资产证券化（ABS）融资的运作，理论上有五个基础步骤。

第一步，确定证券化资产目标，构建资产池。一般来说，投资项目所依附的资产只要在未来一定时期内能带来现金收入，就可以进行ABS融资。拥有未来现金收入所有权的企业或项目公司或机构通常被称为原始权益人，他们根据自身的融资需求，确定用于证券化融资的资产。未来现金收入所涵盖的资产是ABS融资方式的物质基础和价值保证，它们通常应是稳定的、可靠的、低风险的和具有一定可预测性的。一般来说，同质性好、信用质量高且容易获得相关统计数据的资产比较容易实现证券化。如果规模较小，还需要组合其他相似资产，构成一个资产池。

第二步，设立SPV（Special Prurose Vehical）或其他类似机构。SPV的译名有特设信托机构、特设交易载体、特殊目的公司等，这里称之为特设目的公司。它是一个专门为实现西双版纳南传佛教历史文化旅游景区项目资产证券化（ABS）融资目的而设立的特殊目的公司，是资产证券化运作的名义主体。它可以是信托投资公司、信用担保公司、投资保险公司或其他独立法人机构等，但必须能够获得国际权威资信评估机构授予的较高的信用等级，如标准普尔公司或穆迪公司评估的AAA级（债券发行者还本付息能力极强）或从级（债券发行者还本付息能力很强）。

第三步，金融资产的“真实出售”。SPV与原始权益人签订合同，将拟证券化的资产转移到SPV的名下，合同中明确规定，一旦原始权益人发生破产清算，这些资产不列入清算范围。这一步骤一般称为“真实出售”，实现了将资产过户给 SPV 的目标，确保破产隔离。可见，成功组建 SPV 是 ABS 有效运作的基本条件和关键因素。事实上，SPV 这种交易中介的作用也正是 ABS 融资构思最具特色、最有创新之处。

第四步，信用增级，发行债券。信用增级也称信用提高，是指 SPV 为了确保发行人按时制支付投资者本息而采用的各种有效手段，是资产证券化交易结构成功的关键所在。资产证券化的投资利益能否得到有效的保护和实现主要取决于证券化资产的信用保证制度。根据信用评级理论，企业或机构发行的债券或通过它们信用担保的债券，自动具有该企业或机构的等级，所以原始权益人“真实出售”给 SPV 的资产起初的信用等级并不理想，即使在与 SPV 结合后，信用有所提高，仍需要改善发行条件，吸引更多的投资者，即“信用增级”。

除了前述的“破产隔离”以外，信用增级主要有两种方式：内部信用增级和外部信用增级。前者包括超额担保（被证券化的资产实际价值高于证券的发行额）、现金储备账户（事先设立用于弥补投资者损失的现金账户）以及设计优先/从属结构（划分优先证券和次级证券。在付清前者的本息之前对后者仅付息不还本，后者可以发售有限的数量或不发售，从而提高优先证券的信用登记，扩大投资者队伍并降低综合成本）等。后者指外部的信用担保，如 SPV 再向信用级别很高的专业金融担保公司办理金融担保，保证 ABS 按期按量支付本息，这样，ABS 交易的信用级别就提升到了金融担保公司的信用级别。信用增级后，SPV 就聘请信用评级机构对将发行的证券进行正式的发行评级，将评级结果向投资者公告。这时的资产支撑证券已具备了较好的信用等级，能够顺利进入容量高达 1 万亿美元的国际高档证券市场，发行流动性高、利率低的高档债券。SPV 与证券承销商签订承销协议，由他们负责发行，并将发行所得作为买入证券化资产的价款，支付给原始权益人；原始权益人用这笔收入进行项目建设，达到其筹资目的。

第五步，管理资产，清付本息。SPV 作为 ABS 融资的交易中介，基本上是一个“空壳公司”，并不参与实际的业务操作，所以原始权益人和 SPV 一般还要再一起确定一家托管银行，并签订托管合同。将证券化资产发生的全部收入存入托管行，由它负责收取、记录、按约定建立积累金、按期对投资者还本付息，在有关证券到期后，还要向 ABS 融资过程中提供过服务的各机构支付服务费用，最后如还有剩余，则全部返还给原始权益人。ABS 融资过程至此结束。

（三）PPP 公私合营模式

1. 模式基本说明

PPP 公私合营模式，即 Public – Private – Partnership 的字母缩写，是指政府与私人组织之间，为了合作建设文化旅游基础设施项目，或是为了提供某种文化旅游公共物品和服务，以特许权协议为基础，彼此之间形成一种伙伴式的合作关系，并通过签署合同来明确双方的权利和义务，以确保合作的顺利完成，最终使合作各方达到比预期单独行动更为有利的结果。

2. 模式总体特征

（1）PPP 模式将部分政府责任以特许经营权方式转移给社会主体（企业），政府与社会主体建立起“利益共享、风险共担、全程合作”的共同体关系，政府的财政负担减轻，社会主体的投资风险减小。

（2）PPP 模式比较适用于文化旅游基础设施建设、文化旅游公共物品或服务提供等领域，适用于未来投资收益稳定且可预期的新建文化旅游建设项目。

3. 模式应注意的问题

（1）该模式需要合理选择合作项目和考虑政府参与的形式、程序、渠道、范围与程度等问题。

（2）该模式不适用于中小型文化旅游建设项目，不适合存在大量市场风险的市场化经营项目，即要求项目的未来投资收益稳定且可预期。

4. 模式创新

扩大 PPP 公私合营模式的应用范围，将该模式创新应用于非政府的事业单位、国有企业和私营企业之间的合作，从而让更多的中等投资规模的文化旅游项目能够采用 PPP 公私合营模式融资建设。

5. 经典案例：淮安市白马湖森林公园旅游公路建设 PPP 项目

2014 年 5 月 23 日，普邦园林公司与淮安市白马湖规划建设管理办公室签署《淮安市白马湖森林公园项目 PPP 合作协议》，负责淮金公路东侧、旅游公路两侧项目施工，投资概算不超过 10 亿元。

该项目采用公私合作（Public – Private – Partnership，PPP）模式，预计项目期为 3 年，普邦园林单独或与合作相对方引入的战略投资机构共同出资设立具有独立法人资格的合作公司，由合作公司与建设单位共同出资建设该项目。项目竣工后，普邦园林将退出合作，结算审计完毕后，由淮安市白马湖规划建设办收购项目全部股权，并按约定支付收购款，白马湖森林公园景区的收入作为其支付收购款的来源之一。

协议规定收购款分三年支付，由白马湖规划建设办按照建安费的35%、30%、35%的比例支付，并分别在当期支付收购期利息。在应对成本风险方面，合作协议规定因材料、人力资源价格上涨、管理成本上升等导致超出预算额的部分，由淮安白马湖规划建设办与普邦园林分别按建安费预算总额的15%、85%的出资比例补充投资。投资额超出普邦园林承担的8.5亿元的部分，由双方各按50%的比例补充投资。

（四）BOT融资模式

1. 模式基本说明

BOT是英文Build－Operate－Transfer的缩写，通常直译为“建设－经营－转让”。这种译法直截了当，但不能反映BOT的实质。BOT实质上是基础设施投资、建设和经营的一种方式，以政府和私人机构之间达成协议为前提，由政府向私人机构颁布特许，允许其在一定时期内筹集资金建设某一基础设施并管理和经营该设施及其相应的产品与服务。

2. 模式总体特征

一方面，BOT能够保持市场机制发挥作用。BOT项目的大部分经济行为都在市场上进行，政府以招标方式确定项目公司的做法本身也包含了竞争机制。作为可靠的市场主体的私人机构是BOT模式的行为主体，在特许期内对所建工程项目具有完备的产权。这样，承担BOT项目的私人机构在BOT项目的实施过程中的行为完全符合经济人假设。

另一方面，BOT为政府干预提供了有效的途径，这就是和私人机构达成的有关BOT的协议。尽管BOT协议的执行全部由项目公司负责，但政府自始至终都拥有对该项目的控制权。在立项、招标、谈判三个阶段，政府的意愿起着决定性的作用。在履约阶段，政府又具有监督检查的权力，项目经营中价格的制定也受到政府的约束，政府还可以通过通用的BOT法来约束BOT项目公司的行为。

3. 模式应用存在的问题

（1）公共部门和私人企业往往都需要经过一个长期的调查了解。谈判和磋商过程长，以至项目前期过长，使投标费用过高。

（2）投资方和贷款人风险过大，没有退路，融资举步维艰。

（3）参与项目各方存在某些利益冲突，对融资造成障碍。

（4）机制不灵活，降低私人企业引进先进技术和管理经验积极性。

（5）在特许期内，政府对项目减弱甚至失去控制权。

4. 模式创新

降低政府的负担与风险，组织机构协调容易，回报率明确，利益划分清晰。

5. 经典案例：东疆港综合开发

东疆港区主要分为码头作业区、物流加工区和综合配套服务区。其中综合配套服务区位于港区东部，为充分提升优质海岸资源价值，开发建设多种配套居住、商务办公、沿岸及海上体育娱乐、休闲度假等设施，为东疆港区工作人员及国内外宾客提供办公、生活、商务、休闲等服务。目前，国际邮轮母港项目已投入运营，东侧观景岸线正在招商中的项目工程可以运用BOT融资模式，比如商务住宅、商务中心、五星级酒店、度假村、休闲运动中心、国际游艇俱乐部等设施。同时建设配套的商业、医疗、教育、餐饮、酒店、公寓等设施。在这些配套设施完全建成之后，必然会对其旅游业起到促进作用。

（五）TOT融资模式

1. 模式基本说明

TOT（Transfer－Operate－Transfer）是“移交—经营—移交”的简称，指政府与投资者签订特许经营协议后，把已经投产运行的可收益公共设施项目移交给民间投资者经营，凭借该设施在未来若干年内的收益，一次性地从投资者手中融得一笔资金，用于建设新的基础设施项目；特许经营期满后，投资者再把该设施无偿移交给政府管理。

TOT方式与BOT方式是有明显的区别的，它不需直接由投资者投资建设基础设施，因此避开了基础设施建设过程中产生的大量风险和矛盾，比较容易使政府与投资者达成一致。TOT方式主要适用于交通基础设施的建设。

最近国外出现一种将TOT与BOT项目融资模式结合起来但以BOT为主的融资模式，叫做TBT。在TBT模式中，TOT的实施是辅助性的，采用它主要是为了促成BOT。TBT有两种方式：一是公营机构通过TOT方式有偿转让已建设施的经营权，融得资金后将这笔资金入股BOT项目公司，参与新建BOT项目的建设与经营，直至最后收回经营权。二是无偿转让，即公营机构将已建设施的经营权以TOT方式无偿转让给投资者，但条件是与BOT项目公司按一个递增的比例分享拟建项目建成后的经营收益。两种模式中，前一种比较少见。

2. 模式总体特征

（1）盘活城市基础设施存量资产，开辟经营城市新途径。

（2）增加了社会投资总量，以基础行业发展带动相关产业的发展，促进整个社会经济稳步增长。

（3）促进社会资源的合理配置，提高了资源使用效率。

（4）促使政府转变观念和转变职能。

3. 模式应用存在的问题

在建设前一定要进行全面、详细的评估、论证，要充分估计到 TOT 的负面效应，提出相关预防措施。

经营权的转让价应合理提高，作为对承担风险的“对价”。

受让方买断某项资产的全部或部分经营权时，必须进行资产评估。

缺乏转移经营权的项目的维修改造；容易造成法律问题。

4. 模式创新

BOT、TOT、TBT 等相关的几种模式灵活地结合应用，以适合不同的项目业主、经营主体和建设条件的要求。

5. 经典案例：舞阳景区 TOT 特许经营项目

为适应社会主义市场经济需要，实现舞阳河全线通游（通航），进一步完善景区基础设施和服务功能，推动景区资源整合，构筑更好的融资平台，舞阳河风景名胜区管理处根据黔东南州人民政府府函〔2011〕239 号文件精神，通过公开招标方式选择舞阳河风景名胜区下舞阳景区 TOT 特许经营项目投资人。

项目占地面积 68 平方公里；特许经营权出让底价为 4000 万元，特许经营期内每年景区保护措施投入 400 万元，特许经营权期内完成基础设施、旅游服务设施 18199 万元。

舞阳河风景名胜区下舞阳景区内的 20 年特许经营权有偿转让给投资人。投资人一年内完成服务区改造和码头改造建设；两年内完成现有景区运营设施、设备的收购，并具有一定规模的水上观光运营能力；五年内完成红旗电站、高碑、诸葛洞及抛瓜等景区景点建设，使其具备接待能力。同时，在五年内，使景区达到国家 5A 级旅游景区服务标准。把下舞阳景区打造成环境优良、设施完善、服务上乘并在全国范围内具备一定影响力的水上观光旅游风景名胜区，确保第一年景区游客容量不低于30万人次，五年内游客总量达到200万人次。

（六）发行企业债券

1. 模式基本说明

企业债券，是指企业依照法定程序发行、约定在一定期限内还本付息的有价证券。实际上，发行企业债券是一种融资形式，是国内企业法人通过公开发行企业债券的形式，在国家金融机构从事的金融业务之外，开辟的新的融资渠道，直接将社会闲散货币转化为生产资金，以解决企业资金短缺、生产后劲不足的困难。从国外经验看，企业债券已成为并购融资的一个非常有效的工具。

2. 模式总体特征

（1）发行企业债券是一种灵活的融资方式，包括短期债券和中长期融债券。首先，发债的期限比较灵活，有短期融资的，有三五年中长期的，也有十年期的，能满足企业中长期的资金需求。其次，在直接将长期贷款用于文化旅游产业股权投资仍未允许的情况下，发行企业债券融资解决了该问题。

（2）企业债券发行严格。企业发行债券必须具备以下五个条件：一是企业规模达到国家规定的要求；二是企业财务会计制度符合国家规定；三是企业具有偿债能力；四是企业经济效益良好，发行企业债券前连续三年盈利；五是所筹资金用途符合国家产业政策。

（3）发行企业债券融资规模大。发行企业债券一般适合大型股份公司和国有企业等大型文化旅游企业，通过发行企业债券，不仅融通大量资金，还能提高文化旅游企业在社会的影响力，提升其社会声誉。

（4）降低了融资的资金成本。企业发展到一定规模，资金使用量大，银行融资成本较高，而文化企业又不是房地产这类利润高的行业，必须考虑新的产品来降低融资成本。债券不用资产抵押，成本相对较低，很适合华侨城这类内部管理比较严格的国企，用企业的信用去融资。

3. 模式应用存在的问题

公司债券的发行主体，有严格的资格限制，一般中小型文化旅游企业和发展初期的文化旅游企业很难通过发行企业债券获得融资。发行公司债券，往往是股份有限公司和有实力的有限责任公司所为。

4. 模式创新

可转换债券可以看做是普通债券附加一个相关的选择权。在企业并购中，利用可转换债券筹集资金具有明显的优势：可以降低债券融资的资本成本；由于可转换债券规定的转换价格要高于发行时的企业普通股市价，它实际上相当于为企业提供了一种以高于当期股价的价格发行普通股的融资；当可转换债券转化为普通股后，债券本金就不需偿还，免除了还本的负担。受政策法规的影响，分离交易的可转债得到了较快发展。它是其由公司债券和认股权证两部分组成，债权和期权可以分离交易，即投资者在行使了认股权利后，其债券依然存在，仍可以持有，到期获得债券收益。

5. 近年我国债券的发展

迄今为止，仍然有很多文化企业把银行贷款当做缓解资金压力的“救命稻草”，有的文化企业把上市当做企业发展的终极目标，千方百计地去挤 IPO 的“独木桥”。但是，一些文化企业却尝试着另辟蹊径，通过债券市场来解决资金难题，特别是那些有一定资产规模和信用等级的企业更把债券这种直接融资作为解决资金瓶颈的主渠道。据中国银行间市场交易商协会统计，截至 2014 年 1 月，已注册发行债券的文化企业达 112 家，总发行金额 2515.5 亿元。

尽管这样的发行已小有规模，但“债券融资”对广大文化企业来说依然还是个陌生的新事物。华侨城是国内最早发行企业债券的文化企业，从 2008 年开始，累计已发债 458 亿元，现在带息负债的资金约占企业总资金的 40%。据华侨城企业管理部总监何海滨介绍，债券融资对华侨城的帮助很大，使其利润总额从 19 亿元增长到目前的 45 亿元，年均增幅达到 24%。华侨城的债券发行品种多、发行量大，满足了企业发展的资金需要。和华侨城一样，西安曲江文化产业集团也靠发债来解决融资问题，既有 10 亿元短期融资券，也有 20 亿元的私募债券，贷款则越来越少。

2011 年，江苏凤凰集团通过上市募资近 45 亿元。但很少有人注意到，从 2009 年开始，凤凰集团每年就有计划地发行债券，在上市前就已募集资金 40 亿元，由于企业运行稳健，发行人和投资人都得到了较好的回报。凤凰集团债券发行的主承销商北京银行按照交易商协会的规定不断对凤凰集团的管理提出规范要求，凤凰集团也逐步规范自己的公司治理和报表等。正是这种规范的管理，使凤凰集团能快速成功上市。

通过发行企业债券，大大降低了文化旅游企业的资金成本。据中国银行间市场交易商协会初步统计，文化企业债券融资平均发行利率为 6.17%，低于同期银行贷款利率8.53%，已累计为发债的文化企业节省资金30亿元。以西安曲江集团为例，通过发债，其综合融资成本降低了42.16%，而深圳华强集团综合融资成本更是降低了64.85%。

2012年，包含旅游业在内的文化休闲娱乐服务债券融资数额最多，达到1350亿元，占文化企业发债融资的75%；其次是广播电视电影服务发债226.82亿元，占13%；再次是新闻出版服务发债200.25亿元，占11%；工艺美术品生产、文化信息传输服务和相关文化产品生产只占1%左右。

2012年3月，文化部文化产业司联合中国人民银行金融市场司、中国银行间市场交易商协会等部门开展了文化企业债券融资试点工作，鼓励优质文化企业勇于尝试新型融资工具。

6. 经典案例：中小文化企业参与企业债券融资

2011年扬州工艺美术集团和大贺传媒联合发行中小集合票。由于文化企业资产规模不大，最初信用评级只有BBB，后来通过信用再担保公司，将征信提高到AA级，最终成功发行了1亿元三年期的债券，不仅大大降低了企业成本，还提高了资金使用率，除了对前期流通资金进行置换，还把资金用于改造工艺美术大楼、扩大经营生产和购置原料，为以后的发展打下基础。

对企业来说，发债有一定的门槛和风险，比如有发债额只能是净资产40%的红线约束，固定资产多的大企业容易发债成功；发债要对企业信用进行严格评级，那些信用好、有过成功发债并偿还的企业，会得到认可，发行的利率和条件也会更优惠一些；发债要对企业的盈利模式进行很好的梳理和承诺，否则投资人不会认购。

那么轻资产的中小文化企业就被挡在发债大门外了吗？针对新兴文化企业资产规模较小、单体债券难以成功发行的现状，多地已推出文化类企业中小企业集合票据。文化部文化产业司相关人士介绍，这就解决了单一企业因规模较小不能独立发债的矛盾，降低了融资门槛。

北京三浦灵狐动画公司作为一家专业动画公司，虽然积累了不少无形资产，但由于动漫的盈利点不高，企业进入一个发展的瓶颈期。北京石景山金融办组织文化企业进行集合票据的培训，该公司抱着试一试的态度开始接触发债。由北京银行主承销，组织另两家公司成功发行4500万元的中小企业集合债，三浦灵狐得到了300万元资金。公司管理者将这300万元用于动漫衍生品推广，开发了有动漫标志的500个饮料售卖机，很受孩子欢迎，企业盈利达1000万元，走上发展的快车道。

（七）私募股权融资

1. 模式基本说明

相对于公募融资而言，私募融资可以灵活地运用于上市公司之间、上市公司与非上市股份公司以及非上市股份公司之间。私募融资可以采用以下几种方式：第一是设立资金信托，将其指定用途为股权投资；信托工具的好处是在融通资金的同时，还为投资者提供了风险隔离制度，能够保障本金不受损失。第二是设立产业并购基金，产业并购基金的募集对象主要是机构投资者，投资对象是非上市企业。第三是引入私募股权基金，私募股权基金的募集对象主要是富有的家庭或个人，投资对象和资金运用方式十分灵活。

2. 模式总体特征

（1）通过私募形式对非上市的文化旅游企业进行的权益性投资。在交易实施过程中通常附带考虑了将来的退出机制，即通过上市、并购或管理层回购（MBO）等方式，出售持有的股份获利。

（2）投资运作期限较长，属中长期投资。股权投资的盈利模式决定了股权投资的长期性和不确定性，因此通常应根据所投资对象的期限设置一定的封闭期，保证投资计划不会因为部分投资者的赎回影响整个投资计划的利益最大化。

（3）对产业知识有较高要求。PE看一个行业是否具有投资价值，主要看这个企业在所在的领域和市场是否处于产业发展S曲线的高速发展期。如果是太早，则整个行业还没有起来，风险太高；如果处于后期，市场没有成长性，企业价值不会快速发展。

3. 模式应用存在的问题

（1）挑选出管理好、成长性高和拥有值得信赖的管理团队的投资对象十分关键，这也是私募股权投资的难点，因为管理团队是一群对产业知识熟悉但存在个体不确定因素和道德风险的优秀群体，很难做出科学的准确判断。

（2）文化旅游企业在市场趋势、发展策略、技术和产品等方面更难以准确判断，也很难在技术和产品上建立核心竞争力，加上人事管理、组织运作的非财务信息，因此私募股权投资的融资渠道实际上在文化旅游企业应用中有限。

4. 模式创新

创新引进信托公司的PE经营的商业模式。信托公司PE经营安排上，信托设计通常采用有限合伙原理，信托人风险有限。目前PE从业机构主要有各种产业和创业型基金、大型实业公司的投资部、投资银行等，它们都是文化旅游项目的投资主力，其优势分别是对行业熟悉和有上市资源。信托介入文化旅游PE在中国国内刚刚起步，优势是具有融资通道。

5. 经典案例：湖南文化旅游产业投资基金

（1）基金概述

湖南文化旅游产业投资基金（以下简称“基金”）主要用于通过参股方式吸引社会资本共同投资文化旅游企业（以下简称“参股企业”），充分发挥政府性资金的放大作用，旨在推动湖南省文化和旅游产业更好更快地发展，扩大湖南文化、旅游产业在全国的影响。文化旅游私募股权基金，属于文化旅游PE基金。

基金类型为封闭式基金，存续期限为10年，总规模为人民币30亿元左右，共分为三期：第一期9亿元，第二期12亿元，第三期9亿元。基金采取定向募集的私募方式，主要面向相关政府机构、国有控股企业及具有长期股权投资能力的境内机构投资者。

基金采取有限合伙企业形式设立。基金扩大规模时，采取第一期投资人同比例增资、不同比例增资或者设立新的有限合伙企业或其他组织形式的方式扩大基金规模，具体方式届时由理事会决议。

基金设立坚持“集合投资、专家管理、分散风险、运作规范”的基本原则，立足湖南，面向全国。基金投向遵循支持湖南文化旅游产业发展和资本收益最大化的原则，体现“三个导向”：一是改造性导向，即投向现有产业的扩大、升级和优化；二是整合性导向，即利用融资平台，进行收购兼并，提高产业集中度；三是前瞻性导向，即投向新技术、新产品、新平台。

（2）基金管理机构

理事会为基金的最高管理和决策机构，由出资人或出资人主管单位委派代表出任。

政府设立的基金管理中心为理事会的常设办事机构，具体负责理事会日常事务，归口省财政厅管理。

基金实行委托管理，由湖南达晨文化旅游创业投资管理有限公司担任基金管理人。

（3）基金投资方向

基金主要投资领域为：数字电视产业链；出版发行产业链；影视、音乐、动漫、游戏等内容产业链；文体教育产业链；文化旅游产业链；工艺美术产业链；新媒体产业链；创意设计；广告策划；会展；景区、酒店、旅游服务等。

（4）基金投资方式

基金主要以参股的方式进行投资，基金的参股企业应满足以下条件：一是实收资本在1000万元以上，最近一年净利润不低于1000万元，且具有良好的发展前景和上市预期；二是有明确的企业发展规划；三是管理和运作规范或可以规范；四是有比较健全的财务会计管理制度；五是没有受过司法机关或行政主管机关重大处罚的不良记录。

（5）投资程序

基金管理人对拟投资项目进行筛选与调研，在尽职调查并通过内审会议后，提出投资建议。

基金管理中心对基金管理人的投资建议进行常规审查，必要时组织不同层面的投资评审。

基金管理中心根据风险控制调查和评审意见出具风险控制报告及相关建议，并提交理事会按规定程序进行决策。

理事会投资决策事项经由基金管理中心通知基金管理人具体实施。

（6）基金投资退出方式

基金投资参股企业，在约定期限内退出，且最长期限不超过基金的存续年限。

主要退出方式有：发行上市、买壳上市、通过代办系统、产权市场交易、兼并收购、回购、打包出售、公开拍卖、其他金融创新工具等。

康福田（北京城市发展研究院）

第三章　会展经济

● 2000年我国提出“会展经济”的概念，主要包括“会议”和“展览”两项内容，即所谓“狭义的会展业”。2003年，MICE的概念被引入中国，即会展业由Meetings（会议）、Incentives（奖励旅游）、Conventions（行业大型会议）、Exhibitions（展览）或Event（节事活动）组成。这就是“广义的会展业”，或称为“大会展”。目前，“大会展”的概念逐步得到中国会展业界的广泛认同。

● 2014年12月召开的中央经济工作会议为2015年的经济工作“定调”：我国经济发展进入新常态。在此大背景下，会展经济发展如何主动适应国家经济发展的新常态，如何进一步挖掘潜力、发挥作用，值得业界人士深思。

● 本章认为，随着中国经济发展进入新常态，会展业发展也面临转型升级，一方面，会展业发展增速放缓，另一方面，会展业或进入精细化发展阶段，从注重规模、数量扩张向注重质量、效益转变。我国的会展业和会展经济进入新常态。

一、2014年中国会展业的发展动态

2014年，我国经济社会持续稳步发展，但是，经济下行压力较大，中国经济发展步入新常态。同时，国八条、政府严控三公经费等政策持续影响我国会展经济的发展。诸多因素成为“双刃剑”，为我国会展业发展带来双重影响。一方面，我国会展业在经历了长时间的快速增长后，增速放缓。另一方面，会展业或进入精细化发展阶段，从注重规模、数量扩张向注重质量、效益转变。

（一）会展业增长趋于平缓

中国宏观经济减速，对会展业发展带来一定影响。中办国办发文，要求清理

官办活动，再加财政开支一律缩减5%和严控三公经费，各部门各地纷纷压减展会、论坛、节庆的个数或投入。此举对中国会展业产生很大影响。同时，葛兰素史克会议丑闻的负面影响仍在不断发酵，对行业影响很大。而另一方面，APEC成功召开掀起新一轮投资热潮，很多企业强劲发展不断增加对展览、会议等的刚性需求，再加上资本市场对现代服务行业的高度关注，又给行业发展带来无限商机。

据测算，2011年我国会展业直接产值约3016亿元，较2010年增长21.5%。2012年我国会展业直接产值约3500亿元人民币，较2011年增长16.1%，占全国国内生产总值的0.68%。2013年会展业经济直接产值达到3870亿元人民币，较2012年增长10.6%，约占全国国内生产总值的0.68%，与2012年基本持平。[①] 2014年，我国会展业直接产值约4200亿元人民币[②]，较2013年增长8.5%。我国会展业增长趋于平缓（见图3-1）。

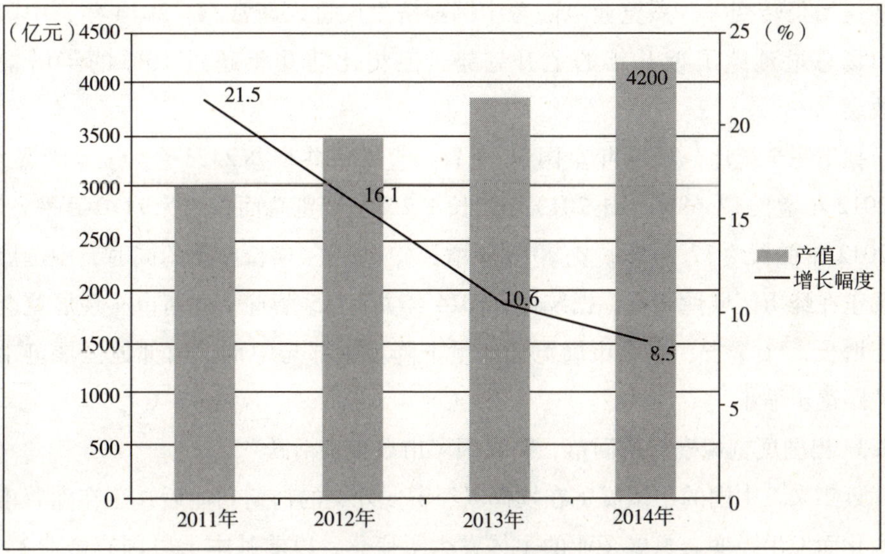

图3-1 2011~2014年全国会展业直接产值和增长幅度

资料来源：根据相关资料整理。

① 商务部服务贸易司．中国会展业行业发展报告2014［EB/OL］．http：//expo. ce. cn/sy/zc/201410/21/P020141021357013261483. pdf，2014-10-20.

② 2015~2020年中国会展行业全景调研与发展潜力研究报告［EB/OL］．http：//www. chinairn. com/report/20150310/100951402. html，2015-03-10.

（二）2014 年展览业基本特征

2014 年我国展览业总体呈现平稳发展的基本格局，并呈现以下基本特征。

1. 展览业进入缓慢增长期

我国展览业增长速度放缓，出展及展览工程相关产业链缩减，产值相对稳定，展馆建设除北京外均放缓，这是展览业新常态的主要特征。中国展览业进入缓慢增长期。同时，新常态下我国经济发展正从规模速度型增长向质量效率型增长转变，展览业要实现从数量增长到质量提升，应从服务增值中要效益、从智能技术中要效益、从低碳节能中要效益，加快展览业的转型升级。

2. 国内展览市场总量增长势头放缓，地区差异开始消解①

我国已成为世界上展览数量最多、规模最大的国家之一，是欧洲、北美之外全球最重要的会展市场，也是国际会展界共同关注的新兴市场。值得关注的是进入 2014 年，我国展览业持续多年的两位数高速增长的趋势首次向一位数的中速增长转变——展览业也随着中国经济发展进入新常态。2014 年，中国展览市场总量延续了近几年的上升趋势，但相比前几年超过 10% 的年增量有所放缓。

据不完全统计，2014 年全国 30 个省、直辖市共举办 2423 个经贸类展览会，比 2012 年增长 17.68%，比 2013 年增长 4.2%。展览总面积约为 7110 万平方米，比 2012 年增长约 17.97%，比 2013 年增长 2.6%②。增长放缓的同时，中国展览市场正在经历区域性调整。据统计，2014 年共有 15 个省、直辖市实现展览会数量正增长，11 个省、直辖市展览会数量下降。东部与中部、西部地区展览市场的差距逐步缩小。

3. 出国展览规模有所回落，新兴国家市场表现活跃③

近年来，中国的出国展览在发挥以经贸促外交的初期功能后，正在随着市场的变化而发生蜕变。参展企业的主体发生了变化，以前基本上以国有企业为主，现在大部分是民营企业。以前是企业大部分参加几个世界知名展览，现如今随着市场细分深入、竞争激烈，企业开始纷纷开拓新兴市场，远赴南美的秘鲁或南亚

① 贸促会．中国展览经济发展报告（2014）［EB/OL］．http：//www.ccpit.org/Contents/Channel_3434/2015/0115/441356/content_441356.htm，2015－01－15.

② 贸促会．中国展览经济发展报告（2014）［EB/OL］．http：//www.ccpit.org/Contents/Channel_3434/2015/0115/441356/content_441356.htm，2015－01－15.

③ 林云．中国出国办展形势分析［EB/OL］．中国会展微信．2015－03－13.

的巴基斯坦等寻找商机。

在世界经济复苏不明朗的状况下，随着中国经济发展进入新常态，我国出展业务受到多方面影响。一是传统出展重地欧洲的经济复苏乏力，市场持续疲软。这一方面使得当地市场对中国的一些出口企业吸引力下降，出展意愿降低。另一方面，欧洲的一些展会出现萎缩，有些甚至消失，我国出展企业不得不寻找新的展示平台。上述因素使得参加欧洲展会的中国出展企业，总体上呈下降趋势，同时，引发对欧洲一些仍然向好展会的激烈竞争；二是我国经济发展进入新常态，经济结构加速转型，出口在整个国家以及很多企业的发展战略中的地位呈下降趋势。许多出口型企业调整自身发展战略，减少对出口的依赖，加大对国内市场的开拓，使得一些原本主要面向出口的企业，减少出展预算，降低出展频率，出展业务出现萎缩；三是政府整顿“四风”以及“八项规定”的出台，对一些地方政府官员出国有了新的制约和限制。受到上述因素影响，出展业务在出展企业数量、出展项目（见图 3－2）、出国参展面积、出展人员数量上，均有回落。

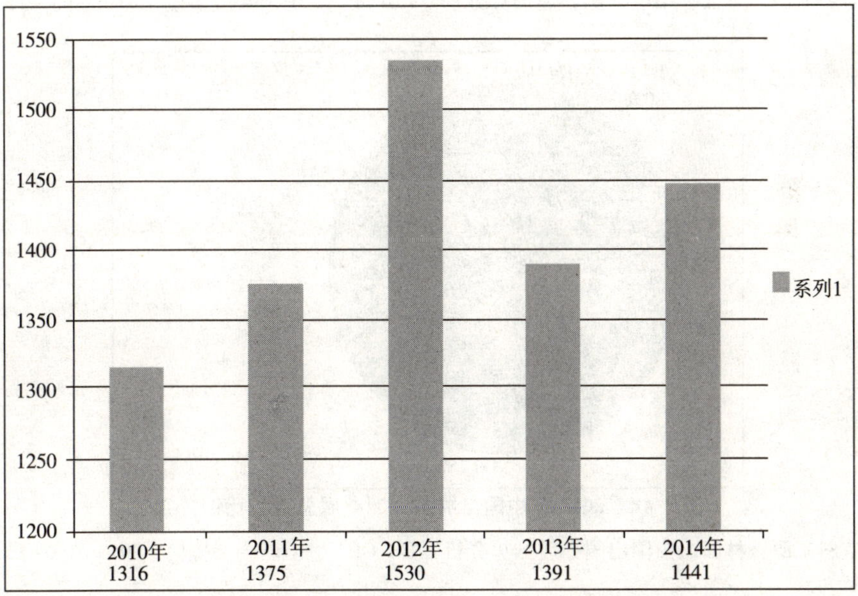

图 3－2　2010～2014 年我国出展项目数变化图

资料来源：林云，中国出国办展形势分析［EB/OL］．中国会展微信，2015－03－13。

2014 年，出国办展项目位列前十的目的地国家分别是：美国、德国、俄罗斯、巴西、印度、阿联酋、土耳其、法国、印度尼西亚和墨西哥。虽然欧美仍是我国出国办展的主要目标市场，但新兴国家市场表现更加活跃。中国出展趋势已发生变化，新兴市场正成为组展单位开疆拓土的首选目标。详见下图。

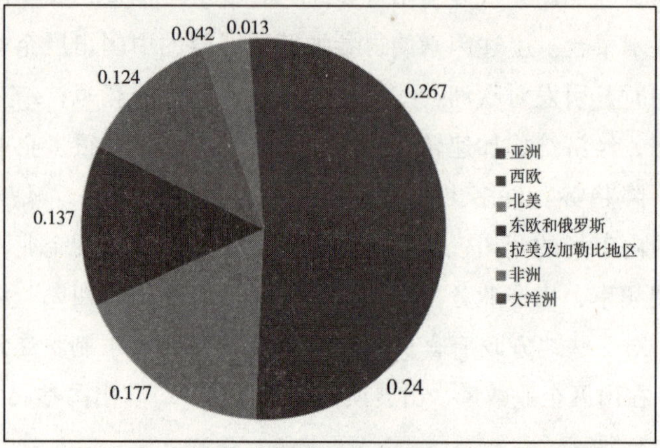

图 3－3　2014 年中国出展各大洲项目数比例分布

资料来源：林云，中国出国办展形势分析［EB/OL］. 中国会展微信，2015－03－13。

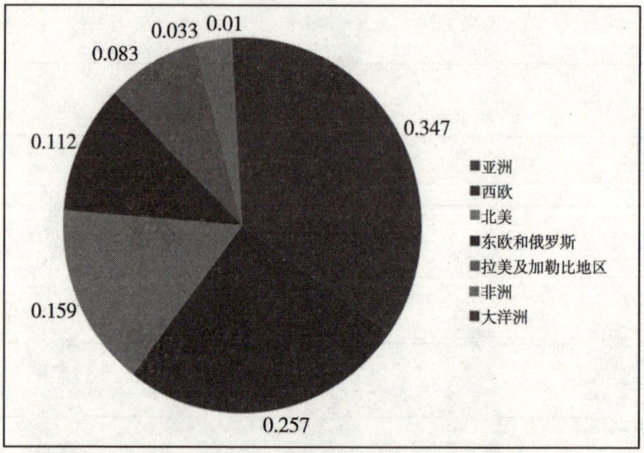

图 3－4　2014 年中国出展各大洲参展总面积比例分布

资料来源：林云，中国出国办展形势分析［EB/OL］. 中国会展微信，2015－03－13。

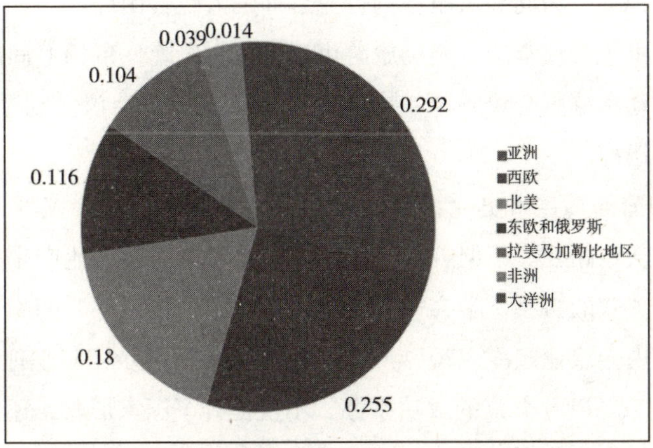

图3－5　2014年中国出展各大洲参展企业数比例分布

资料来源：林云，中国出国办展形势分析［EB/OL］．中国会展微信，2015－03－13。

随着世界各新兴市场的持续兴起，我国与各新兴市场的经济联系日益紧密，新兴市场在我国企业出口业务中的重要性不断增加，其在出国展览中的比重也在增长。比如，中国赴巴西参展规模近年一直保持较快增长。作为南美最大经济体，巴西以近15年来的快速发展，迅速崛起为南美新贵和金砖国家中的佼佼者。持续的经济增长，强大的市场需求，加上即将举办的2016年奥运会，巴西市场商机无限。将进一步推高中国企业赴巴西参展的积极性。中国在寻找新兴市场的机会，新兴市场也在积极营销自己，比如泰国，每年都会来华做多场推介活动寻求与中国会展企业的合作机会。2014年，泰国吸引15.8万国际展会客商，收入4.5亿泰铢。排名前5的买家国分别为日本、马来西亚、中国、新加坡、印度。

（三）会议节庆、奖励旅游发展继续遇冷

据中研普华会议行业分析专家撰写的《2014－2018年中国会议产业行业全景调研与发展战略研究咨询报告（2014）》（中国行业网发布）：在中国会议市场，公司会议占54.1%，社团会议占9.3%，政府会议和事业单位会议占36.6%。中国和美国、英国会议构成相比较，政府会议占整体会议市场的比重明显过大。事实上，即使公司会议和社团会议，也有相当比重得到政府直接和间接参与。2014年9月，中共中央办公厅、国务院办公厅印发《关于严禁党政机关到风景名胜区开会的通知》，坚决杜绝以会议名义到风景名胜区公款旅游等违规行为。并且清理官办活动，财政开支一律缩减5%，严控三公经费，各部门各地纷纷压减展会、论坛、节庆的个数或投入。“国八条”管控公款消费和官员作秀，开幕典礼及其相关支出锐减。为此提供服务的行业迅即陷入经营困局。

在我国，由于会议节庆、奖励旅游市场发育得较晚，市场上尚缺乏真正有竞争力的节庆活动和品牌会议，原本由政府主导下的节庆会议活动受到重大影响，奖励旅游发展遇冷。

2013 年披露的葛兰素史克案不断发酵，掀开药企通过会议营销的方式直接或变相行贿的灰色路径。不但震撼了医药界，也对中国会议业产生重大影响。与药品会销密切关联的协会、学会、会议公司及旅游公司，一时间噤若寒蝉。2013 年下半年起国内会议业趋冷，2014 年虽有回暖，但是逐步回归于理性发展。

2014 年北京 APEC 会议的成功举办，不仅提升了国家形象，还向世界展示了中国会议服务接待的能力。同时，掀起了资本市场逐鹿中国会展业市场的新一轮投资热潮。目前，中国已确定将主办 2016 年 G20 峰会，成为亚洲第二个主办国。2014 年 11 月，首届世界互联网大会在浙江乌镇举行，并且世界互联网大会将永久落户乌镇，为乌镇发展、重新定位带来机遇——努力将乌镇打造为可以媲美达沃斯小镇的互联网小镇。

（四）会展场馆建设趋于大型化

2012 年，全国拥有可供展览面积 5000 平方米以上的会展场馆共计 316 个，可供展览面积 1237 万平方米。2013 年，全国在建会展场馆 13 个，面积 154.49 万平方米。全部建成后，全国会展场馆总数达到 329 个，可供展览面积达到 1391.49 万平方米。单体会展场馆建设趋向大型化。广州琶洲馆（中国进出口商品交易会展馆，2008 年建成）曾是中国单体最大的会展设施，展馆总建筑面积 110 万平方米，室内展厅总面积 33.8 万平方米，室外展场面积 4.36 万平方米。近几年新建、在建的会展场馆趋向大型化。2014 年投入使用的上海国家会展中心总建筑面积 147 万平方米，综合体可展出面积 50 万平方米，包括室内可展出面积 40 万平方米和 10 万平方米的室外展场，堪称全球之最。长沙国际会展中心于 2015 年启动主体场馆建设，展览面积约 26 万平方米，可提供 8652 个展位。

中国会展场馆建设趋于大型化，优势是能够满足大型展览的面积需求，容易引进国际、国内品牌展会，能适应展览旺季多个展会同期举办。劣势是中国二、三线城市的展览资源有限、展会数量有限，展馆利用率不高。已出现展馆相对过剩、出租率低下甚至空置现象，造成很大浪费。

展馆建设应与会展业发展水平相适应。近年来，我国会展场馆建设如雨后春笋，数量越来越多，规模越来越大。一些地方对会展业市场调研不够充分，对发展会展业的定位不够准确，缺乏合乎地方经济社会发展实际的会展业发展规划和指引，在建设展馆时缺乏科学统一规划，展馆设施功能落后，管理水平比较低，周边配套交通、餐饮、住宿等基础设施也不够完善，难以承接高质量国际展会，导致了展馆建成后利用率不高，展馆设施资源长期闲置浪费。

二、对中国会展业发展的诊断分析

从 2000 年我国提出会展经济的概念以来，中国会展业经历了快速成长，同时，发展中的问题也在不断凸显出来。

（一）宏观管理体系有待进一步完善

我国会展业存在多头管理、互相掣肘、资源分散的现象。我国目前尚缺乏明确的会展业管理的牵头部门。目前，在中国很多城市，会展业有至少三个主管机构，分别是商务委（商务局）、贸促会和旅游委（旅游局）。有的城市的商务局“强势一点”，有的城市的贸促会更活跃一点，有的城市是贸促会和博览局合署办公（如成都市博览局）。但这些城市都有一个特点，即商务局、贸促会、旅游局各管一摊，即旅游局分管会议和奖励旅游，而商务局和贸促会负责展览的招徕和管理。上海即如此，分管会议、展览的有上海市旅游局、上海市商务委和中国贸促会上海市分会。上海市旅游局除了管理入境旅游、出境旅游外，还有一个重要职能，就是促进会奖旅游业的发展。上海市商务委下属有一个上海市会展业促进中心，主要职责为受商务委委托，承担本市会展产业促进及协调工作，对外宣传、推介本市会展业发展环境，参与制定本市会展业发展规划及会展促进政策，推进本市会展业标准制定等。中国贸促会上海市分会的职能之一是“在国际网络、会展展览、经贸咨询、法律仲裁、信息交流等领域提供服务”。上述的商务局、贸促会、旅游局三个机构各自分管展览和会议，部门间政策执行的着眼点和目标存在差异，职能交叉，分散用力，利益掣肘。这种现象不只上海独有，北京等其他城市也是如此。

由于缺乏顶层设计和统筹协调，国家层面对会展业发展缺乏明确布局规划，中央、地方会展业发展目标、重点、政策措施缺乏宏观指导，比如，一些地方不顾自身经济发展条件，未充分考虑地方会展业发展的产业基础和条件，盲目建设会展场馆，造成会展场馆闲置，利用率低，资源浪费。

（二）法律法规不健全

近些年来，我国会展业得到快速发展。在市场经济利益的驱动下许多行业都参与进来，也吸引了一些缺乏资质、办展能力差的企事业单位。导致会展业市场鱼龙混杂，低水平重复办展、无序竞争、恶意欺诈现象时常发生。展会效率低下，有的有名无实，扩大广告宣传，有的挂国际、全国，但实际上与讨价还价的集贸市场无异。而会展业相关的法律法规建设滞后于市场发展实际，政府部门进行行业管理和市场监管无法可依，违规办展没有处罚整改依据，导致部分展会重招展轻招商，重创收轻服务，扰乱市场经营秩序，侵害参展商与观众的事件时有发生，严重损害了会展业在社会公众中的形象，制约了我国会展业持续健康良好发展。

我国现行会展业管理的规范性文件多形成于20世纪末21世纪初，年代久远，无法适应当代会展业发展的实际情况。并且，会展业管理机构更迭太多，不少地方和单位的职能流失严重，疏于管理现象非常普遍。同时，会展业存在政出多门、多头管理、职能交叉、互相掣肘、监管缺失的现象。健全会展业法规体系、推动会展业经营、管理法制化迫在眉睫。

（三）市场化程度低

国内会展业的快速发展主要得益于中国长期保持了较快经济增速，但与政府部门尤其是地方政府的强力推动也是分不开的。我国展览业，无论是展览主办方还是会展场馆方面，国有企业都担当着老大的角色，会议产业链上民营企业较为活跃，但普遍散而小，做得有规模的还是国有企业。与政府关系紧密的社团、事业单位作为会展主办方，办会办展方式仍然具有典型的政府味道。

然而随着产业整体走向成熟，行政部门过多干预微观决策的弊端正日益显现，持续不退的场馆建设就是典型例子之一。不但京沪穗等核心展览城市的大型展馆正加快改扩建步伐，一些二、三线城市更是纷纷将兴建展馆作为推动当地会展业发展、拉动社会经济和城市建设的核心项目。一些地方会展场馆建设超过实际需要，场馆利用率不高，部分场馆闲置现象严重。会展业发展有其自身的市场规律，会议也许可以打造，展览则必须有一定的产业基础和市场基础，如果条件不具备，不断新建、扩建会展场馆，效果会非常不尽如人意。

我国办展机构多元，一些展会，尤其是政府部门和行业协会主办的展会仍然采取组委会运作制度，没有实行真正的企业化经营。不少地方政府出台政策鼓励办展机构到当地办展，一定程度上造成对会展资源的非良性竞争。行业标准缺失，准入门槛较低，监管力度不够，竞争秩序较差。至今尚未建立全国行业中介组织，行业协调自律程度较低。

（四）国际竞争力有待加强

总体而言，我国会展业处于粗放型发展阶段，多数会展企业规模较小，缺少办展经验和办展能力，主营业务不突出，缺乏明确的市场定位和发展思路。一些已形成一定规模的大型会展企业，尚欠缺参与国际竞争的实力，与国际著名展览企业相比，还存在较大差距。同时，行业内专业化分工协作尚未形成，行业配套服务相对滞后。虽然目前我国展会数量、展馆面积已居世界前列，但具有较强国际竞争力的品牌展会不多，核心竞争力不强。规模是品牌展览形成的基本条件，规模的大小决定着展会的聚焦和辐射的范围。世界第一展览强国德国每年举办约130个国际展，净面积690万平方米，平均每个展览超过5万平方米。中国缺少规模大、专业性强、影响力大的展会品牌。

中国展览业的国际化程度随着近年来会展业的发展不断提高，如上海成功引入汉诺威工业博览会、电子通信展的亚洲版、与德国三家著名展览公司合资经营新国际博览中心。外资展览或国际性会议的举行提升了中国会展业的形象地位，但可以引起国际反响的本土制作的展会非常少。德国等会展大国的会展业之所以能够保持世界领先地位，一个重要原因就是开办展览的受众对象是国际化的，这也是限制中国会展业国际化发展的重要原因。

三、中国会展业的发展趋势分析

根据会展业发展特点，以及长期跟踪研究，有必要进一步对我国会展业可能发展态势作出一些合理的预期。

（一）会展业发展面临市场转型机遇

一直以来，地方政府为了推动地区会展经济发展，倾注了很大力量，通过政策引导、资金支持、税收优惠等措施，可以说，为了擦亮城市名片，“各地政府不惜成本，不仅管搭台，还要管唱戏”。比如，一些地方政府为了鼓励会展企业到该地区办展、吸引会展项目落地该地区，出台“举办活动给予资金补助”的措施。再如，广交会、上交会、京交会、民交会的举办等。

国家明确要求清理官办活动，严控三公经费。短期内会对我国会展业产生不利影响。从长期来看，却是我国会展业市场化转型发展的机遇。唱了多年的“政府主导型展会”终于哑口，“国八条”或将成为中国会展业由政府主导向市场化转型的重大拐点。在业内看来，未来会展业的发展趋势是官退民进，政府主导型展会需要进行市场化转型，这也是目前会展行业的新趋势。十八大以后，各地政府主办的展会在减少或者压缩规模，或者由一年一期改为两年一期。

商务部发布的《中国会展业行业发展报告2014》指出，2013年，全国开展了对各级政府主办展会和论坛活动的清理规范工作。政府主办的展会开始去行政化，市场化运作力度加大。2014年初，北京市清理和规范节庆论坛展会活动工作领导小组发出通知，47项节庆论坛展会活动被取消，节约经费6701万元。“转型升级”成为国内展览业的首要关键词，以往偏重于政府主导的中国展览业将逐步向市场化、专业化迈进。

众所周知，在国际上，大型会展均由企业主导而非政府，会展只有市场化才能赚钱、才可持续。“国八条”不仅不会重创会展业，反之将加快会展业向市场化转型。有资料表明，我国展览工程行业80%以上采用不可回收的一次性木材。木材浪费惊人，也产生了大量垃圾，与绿色、低碳、环保的办展理念相悖甚远。会展业向市场转型，由企业办展而非政府办展，将会加快新型、绿色展览用具的开发、宣传、推广，加快会展业向注重质量、效益转变。

事实证明，市场化运作下的展会更加专业化。上海世博集团与德国汉诺威公司合作承办三年来，上海工博会逐渐市场化、专业化。2014年上海工博会“政府展”的色彩虽未退尽，但变化明显：组团参展比例大为减少；与汉诺威合作组展的机床与金属加工、工业自动化和能源与电力电工装备3个展题，在9个馆中占了6个馆，而没有了以往的汽车、航天展馆；实行了专业观众登记，普通观众难以随便进馆。上海工博会最初几届，观众总数多达20万人次，但专业观众只占四成。2014年上海工博会，凡预先在网上预约且自行打印回执的观众方可免费换证入馆，而没有预约的观众必须花费10元钱购买专业观众登记表，还须填写登记项目才能获证入馆；与展会配套的活动多是展商自办的技术交流会议，原政府热衷的经贸洽谈、产权交易活动未见踪影。

（二）展览业呈低速增长兼优化整合

展望今年，世界经济将继续保持复苏态势，国内基本面和改革因素仍可支撑经济中高速增长，但一些短期、结构性与长期性因素将会对经济增长造成冲击和制约。为了把2015年经济增长保持在合理区间，政府将继续实施和完善积极的财政政策和稳健的货币政策，发挥改革和各类政策的合力。

随着中国国际化进程的加快，中国展览业凭借其活跃性和交流性将继续保持增长的趋势，在稳定内需和扩大对外开放的过程中发挥更加积极的作用。可以预见的是，展览经济飞速增长的时代已过去，中国展览市场将在新常态中进行结构性优化和整合。展会数量的增长速度低于展会规模的增长速度，意味着展会的单位面积同比增加。比如，上海平均每个展会面积已达到15000平方米，达到德国的水平。同时，中西部地区的展览业将得到更多的关注和发展空间，新兴产业、高附加值行业展览会的比例将进一步提高。在市场总量不再急剧扩张的情况下，从业者可能将更加注重通过创新办展方式、提升服务质量等手段实现良性增长。

中国健康产业处于方兴未艾时期，2013年10月，国务院出台的《关于促进健康服务业发展的若干意见》指出，到2020年，我国健康服务业规模将达到8万亿元。行业大佬争相斥资加入健康服务业，阿里巴巴、中国人寿、小米手机、方正集团等纷纷布局健康产业。展会成为健康从业者们的展示与营销利器。有关统计数据显示，世界上70%的交易，是通过展会直接或间接产生的，而参展的成本只相当于企业其他营销模式如广告投放的1/7，成本低效果佳的优势得到广泛认可。健康产业展会将在未来健康产业发展中大有作为。

（三）行业规范建设步伐加快

行业标准的制定和推广越来越成为行业规范的重要内容。随着会展经济的大发展，制定会展业国家标准的工作提上日程。2008年6月，“全国会展业标准化技术委员会”成立。2013年，会展业标准化技术委员会先后颁布实施了《会展中心（会议中心）服务规范》《会展设计搭建服务规范》《商贸类展览会等级分类标准》等三项会展业国家标准。研究制定了《会议分类和术语》和《贸易类展览会数据统计》标准。

2011年，商务部出台《关于“十二五”期间促进会展业发展的指导意见》，《意见》指出：结合行业特点和市场需求，构建会展业行业标准体系，制定和推广经营服务、等级评定、从业人员资质和岗位规范、信息技术等一批行业标准。商务部出台的《国内贸易行业标准会展业节能降耗工作规范》从2015年3月正式实施。该规范被认为是全国会展业的第一个工作规范，规定了会展业主管部门、会展业中介组织、展览活动举办单位、展览场馆、会展活动服务提供单位、会展器材制造商等6个相关产业节能降耗的工作要求。并在会展器材的环保、减少浪费等方面做出了规范和引导，鼓励使用可回收、重复使用的展览型材。将对会展行业节约资源、减少浪费、控制污染产生引导与促进作用。目前还有3项标准正在制定过程中，分别是《展览用拆装桌》《展览展示器材术语与分类》《标准及特装展位规范要求》。

一些地区也相继颁布制定了一系列地方性会展行业标准。比如，广西、江苏颁布《会展服务规范》和《会展场馆安全管理要求》的地方标准，广州出台《广州市会展业行业规范》，浙江出台《会展行业服务规范》，成都市颁布《展览展示工程企业资质等级划分与评定原则》区域性地方标准，北京市地方标准《酒店会议展览设施与服务规范》正在征求意见中，等等。

（四）科技助推会展业发展

展览业作为产业的“晴雨表”，理应成为广泛应用高精尖技术的平台，但由于多年来政府导向性强，许多大型展会仍然偏重运用传统手段，展览业现代化进程略显滞后。2014年以来，新技术、新手段在展会的应用得到增强，从现场数据的收集统计、线上线下展会的共同发展到展览科技资本的融合，都充分体现出科技助推会展业发展的总体趋势。会展业发展充分“嫁接”移动互联网：展会前，用微信向目标进行精准推送；展会中，通过微信“移动导览”，发布展会信息，为观众提供咨询服务，发布产品信息，并用微信进行支付等；展会后，利用微信获得的信息进行大数据分析，进行会后跟踪服务。

据调查，2014年几乎所有展览会都设立了网站，10万平方米以上的超大型展会几乎全部实现了线上展会与线下展会的结合。比如，中国国际家具展（上海）是世界三大家具展之一，其主办方上海博华国际展览有限公司推出线上线下平台，通过“将展会‘家具在线’3000名会员与博华的家具、酒店、装饰、游艇、休闲的数十万客商联合打造线上线下相结合的高效平台”，吸引高质量参展商。可以预见，网上成交和电子商务将成为实体展会不可分割的重要组成部分，APP、O2O等手段将继续在展览平台上得到广泛应用。

2014年，中国会展业探索了一个全新的标配和营销模式——商用WiFi成为会展标配。无论是2014年7月的“China Joy”，还是8月的中国互联网大会，抑或是11月的广州国际车展，国内三大行业的年度盛会都开始尝试商用WiFi来支持会展期间的无线网络。商用WiFi除了明显的上网稳定性增强之外，更带来了在线支付、票务销售、会务签到的变革。并且，带来了营销模式的改变。

（五）国际化进程加快

全球会展业中心向中国的快速转移，特别是战略性新兴产业的相关展会正在逐步向中国等亚洲地区集中，这为中国会展业未来国际化发展创造了难得的机遇。步入“新常态”的中国，接轨全球的期待进一步提升，也更加渴望有更多、更大的平台进行自我展示。一系列国际盛会的成功举办，比如，APEC会议的成功召开，全球财富论坛在成都的举办，以及作为新兴发展中国家的中国，产业基础坚实、消费市场极具潜力，并且“一带一路”战略释放的强大市场助推力，都为中国会展业界带来了难得的历史发展机遇。全球第二大经济体的会展市场越来越令世界会展业瞩目。近年来，以英国博闻、励德展览、德国法兰克福展览公司为代表的一批全球著名专业展览公司已经陆续进入中国，积极兼并收购在华项目，加速布局中国市场。米兰、汉诺威、法兰克福等国际展览巨头纷纷在中国移植或举办新的展览会，成绩斐然。2014年，法兰克福展览公司在上海举办的汽配展，其规模仅次于德国母展，是全球第二大汽配展。2015年初，法兰克福展览（香港）公司与广东省玩具协会成立合资企业广州力通法兰克福展览有限公司，进一步扩大在中国的业务。除了新成立的广州子公司，法兰克福展览（香港）公司还设有上海、北京、深圳和台湾办事处，足迹遍及大中华区。2015年，美国生物医药大会暨展览会这一全球顶级的生物技术展会有可能移植中国。可以预见，中国经济的进一步转型将为国际市场带来巨大机会。

为配合中国外经贸战略转型升级，进一步推动中国产品走出国门，越来越多的会展企业借助出国展览平台走出国门，向外直接推介产品、开辟市场。这些出国展览，不仅巩固了现有贸易合作伙伴关系，而且对开辟新兴市场，改善外经贸发展结构，推动多双边交流合作等方面都做出了重要贡献。

四、中国会展业发展建议

发展会展经济，在扩大内需、提振消费、带动地区经济发展、拉进就业、推动城市基础设施建设、塑造城市新形象等方面发挥着重要的作用。随着中国经济的崛起，以及中国会展业的迅猛发展，中国作为会展业发展的新兴市场，受到世界会展业巨头的极大关注。近年来，在中国会展业市场化新机遇下，国际展览巨头不断抢滩中国市场。对于国内本土会展企业来说，将面临更激烈的竞争。如何切实增强中国会展业的综合竞争力并获得持续发展的能力，是非常严峻的话题。

（一）理顺管理体制

由商务部起草的《关于进一步促进展览业改革发展的若干意见》2015 年 4 月 19 日由国务院印发颁布，《意见》提出：理顺展览管理体制，建立由商务部牵头、全国统一的管理体制和跨部门联系机制，加强展览业发展顶层设计和宏观引导。逐步下放和取消展会审批权限，加快市场化进程，加强行业自律。加强会展市场主体培育，鼓励多种所有制企业参与竞争，完善会展产业链服务体系，提升我国展览业服务水平和国际竞争能力。

加强对会展业管理的顶层设计和统筹协调，研究制定行业发展规划，加强对全国会展场馆设施建设的宏观指导和调控力度。建立健全会展业管理协调机制，明确各级政府部门的定位、职能和作用，要求各级政府相关部门积极参与展会协调和监管，展会运作实行政企分离。健全会展管理体制和工作机制，改“以批代管”为日常市场监管，加快政府职能转变，完善公共服务水平。研究制定会展业管理法规或指导性意见。建立健全会展城市间的交流对接机制，整合全国会展业资源，形成错位竞争和特色化发展的全国会展格局，促进会展资源按市场规律优化配置和有效使用。①

打破区域、行业壁垒，加快地区会展业融合发展。2014 年 12 月，北京市贸促会、天津市贸促会、河北省贸促会在北京共同签署《京津冀贸易促进协同发展合作备忘录》，意在通过打造国际性经贸交流活动和会议展览协同发展。2015 年 2 月，在天津召开“京津冀贸易促进协同发展”项目合作交流会，并着手抱团搭建会展平台。其一，这将有助于消除市场壁垒，打破各自“一亩三分地”的行政市场壁垒。其二，明确区域“错位”发展，比如，若北京侧重“高精尖”发展，则天津、河北着手匹配做出承接。其三，相互补充。像比较于上海、广州等会展业发展地区，北京会展业发展的短板之一是大型展馆不足。通过协作发展，可以促进会展项目等资源的流通，河北、天津可能成为北京会展业发展的大后方。

2014 年 11 月，第十届中国航空航天博览会在珠海举行，珠海航展可谓国内乃至亚洲最大的航空航天盛会。现阶段，珠海城市会展总体容量有限，展览、会

---

① 商务部服务贸易司．中国会展经济研究会．中国会展业行业发展报告 2014［EB/OL］．http：//expo. ce. cn/sy/gd/201410/20/t20141020_ 3734376. shtml，2014 - 10 - 20.

议的规模及国际化程度有待进一步提升。2015 年，珠港澳三地将在会展领域有条不紊地开展合作、协同共进。

（二）完善行业法规　推动会展业经营、管理法制化

在经济发展的一定阶段和水平上，会展资源是有限的，需要合理配置。因此，政府和行业协会需要及时制定会展业市场秩序，规范市场行为，制定会展业的市场准入条件，规定主办方的资质条件，合理配置会展业资源。

加强会展行业法制建设，加快会展立法进度，逐步建立和完善会展行业发展和规范的法律体系。按照依法行政的原则，积极协调相关部门，研究制定内外统一的展会管理办法。下放审批权限，简化管理程序，强化市场监管，推动会展业管理的简政效能和行业发展的专业化、市场化、法制化进程。加强顶层设计，制订行业发展规划，研究起草管理条例，实行依法行政、依法管理、依法经营，真正实现会展经营、管理法制化。① 加强市场环境建设，形成开放、透明、高效的市场规则，加强对品牌展会的知识产权保护。

随着我国经济融入全球经济程度不断加深，参与国际合作和竞争日益增加，商事法律服务的空间更广阔，在帮助企业防范法律风险、化解法律纠纷、开展国际化经营、促进贸易便利化方面将发挥更大作用。2015 年贸促会将进一步完善商事法律服务体系，在各地新建 50 个商事认证中心、调解中心和法律中心，同时推进在浙江、江苏、山东、湖北、福建等地设立贸仲委分会和自贸区仲裁中心，并扩大海损理算业务在沿海沿江地区的布局网络。除了进一步完善商事法律服务体系，贸促会还加强境外展会知识产权保护工作，帮助企业有效应对知识产权纠纷。此外，贸促会计划扩展商事法律服务领域，如创新商事证明认证方式，建立外经贸领域商会诚信化认证体系。完善境内外经贸企业资信体系建设，充实失信企业数据库。大力做好涉外法律、国际商事规则和惯例等咨询服务，发展面向“走出去”企业的涉外法律顾问业务等。2014 年，贸促系统全年共签发认证类证书 410 万份，受理商事仲裁案件 1729 件，争议金额 396 亿元。

（三）促进会展业市场化进程

会展业在规范的市场经济运行机制中发展，一个行之有效的管理模式应该是

① 商务部服务贸易司．中国会展经济研究会．中国会展业行业发展报告 2014［EB/OL］．http：//expo. ce. cn/sy/gd/201410/20/t20141020_ 3734376. shtml，2014 – 10 – 20.

政府、行业协会和企业相互配合、相互协调的互动有机整体，三者有不同职能，各负其责。政府部门从会展的具体事务中脱离出来，把着眼点放在统筹规划、行业引导、政策扶持上来，同时，营造良好的产业发展环境，进行市场培育。行业协会是联系政府和企业的纽带和桥梁，不仅要熟悉国内外行业情况，与国内企业密切联系，协调行业内部问题，而且要与国际相应机构保持联系与合作。企业是会展业发展的主体。政府、行业协会和企业按照各自的职能运作，并有机结合，才符合市场化运作规律，会展业才有生机和活力。

加强市场环境建设，完善市场监督管理体系，研究建立开放、透明、高效的市场规则。推动成立全国会展行业协会，充分发挥行业中介组织“服务、协调、自律”的作用；完善行业标准体系，制定相关服务制度标准，制定行业规范，加强规范管理；建立展会评估制度，建立全国会展行业资质评定制度，根据全国统一的标准要求（包括专业展馆标准化体系、国际展认定标准、展会及展馆统计标准体系、绿色展会标准等）进行资质评定，加强市场监管；健全统计制度，改进和完善会展统计体系，建立全国统一、权威的统计监测体系，提高会展统计资料数据的可信度；建立信息发布平台，推动信用体系建设；加强知识产权保护。

随着“四风建设”以及“八项规定”的出台，会展业市场化程度进一步深化。加快政府职能转变，完善公共服务体系，提高公共服务水平。加快推进政府展会转型升级进程，展会运作实行政企分离。2015 年开年以来，各地政府为了进一步扶持会展业发展，纷纷出台新政策，也在朝市场化方向转移。可以说，多种因素的力量推进加快了会展业市场运行的节奏。

政府主导型展会成为新市场。对于会展公司而言，承办政府主导型展会是一个机遇。政府主导型展会向市场转移是行业趋势，这类展会发展势头好，具有一定市场潜力，更为重要的是，政府更倾向于将这类展会转给本土会展企业运营操作。2014 年，第四届中国—亚欧博览会将展会期间的广告资源进行了拍卖，包括志愿者服装、证件、门票广告位冠名权等。这不仅开创了国内展会广告资源进行拍卖的先河，也是中国—亚欧博览会首次尝试市场化运作。武汉光博会也将承办权面向市场招标，最后由民营会展企业——尚格会展负责具体的办展工作，首开武汉民营企业承办大型展会的先河，同时也成为整个武汉会展业市场化转型的关键节点。河南农博会（2015）拍卖展会部分经营权，以往展会经营权归属往往通过政府主导的招标会来确定，此次尝试拍卖经营权，吸引了有实力的会展企业竞拍，有效实现了无形资产的增值变现。

2015 年，厦门将成立国内首支会展业产业基金。自 2014 年 8 月大连北方展览股份有限公司在新三板挂牌之后，2015 年 1 月，米奥会展和名洋会展也相继在新三板挂牌。由此，中国会展业进入资本时代。

（四）加强互联网技术在会展业中的应用

2014 年被定义为会展业移动互联元年。转型升级成为会展业的共识。会展企业对于会展 APP、大数据、移动互联、O2O 的概念不再陌生。技术创新广泛应用于会展业方方面面。比如，淘宝上现有 3 亿多消费者，“碎片化”的消费正变成巨大的潮流，展会该如何吸引这部分消费群体，值得会展业思考。载体与内容的相辅相成，是会展业转型的关键。

2015 年 1 月，支付宝发布 O2O 行业解决方案，其中包括未来商超、医院、餐饮、百货、酒店、物流、会展等 14 个行业场景。会展场景中，包括未来展会票务解决方案、展会服务方案等。2015 年 2 月，中智国际商展集团提出：我国会展业进入由智慧理念、智慧产品、智慧团队及智慧资本组成的“智慧会展（Smart MICE）3.0 时代”，“智慧会展”即会展服务从更前端参与客户计划，基于对客户及资源的深入感知和挖掘，利用大数据、云计算、移动互联等现代技术，以更智慧的方法完善内部管理，提供高增值服务，分享更开放的协作平台，与其他供应商无缝对接，从而实现会议流程优化、监管到位、成本节省、数据归集、商机捕获等目的。该集团推出智慧化会议协作管理平台，吸引到凤凰旅游集团、君联集团的资本。会唐网是中国会议产业链上的领先企业，曾经拥有线上平台和线下产品，线下业务曾经是不可或缺的一块。作为线下起家的公司，会唐网在过去近十年的时间都在积累线下资源和经验。随着中国会议产业链 O2O 化临近，为适应新形势，会唐网从 2014 年开始逐步放弃线下业务。2015 年 3 月获亿元融资，会唐网完全剥离线下业务，专注打造 O2O 平台，同时，会唐网将为会议 O2O 产业链各环节的商户提供相关金融服务。近年，随着 O2O 风生水起，会务 O2O 受到各路资本青睐（见表 3－1）。

表3-1 会务O2O公司融资情况

公司	产品上线时间	何时融资	融资规模
会唐网	2007年	2013年	千万级别
		2015年3月	1亿元人民币
淘会场	2014年7月	2015年1月	2000万元人民币
酒店哥哥	2012年5月	2014年4月	百万美元
会小二	2014年8月	2014年8月	数千万元人民币

资料来源：会唐网又获亿元融资，会务O2O要火．品途网，2015-03-17。

在移动互联网时代，专业的场地预定平台正在形成，由此诞生了会展领域全新的服务商。比如，蓝色光标整合400余家酒店及会议中心资源，推出会议的O2O产品“咪啪”，就是全新的会展服务商。借助网络和大数据，这一类服务商会很快向传统的服务领域发起挑战。

会展场馆的经营管理同样可以利用互联网技术。比如，通过对展馆内人群数据的收集、整理和分析，借由大数据平台，对展览参与者进行多价值链的开发，已经成为中国顶尖会展场馆的共识。现在，“展览通”等数字化增值服务产品越来越多地被使用，通过这种场馆、展品和数字平台的联动，展览场馆的智能化程度得到提升，从而获得更多收益点。而且展馆还能借此掌握数据入口这个关键点，为以后发展谋划更多的可能性。展馆可以通过搭建展览信息大数据平台，会集主办方、参展商、观众以及展会服务商的各项数据，并通过与各方共享数据，实现O2O的线上服务，更快地走从线下到线上的道路；通过展馆电子门禁系统，展馆与主办方能及时掌握观众信息，同时展馆与主办方通过采用电子门票、手机门票、短信门票、网络二维码门票等先进门禁技术使观众得到更好服务的体验；展馆还可以建设WiFi热点，不但提升信息服务水平，更可以通过WiFi技术提供展览路线导引、展览区域介绍、展商与观众实时对接等精细化服务。

O2O现在是会展业最热的词汇之一。“O2O”是“Online To Offline”的简写，即“线上到线下”，O2O商业模式的核心很简单，就是把线上的消费者带到现实的商店中去，在线支付购买线下的商品和服务，再到线下去享受服务。2014年4月的北京车展，主办方自建网络平台，力推线上订票发送二维码，线下二维码扫描验票的形式，通过网络APP平台，不但完成了票务的预定、结算和查验，还整合了广告、导引、服务等多种信息，参展者的体验得到了大幅提升。

2015年，中国会展业或进入精细化发展阶段，从注重规模、数量扩张向注重质量、效益转变。与之相应的是营销手段不断升级，碎片化传播、翻译APP、展厅现场导航、产品数字化展示、智能展馆将共同形成会展业新的增值服务内容，并创造出更多的商业附加价值。

（五）培育市场主体 加强国际竞争力建设

2014年，中国GDP突破10万亿美元大关。全年GDP增长率为7.4%，为24年来最低。全年对外投资规模约1400亿美元，比利用外资高出200亿美元，成为资本净输出国。资本输出能够更好地控制资源和市场，并在全球化产业分工中处于顶端支配地位。经济强国无一不是资本输出大国。我国综合国力大增，从产品输出迈向资本输出，这为中国展览业走向国际带来了良好机遇。

中国会展业实力不雄厚、管理不规范、缺乏领军型的会展企业，没有形成支职业的会展经理人队伍和一支高素质的办展人员队伍等状况，导致真正形成规模和品牌的展会还不多，这是难以与国外大型展览公司在世界会展市场上竞争和抗衡的一些重要原因。2014年8月，大连北方国际展览股份有限公司在新三板挂牌，填补了中国本土会展企业此前从未触及的“公众”短板。会展经济比较发达的广州，政府明文禁止媒体、展馆独立举办展览活动，以保护专业的展览公司运作展会的空间，规范展览市场向良性发展。进一步强化展览公司的市场主体地位和机制。

截至2014年11月，我国经UFI认证的展会有72个（不含港、澳、台）。中国在打造国际化品牌展览会方面，拥有诸多优势，比如，“一带一路”战略释放强大市场助推力。展览活动作为商品展示、交易的重要平台，在产品输出、资本输出方面具有重要作用；中国是世界制造业第一大国，拥有庞大的参展商群体。当前，在世界500种主要工业品中，中国有220种产品，产量居全球首位。2015年美国CES（消费类电子产品展）有1/4的参展商来自中国；中国展览企业快速成长，逐步具有全球化布局的实力。为了提高展览品质、优化展览结构，中国展览企业加速与国际展览集团的合作。虽然目前多是国际展览集团并购国内展览项目，随着中国首家展览上市企业的诞生，国内展览企业并购国际知名展览项目进而逆向整合市场的可能性正在加大。

2015年1月，励展博览集团与中国对外贸易中心（集团）正式建立战略合作伙伴关系。据悉，这是世界最大的展览场馆拥有方与全球最大的展览主办机构之间的第一次亲密接触，也是国内国家级大型会展国企与海外一流展览机构的首次合作。中国对外贸易中心（集团）与励展博览集团的战略合作，是中国会展企业积极与国际会展企业优势互补、合作共赢的典范，是扩大开放的体现，是中国会展业提升国际参与度的体现，将对中国从展览大国迈向展览强国，对全球会展业更加兼容并蓄、健康发展产生积极促进作用。

（六）加强会展教育

在会展业迅猛发展的大背景下，自2003年教育部正式批准招收会展经济与管理本科学生以来，我国高校会展专业招生规模已经实现连续12年持续增长。根据最新统计，2014年我国会展教育保持较快发展势头，全国招收会展新生14293人，较2013年增加10.2%。新生入学后，全国会展专业在校生规模达41822人，创历史最高水平（见图3-6）。

图3-6　2015~2017年会展专业毕业生人数

资料来源：《2014中国会展教育发展报告》。

在我国高校招生总量控制的大背景下，会展招生数仍延续上升势头。近年来，全国会展专业总招生人数的年增长率为：2009年30.2%，2010年15.6%，2011年12.1%，2012年20.9%，2013年5.4%，2014年10.2%（图3-7）。

加强会展教育人才培养。培养专业人才，提高服务水平和管理水平。积极开展会展业人才培训工作，通过高校培养、职业技术培训、“引进来、走出去”等多种渠道和方式，对会展业经理人和从业人员分类分层次培训，提高会展从业人员的业务水平，尽快培养出一批熟悉国际会展惯例、精于会展市场开拓、善于会展管理的专门人才队伍，为会展业的快速健康发展奠定人才基础。

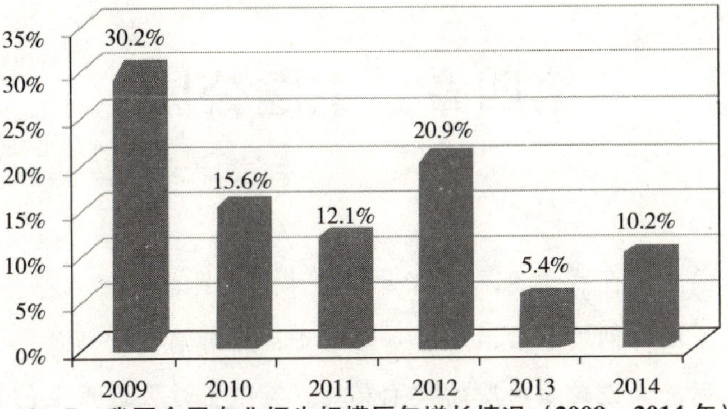

3－7　我国会展专业招生规模历年增长情况（2009～2014 年）

资料来源：《2014 中国会展教育发展报告》。

参考文献

［1］贸促会．中国展览经济发展报告（2014）［EB/OL］．http：//www.ccpit.org/Contents/Channel_3434/2015/0115/441356/content_441356.htm，2015－01－15.

［2］商务部服务贸易司，中国会展经济研究会．中国会展业行业发展报告 2014［EB/OL］．http：//expo.ce.cn/sy/zc/201410/21/P020141021357013261483.pdf，2014－10－20.

［3］丁萍萍．2014 中国会展教育发展报告［EB/OL］．http//expo.ce.cn/sy/gd/201409/18/t20140918_3559397.shtml，2014－09－18.

［4］中国行业研究网．2015－2020 年中国会展行业全景调研与发展潜力研究报告［EB/OL］．http：//www.chinairn.com/report/20150310/100951402.html.

［5］林云．中国出国办展形势分析［EB/OL］．中国会展微信．2015－03－13.

屈燕妮（内蒙古财经大学）

第四章 主题公园

● 随着我国成为世界第二大经济体，人民的生活水平显著提高，老百姓在空闲时间的旅游活动也日渐增多，旅游消费的增加催生了我国旅游景区以及其他游乐场所的繁荣发展。其中主题公园产业的发展迎来了新的高潮。本次研究的主要目的是让我国主题公园产业能朝着更加理性、健康的方向发展，为主题公园产业的相关企业提供借鉴。

● 本章首先梳理了主题公园的起源、概念、类型和我国主题公园的发展阶段。其次对我国主题公园的发展现状、商业模式、行业市场作了相关分析。通过对127家国内较知名主题公园在类型、分布等方面的调查研究，更加准确地分析我国主题公园的发展布局。再次是对我国主题公园产业成功案例——宋城集团和失败案例——“天工部落”的分析。最后是对我国主题公园发展趋势的预测。

● 本章为主题公园行业的管理者提供了一定的参照数据，数据来源主要来自国家统计局、上市公司年报、证券交易所等。希望这些数据能为以后企业的可持续发展提供参考，帮助管理者最大程度的做到合理、准确的战略定位与战略布局。

一、主题公园发展概况

（一）起源

主题公园是现代人创造的一种娱乐场所，其前身是游乐园。游乐园的源头可以追溯到中世纪的欧洲，那时候欧洲的一些大城市边缘修建了许多休闲园林，游乐活动主要有现场表演、烟花表演、骑马等。现存最早的游乐园位于丹麦哥本哈根北面的拜肯园，建于1583年。

一般认为现代意义上的主题公园起源于荷兰，1946年荷兰的马都拉夫妇为了纪念在“二战”中牺牲的独子，将荷兰120多个名胜古迹和现代建筑按1∶25的比例缩建于海牙市郊，形成了一座公园。1952年开门迎客时轰动了整个欧洲，并被认为是主题公园的雏形。此公园迈出了建造微缩景观类主题公园的第一步。

1955年7月，美国洛杉矶迪士尼乐园的建成标志着世界上第一个主题公园的诞生。乐园的缔造者沃尔特·迪士尼先生将人们所熟知的动画人物形象与动画场景运用到乐园的主题建设中，加上声音、画面等电影元素促使游客能够很容易地进入情境，感受除了游乐设施本身带来的刺激以外的情感体验，而这种情感体验是迪士尼乐园所独有的。

（二）概念

主题公园不断发展，其概念也众说纷纭。

华东师范大学商学院楼嘉军教授认为主题公园是现代旅游业在旅游资源的开发过程中所孕育产生的新的旅游吸引物，是自然资源和人文资源的边际资源、信息资源与旅游企业经营活动相结合的休闲度假和旅游活动空间，是根据一个特定的主题，采取现代化的科学技术和多层次空间活动的设置方式，集诸多娱乐内容、休闲要素和服务设施为一体的现代旅游目的地。

暨南大学深圳旅游学院董观志教授把主题公园称作旅游主题公园（Tourism Theme Park），认为旅游主题公园是为了满足旅游者多样化休闲娱乐需求和选择而建造的一种具有创意性游园线索和策划性活动方式的现代旅游目的地形态。

简单来说，主题公园是一种根据某个特定主题建造的能满足旅游者休闲娱乐需求的现代旅游场所。目前我国的主题公园主要以游乐场、水主题为主，动漫、动画、游戏、动植物、影视、人文地理、军事、体育等主题公园也较多。

（三）类型

主题公园按照不同的标准划分有不同的类型，按照主题内容划分为五类：微缩景观类、民俗景观与仿古建筑类、影视城类、动物景观类、主题游乐园类。

1. 微缩景观类

微缩景观类主题公园是指在一定空间内同比例建造或缩建各地著名景观，使游客能在短时间内游览各地风景名胜。这种类型的主题公园有深圳的“锦绣中华”和“世界之窗”。两者均是香港中旅国际投资有限公司和深圳华侨城股份有限公司合资兴办的。“锦绣中华”浓缩了我国各地的古建筑、山水名胜、民居民俗，是目前世界上最大的实景微缩景区。“世界之窗”则汇集了世界各地的奇观、历史遗迹、古今名胜、民间歌舞表演等，包括世界著名景观埃及金字塔、柬埔寨吴哥窟、美国大峡谷、巴黎雄狮凯旋门、梵蒂冈圣彼得大教堂、印度泰姬陵、澳大利亚悉尼歌剧院、意大利比萨斜塔等。这些景点分别以1:1、1:5、1:15等不同比例仿照建造，气势恢宏，十分震撼。

2. 民俗景观与仿古建筑类

民俗景观、仿古建筑类主题公园将不同的民俗风情、民族特色展现在游客面前，游客可亲身体验不同地域不同民族的风俗习惯，代表之一就是位于深圳的中国民俗文化村。中国民俗文化村是中国第一个荟萃各民族民间艺术、民俗风情和民居建筑于一园的大型文化旅游景区。园区内建有1:1比例的20多个民族特色村寨。通过民族风情表演、民间手工艺展示、定期举办大型民间节庆活动，如华夏民族大庙会、泼水节、火把节、西双版纳风情月、内蒙古风情周等多种方式，多角度、多侧面地展示出我国各民族原汁原味、丰富多彩的民风民情和民俗文化，让游客充分感受中华民族的灵魂和魅力。

3. 影视城类

影视城类主题公园是指为了影视剧的拍摄需要而建造的场景群，代表有横店影视城。横店集团旗下的横店影视城位于浙江省金华东阳市横店镇，处于江、浙、沪、闽、赣四小时交通旅游经济圈内。是包含秦王宫、明清宫苑、广州街、香港街、清明上河图、明清民居博览城、华夏文化园、梦幻谷、屏岩洞府、大智禅寺等景区在内的中国最大的影视体验主题公园群，拥有20场大型演艺秀的中国旅游演艺之都，集影视旅游、度假、休闲、观光为一体的大型综合旅游度假区。被美国《好莱坞》杂志称为“中国好莱坞”。

4. 动物景观类

动物景观类主题公园包括野生动物公园、海洋世界等，代表有长隆野生动物世界、青岛极地海洋世界。地处广州番禺的长隆野生动物世界隶属全国首批、广州唯一国家级5A旅游景区长隆旅游度假区。公园以大规模野生动物种群放养和自驾车观赏为特色，集动植物的保护、研究、旅游观赏、科普教育为一体，被誉为中国最具国际水准的国家级野生动物园，是全世界动物种群最多、最大的野生动物主题公园。大连海昌集团投资建设的青岛极地海洋世界是一个包含海洋动物展示、极地动物展示、海洋极地动物表演以及海洋科技馆、渔人码头等主题的综合性海洋主题公园。

5. 主题游乐园类

主题游乐园主要为游客提供刺激的游乐设施和游戏活动，这类主题公园往往最受游客喜爱。代表有华侨城集团旗下的欢乐谷、华强集团旗下的方特欢乐世界和方特梦幻王国。欢乐谷从1998年到2013年先后在深圳、北京、成都、上海、武汉、天津六座城市开门营业，主打游乐项目有欢乐时光、飓风湾、金矿镇、魔幻城堡、香格里拉等。由华强文化科技集团设计研发的中国人完全自主知识产权的大型高科技第四代主题公园——方特欢乐世界和方特梦幻王国先后在芜湖、沈阳、青岛、泰安、天津、株洲、郑州、汕头、重庆、南通、厦门等多地投入运营。主要游乐项目有飞越极限、海螺湾、火流星、暴风眼、恐龙危机等。

（四）发展阶段

我国主题公园的发展自20世纪80年代开始至今已经经历了四个发展阶段。本章筛选的样本覆盖了全国七大地区（暂不包括港、澳、台地区），涵盖了华侨城集团、长隆集团、华强集团等国内知名主题公园开发集团开发的涉及全部5大类型的127家主题公园。

1. 萌芽阶段：20世纪80年代

随着改革开放的不断推进，人们的文化消费意识不断增强，文化需求不断增多，游乐园逐渐兴起。较为开放的东部地区如北京、上海、广东等地掀起建造游乐园的高潮，北京的“龙潭湖乐园”、上海的“锦江乐园”等。早期的游乐园一般都是引进国外的游乐设施，如摩天轮、过山车、旋转飞机等，给游客前所未有的游玩体验，开放之初便取得巨大成功。但问题随之而来，大量游乐园的跟风建设且缺乏文化内涵，加之门票价格超出人们的消费能力，到80年代后期，大部分游乐园已经难以为继，生存下来的游乐公园寥寥无几。

2. 摸索阶段：20世纪90年代

1989年建成开业的深圳“锦绣中华”取得了巨大成功，之后中旅集团又推出了“中国民俗文化村”和“世界之窗”两个主题公园，同样取得了极好的经济和社会效益。紧接着一大批主题公园相继建成，包括北京的“世界公园”、江苏的“苏州乐园”、深圳的“欢乐谷”等。这一阶段主题公园的发展一方面注重改善之前遇到的问题，即缺乏文化内涵、单纯依赖游乐器械等，另一方面立足本地文化，利用先进科技，引进互动性强的新型娱乐项目，实现了主题公园发展的新突破。但仍有许多主题公园在没有进行严格的市场调查和缜密的科学分析的情况下，匆匆上马，致使出现经营不善，投资难以回收的局面。

3. 快速发展阶段：21 世纪前 10 年

通过前两个阶段的酝酿积累，主题公园逐渐进入快速发展阶段。长隆集团、大连海昌集团、华强集团相继投资主题公园建设，加之老牌企业华侨城集团不断跟进，主题公园产业蒸蒸日上。这一发展阶段的投资方对项目前期的市场调研和专家建议更加重视，不再只是走形式。对项目文化内涵的发掘以及园区的设计修建更加注重，对建成后的经营管理以及后续发展也有预期准备。鉴于此，这一阶段诞生的主题公园大多具有很高的知名度，例如芜湖的“方特欢乐世界”、广州的“长隆欢乐世界”、大连的“发现王国”主题公园等，一经推出便受到市场广泛的欢迎。

4. 产品升级阶段：2010 年至今

这一发展阶段的主题公园运营商更加致力于打造自己的主题公园品牌，更加注重自主知识产权的开发，如华强集团旗下的“方特”连锁品牌、华侨城集团旗下的“欢乐谷”系列、万达集团开发的万达文化旅游城等。与此同时，国外的主题公园开发企业纷纷进入中国投资建园，例如，美国的迪士尼乐园、环球影城、梦工厂，韩国的乐天世界，日本的 Hello Kitty 主题公园等，使这一阶段主题公园的行业竞争更加激烈。

主题公园由来已久，国外主题公园的发展比我国早很多年且发展已经较为成熟；我国主题公园的发展虽然晚一些，但发展速度很快，在借鉴国外发展经验的同时也在摸索自己的发展之路。

二、我国主题公园经营管理分析

（一）发展现状分析

1. 发展规模

由于国家政策的扶持，我国的主题公园建设从 2009 年开始进入了一个高速发展阶段。全国各地筹备中的、待审批的、建设中的、建成开业的主题公园数不胜数，从北上广等一线城市到淄博、株洲等三、四线城市，主题公园的建设浪潮一发不可收拾。然而我国主题公园在经过两年多的建设高潮后，出现了太多的烂尾项目和开发商借机圈地的情况。于是，2011 年，国家开始限制一定规模的主题公园的审批工作。然而，在如今房地产行业不景气的情况下，主题公园的开发建设却很火爆。

世界著名咨询公司美国 AECOM 发布数据显示：我国主题公园市场增长势头十分迅猛，2012 年至 2013 年，我国有 14 家主题公园和水上乐园开幕，其中 7 家主题公园、7 家水上乐园，而属于华侨城、长隆、方特等主题公园集团旗下的公园有 8 家。仅 2014 年主题公园和水上乐园开门营业的就有 25 个之多，而这一数字可能在 2015 年会被刷新。预计 2020 年中国将增加 64 个主题公园，潜在入园人次将达 1.663 亿，总投资额达 238 亿美元。

截至目前，华强集团已经在芜湖、泰安、青岛、沈阳、株洲、郑州、重庆、厦门建设了方特欢乐世界和方特梦幻王国 11 个大型文化科技主题公园。另外大同、济南、郑州二期、嘉峪关的主题公园将在 2015 年建成，预计到 2015 年底，华强集团主题公园数量将达到 15 ~ 18 家。

2014 年 12 月 20 日，号称中国最大室内游乐园“万达电影乐园”已经在武汉开门迎客。和电影乐园同时开业的还有武汉“汉秀”，这两个项目历时 5 年，总投资 70 亿元，是万达集团总投资 500 亿元的武汉中央文化区的两个压轴大戏，分布在汉街两端，它们是世界文化产业投资最大的项目之一。万达集团董事长王健林表示：“一个是世界第一，一个是世界唯一，汉秀和电影乐园必将成为中国文化新标志、世界文化新品牌。”作为中国商业地产巨头大连万达集团，计划斥资 2000 亿元在中国打造 12 座主题公园。2014 年 10 月 24 日，万达集团宣布将斥资 500 亿元在广州建万达城。不禁让我们想起了 2013 年 9 月动工建设的青岛东方影都和 2014 年 2 月开工建设的无锡万达文化旅游城。万达集团董事长王健林表示，在广州和无锡建造的主题公园，将致力于使游客从上海和香港的迪士尼公园分流出来，并直言不讳地表示：“目的就是为了跟迪士尼竞争。”

据了解，由万达集团在全球首创的文化旅游新品牌万达城（全称为“万达文化旅游城”）囊括室外主题公园、万达茂、大型主题秀场、星级酒店群等多重业态。目前万达城已经在哈尔滨、合肥、南昌、无锡、广州等地落地，其兄弟品牌、被称为万达“第四代产品”的万达茂也先后在南宁、上海、南京成功落地，并将迅速展开全国布局，再加上青岛东方影都、西双版纳国际度假区、长白山国际度假区等大型文化旅游项目，万达的文化版图，已经成功布局中国各主要经济区。

中航工业将正式启动大型综合航空主题乐园项目“航空大世界”，这标志着全球第一个以航空为特色的大型综合航空主题乐园正式拉开建设的序幕。中航工业计划在全国布局5～6个航空大世界项目，每个航空大世界大约占地5000亩，每个项目总投资200亿～300亿元，总计投资将达1000亿～1200多亿元。据了解，中航工业前期已经与陕西、四川、江苏、广东等省份进行了接触，就航空大世界的投资事项进行了沟通。根据目前的计划，中航工业首个项目预计2017年建成并对外开放。

2014年6月初，华谊兄弟董事长王中军在公司20周年庆典上宣布，华谊旗下业务将重新整合为三大板块，包括传统的影视娱乐板块、实景娱乐板块以及互联网娱乐板块。在实景娱乐板块方面，华谊已布局了苏州、深圳、海南三个项目，其中，2014年6月8日开业的海口冯小刚电影公社作为首个开业的项目，总投资55亿元，有报道称，今年上半年已实现营业收入7974万元，净利润892万元。

2014年6月16日，在上海电影节上，光线传媒宣布将联手上海市政府在闵行区打造“中国电影世界”，2015年开工。光线传媒董事长王长田介绍：“中国电影世界”是一个集拍摄、旅游、产业为一体的电影主题项目，整个项目占地约1200亩，总投资预计100亿元。与其他电影主题项目不同的是，这个项目是先确定要拍摄的电影，再进行电影场景搭建，在搭建时就把机关和体验互动设施设计安装好，在电影拍摄完毕后相关的旅游项目就能立即启动。

目前，世茂集团已经确定在武汉龙湾、大连御龙海湾、上海佘山里、石狮摩天城等6个项目中建设主题公园，这些项目均为旅居地产，类似于万达旅游综合体项目。世茂房地产副总裁、主题公园总经理杨济华表示：“未来世茂主题公园数量将达到10座。”

在国内企业纷纷斥巨资兴建主题公园的浪潮中，国外主题公园投资集团也想来中国的主题公园市场分一杯羹。备受瞩目的上海迪士尼乐园有消息传出，将于

2015 年正式对外开放。与乐园相关的周边购物中心在 2015 年也会相继开业。名为“上海佛罗伦萨小镇”的上海名品奥特莱斯已于 2015 年 1 月对外营业，上海迪斯尼旗舰店计划 2015 年初开业，而迪士尼附近另外一个“上海购物村”项目，预计 2015 年秋开业。

隶属于国际品牌东方梦工厂的“梦中心”主题乐园同样地选择了上海，银泰置地集团以 6 亿美元取得了美国梦工厂在中国的独家授权。根据规划，东方梦工厂总投资 110 亿元，占地 720 亩，总建筑规模 170 万平方米。银泰置地集团总裁助理郑勇强表示，梦工厂将于 2015 年开工建设，3 年后投入使用。上海梦工厂尚未建成营业，梦工厂已将下一个项目瞄准了海南。动画首席执行官杰弗瑞・卡森柏格表示，下一个主题公园项目计划在海南建设。

据了解，由首寰公司和美国环球公司共同投资建设的北京通州环球影城建设地点位于通州文化旅游区。此次通州区已将“确保环球影城核心区按时开工”的内容写入了 2015 年《政府工作报告》中。据此前公布的规划，环球影城规划占地 120 公顷，总投资超过 200 亿元，预计 2019 年建成营业。

2014 年 6 月 24 日由马来西亚建荣集团投资超过 100 亿元建设的超大型文化旅游项目——波塞冬海洋王国在松花江避暑城奠基。建成后，这里将打造全球规模最大、项目最丰富的海洋主题文化项目，成为全球最大室内及室外海洋王国。项目一期将于 2016 年 7 月营业。

2014 年 6 月底，由北京市侨联华商企业山水文园集团与美国六旗集团合作建设的在“山水六旗小镇”计划选址京津冀地区，据主办方介绍，项目总投资约 300 亿元人民币，首个项目预计 2018 年正式开业。建成后，小镇预计每年将吸引超过 500 万客流，直接创造近 1 万个就业岗位，间接创造近 10 万个就业岗位，将全面促进区域产业转型与升级，带动区域产城联动发展。

从以上各个集团公司的频繁动作来看，我国主题公园正朝着超大型规模发展。巨额投资、多项目一齐开发的趋势已经不可阻挡。然而就在这些国内外大型主题公园纷纷加速建设，主题公园迎来新一波开业潮之时，我国主题公园产业发展的遗留问题也显露了出来。有数据显示，近十年来涌现的主题公园中，已倒闭的约占 80%，给国内旅游业造成的经济损失高达 3000 亿元。有业内人士估算，我国目前还有 1500 亿元资金被套在 2500 多个大大小小的主题公园上。

中国社会科学院旅游研究中心研究员魏小安表示："目前国内主题公园主要分布在长三角、珠三角和北京三大区域，投资在5000万元以上的主题公园大概有300家，其中有一定品牌知名度、有良好经营业绩的主题公园只占10%，有70%的主题公园亏损，20%持平。"由此看出，我国主题公园的发展存在重重问题。

2. 发展布局

影响主题公园选址的要素主要有经济发展水平、人口密度、交通通达度等。经济发展水平较高的东部地区主题公园的数量往往较多。图4-2与图4-3直观表现出GDP占比高的地区主题公园数量占比也高，这也说明了目前我国主题公园的发展存在过分集中的问题。

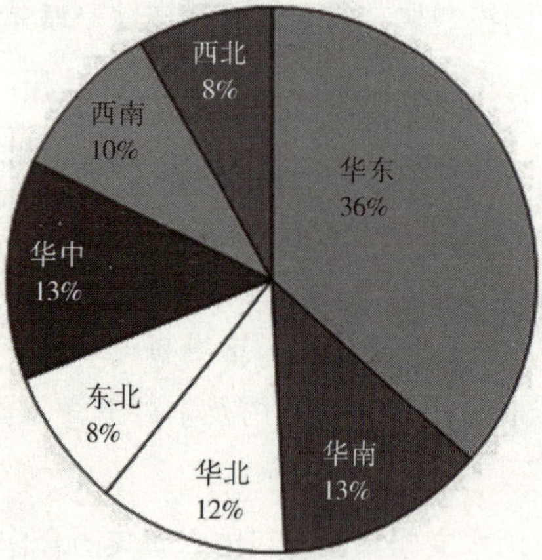

图4-2 2014年7大地区GDP占比

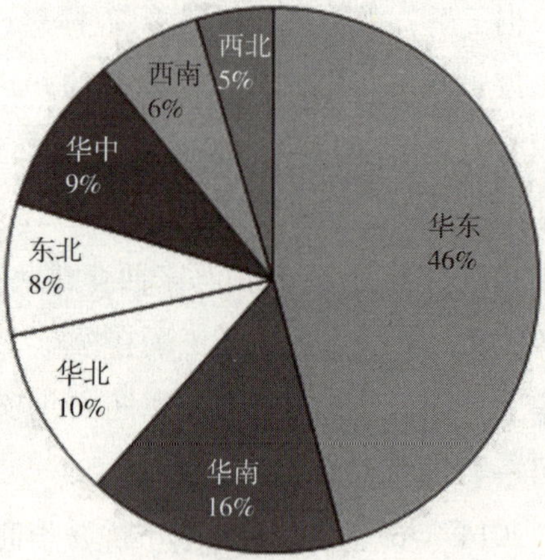

图4-3 7大地区127家主题公园数量占比

我国主题公园在类型分布方面存在很大问题，从图4-4中能够看出，主题游乐园占比接近60%，说明目前更受大众喜爱的主题公园是以主题游乐园。而之前一度火热的微缩景观型主题公园在残酷的市场竞争中已经没落。据了解，在2015年以及未来几年将陆续开业十几家甚至几十家的水上世界、水上乐园等项目，这种现象反映出目前我国主题公园市场存在主题雷同，缺乏特色的问题。

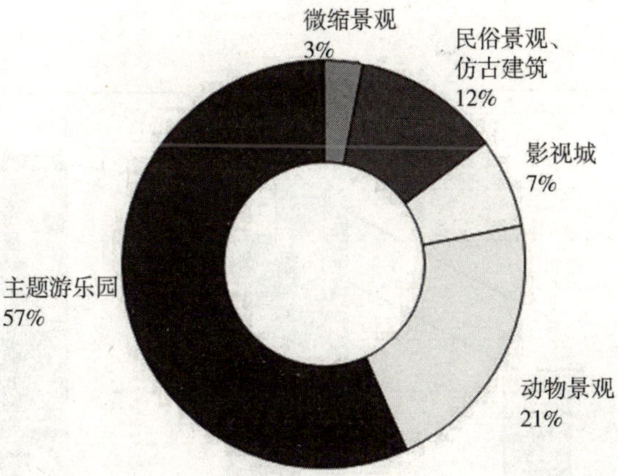

图 4－4 127 家主题公园类型分布

3. 财务状况

我国主题公园的数量和类型虽多，但经营效果却不乐观。有关数据显示，目前中国 70% 的主题公园处于亏损状态，而真正盈利的只有 10% 左右，20% 处于收支平衡状态。同时，根据国内旅游人士进一步估计，中国目前 2500 个主题公园中，约有 2/3 难以收回投资，形势十分严峻。以华侨城集团为例，通过梳理其 2014 年的年度报告，分析目前华侨城集团的财务状况。

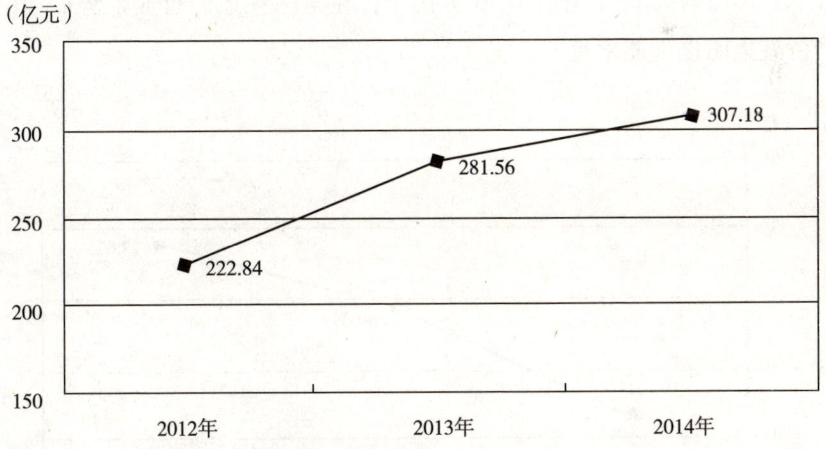

图 4－5 华侨城集团 2012～2014 年营业收入情况

从图 4－5 中可以看出，虽然华侨城集团的营业收入在不断增长，但是增长速度在放缓，通过计算，2013 年同比增幅是 26. 35%，而 2014 年则降为 9. 1%。那么到底是什么原因导致华侨城集团收入增速降低，或许图 4－6 中的数据能告诉我们答案。

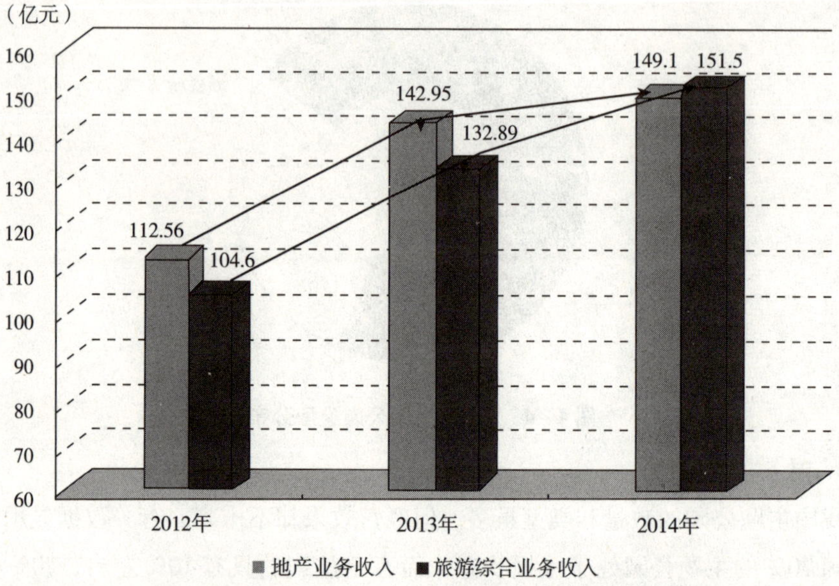

图4-6　华侨城集团2012~2014年两大主营业务收入情况

华侨城集团主营业务之一的旅游综合业务基本保持了稳定的增长速度而地产业务的增长速度在2014年放慢很多。2014年的地产业务收入同比仅增加了不到7亿元，而2013年却同比增加了30多亿元，在全国性地产行业走势低迷的情况下，华侨城集团也不能幸免。

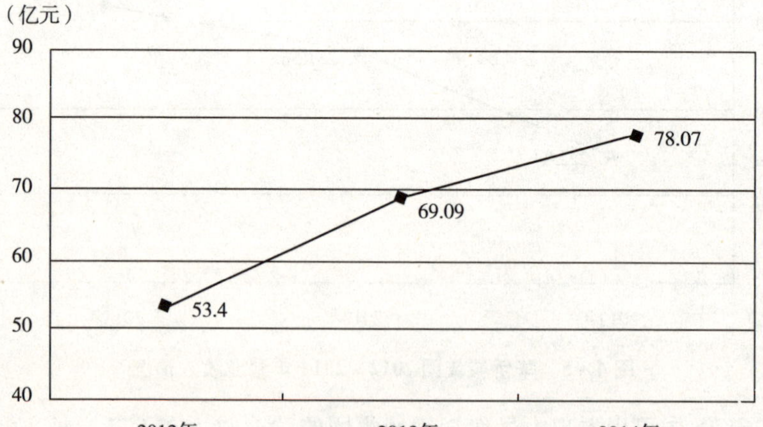

图4-7　华侨城集团2012~2014年利润总额情况

但值得关注的是，旅游综合业务在2014年的营业收入首次超过地产业务收入，旅游综合业务占比在提高，但其毛利率为49.39%，与地产业务66.08%的毛利率有较大差距，这就解释了为何图4-7中华侨城集团整体盈利增幅是下滑的。

截至2014年12月31日，华侨城的资产负债率达66.01%，超过房地产行业64.28%的平均水平及旅游行业36.84%的平均水平。

2014年，华侨城集团筹资活动产生的现金流量约69.81亿元，相比2013年增加121.79亿元，同比增长234.32%；对此，华侨城集团方面解释说，主要是由于借款现金流入增加所致。同时，2014年经营活动产生的现金流量净额为-25.88亿元，相较于2013年约71.98亿元，下滑135.96%，也是近3年来华侨城经营活动产生的现金流量净额首次为负，通过经营活动已经难以维持自身的资金周转。华侨城方面称，净额减少主要是因为地产销售回款同比减少，以及用于新项目土地储备投资款增加所致。

自2009年华侨城完成重大资产重组以来，主要通过自身经营积累以及债务融资的方式支持大规模的项目建设投资。最近三年，华侨城资产负债率分别为69.95%、68.53%和66.01%，高于行业平均水平。华侨城方面也坦言，公司有息负债规模较资产负债率保持在较高水平，从而在一定程度上影响了公司的融资能力。

截至2014年12月31日，华侨城短期借款、长期借款、一年内到期的非流动负债和应付债券共计29444亿元；而2012年底和2013年底上述几个负债科目共计分别为2479.5亿元和2044亿元。

华侨城集团此次拟募集资金80亿，一位业内权威人士表示，如果华侨城集团继续加大债务融资规模，将对其生产经营产生较大压力，也将加大财务风险，所以才通过股权融资增强资金实力。华侨城集团自称，本次非公开发行股票部分募集资金将用于偿还部分委托贷款，有助于公司减少关联交易，降低资产负债率，改善财务结构，节约财务费用，降低偿债风险，提升公司盈利能力。业内权威人士坦言，由于有息负债规模很大，导致财务成本逐年上升，财务负担逐年加重，直接影响了华侨城的盈利能力。

作为主题公园产业界的先驱，华侨城集团经历了二十多年的发展，树立了自己的品牌，“欢乐谷”便是其中一个。作为华侨城主题公园产品走出深圳的第一站，北京“欢乐谷”从2006年7月29日正式营业到现在已经有近9年时间，2007年五一长假，其游客量曾超越故宫，轰动一时。从第3个经营年度开始，已经扭亏为盈。但8年时间，北京欢乐谷仍没有收回20亿元（包括2014年开业的三期5亿元投资）的总投资。北京世纪华侨城实业有限公司总经理赵小兵坦言“现在的发展确实还需要通过房地产项目平衡资金”。

在外界看来，曾经以体验式旅游赢得市场的北京欢乐谷正在发生改变，加之文化衍生产品不足，与之相距20多公里的北京通州国际旅游度假区落地，也给它的发展带来了挑战。虽然总经理赵小兵认为北京欢乐谷是可以达到500万人次的年游客量的，但是从近几年的数据来看，情况并不乐观。2011年北京欢乐谷的游客接待量是345万人次，2012年是305万人次，2013年是310万人次。从数据上看，这三年北京欢乐谷的游客数量有降有升，但是增幅并不大，即使2014年开放了一批新的游乐场馆，要达到赵小兵总经理的预期难度还是很大的。

（二）商业模式分析

1. 价值输出

上文中提到，主题公园按照主题内容分为了五种类型：微缩景观型、民俗景观与仿古建筑型、影视城型、动物景观型和主题游乐园型。在这五种类型的主题公园里又有着各种各样的主题，不同的主题又向游客们传达出不同的价值体验，吸引游客去消费。例如“欢乐谷”和“方特欢乐世界”，两者均属于主题游乐园，游客去那里玩就是为了获得欢乐，对游客来说，这就是它们的价值所在。但游客往往不光追求感官上的体验，心灵的体验变得越来越重要。这就要求主题公园要深入挖掘自己的文化内涵，要有自己独特的、不可替代的文化灵魂，才能牢牢抓住游客的心。例如山东泰安的“太阳部落”主题公园，作为我国首家体验史前文明的特大型主题公园，其巧妙地挖掘自己独特的文化内涵，以大汶口文化为主题设计整个园区，将史前文化和游乐项目有机融合，使游客能够亲身感受到史前社会的生活，在获得感官体验的时候，也丰富了自己的文化素养。

2. 产业链

成功的主题公园都有自己一条完整的产业链作支撑。迪士尼乐园在产业链开发方面能给我国主题公园产业的发展提供一些借鉴。迪士尼乐园并不仅仅是一个公园，它更是一个品牌。迪士尼是做动画起家的，由动画衍生出了各种各样的附属产品，比如服装、玩具、电子产品等，这些衍生品不仅给迪士尼带来了丰厚的经济效益，更提升了它的品牌影响力、号召力。从国内主题公园企业来看，宋城集团是做得相对比较好的企业，“千古情”演艺产品的开发不仅让宋城集团获得了不小的收益，更树立了自己的品牌。

但就目前来说，我国本土大部分的主题公园尚未形成像美国迪士尼乐园那样较完整的产业链，这是一个值得反思的问题。

3. 营销策略

营销策略包括产品策略、价格策略、渠道策略和促销策略等。营销策略的成功与否主要体现在企业能否盈利。2014 年各大主题公园为了招揽游客都运用了哪些营销策略呢?

汉秀与武汉万达电影乐园合作实行联合开票，5000 张 1 元电子优惠码通过新浪微博、大楚票务等网络渠道，在开票后 50 分钟内，被抢购一空。据悉，汉秀门票的销售模式主要包括渠道包销、区域代理和直接销售，销售渠道主要依靠传统旅行社、线上旅游网站、专业演出票务代理以及知名企业大客户。不少旅游企业都主动向汉秀示好。携程网、同程网也在线上为汉秀、武汉万达电影乐园开展专项推广活动。

杭州宋城演艺公司立足传统营销手段，重点拓展线上营销渠道，于 2015 年春节期间与驴妈妈等各大旅游电子商务网站合作推出抢票、整合套餐等活动，与新浪微博、腾讯微信合作推出让红包飞等活动，线上销售额直线上升。春节期间，宋城景区通过线上购票的游客数同比增长 257%，线上销售额增长 230%；烂苹果线上购票的游客数同比 2014 年增长 64%，线上销售额增长 65%。由此可见，营销策略的成功运用对企业销售业绩的增长起到了至关重要的作用。

4. 核心竞争力

核心竞争力首先应该有助于企业进入不同的市场，它应成为企业扩大经营的能力基础。其次，核心竞争力对创造企业最终产品和服务的顾客价值贡献巨大，它的贡献在于实现顾客最为关注的、核心的、根本的利益，而不仅仅是一些普通的、短期的好处。最后，企业的核心竞争力应该是难以被竞争对手所复制和模仿的。

华强集团的“方特”主题公园是中国人完全自主知识产权的文化产业主题公园，在其他主题公园要花费巨额资金购买国外先进技术之时，它靠自己的研发团队为自己研发高新科技来支撑自己的主题公园建设。具备自主知识产权就是它的核心竞争力。以动漫游戏为主题的常州环球动漫嬉戏谷在核心竞争力方面就比较有优势。它是一座颠覆传统，突破创新，定位鲜明，以满足逾4亿中国互联网用户的庞大娱乐需求为目标的国际动漫游戏体验博览园。与世界品牌“迪士尼”及“环球影城”形成差异，将互联网科技全面运用在主题乐园，首次将“3D虚实互动”游戏模式融入游乐项目中，首次将线上线下两个精彩的互动娱乐平台进行完美整合，在两百多项动漫游戏项目中，1/3是全球首创。强大的创新能力充分提高了它的核心竞争力。

5. 收入结构

我国主题公园的收入结构相对单一是目前众多问题中的一个。北京绿维创景规划研究院院长林峰介绍，世界上成功的主题公园主要盈利点是娱乐、餐饮、住宿等设施项目，门票收入只作为日常维护费用。主题公园的收入结构中，门票收入只占20%～30%，其他经营收入占大部分，主要通过售卖具有自主知识产权特点的旅游纪念品获得二次盈利，又由于旅游纪念品的发售进一步扩大品牌的影响力，就形成了良性循环。兰桂坊之父、原香港海洋公园主席盛智文认为，主题公园运营收入的理想状态是将门票收入控制在60%～70%，其余部分通过二次开发实现。相对于国外成功主题公园的门票收入所占比例，盛先生提出的目标是目前中国主题公园所要努力追求的目标，因为目前中国主题公园的门票收入占据了总收入的80%之多。

2015年1月1日试营业的Hello Kitty主题公园在努力打破目前不合理的收入结构。上海银润控股（集团）有限公司董事长廖春荣预测，Hello Kitty乐园每年能够吸引约100万游客入园，每年的门票、商品及餐饮消费能够达到2.25亿元，而在这里面，商品和餐饮的贡献将大于门票收入。其中一项举措就是乐园会每隔一段时间推出不同样式的限量版会员卡供kitty粉丝们收藏，每张卡的面值为50元，可以进行充值，在达到一定消费积分后可以享受特殊待遇。

（三）市场分析

2014年2月27日，AECOM副总裁、全球经济总监ChrisYoshii在上海举行的第四届中国主题乐园与度假区发展论坛上说，目前大约有7亿中国人有参观主题公园的经济条件，随着城乡收入的增长，该数据会持续增长。到2020年，达到一定条件收入的人群数字将是10亿。据了解，我国主题公园2012年和2013年的接待量分别为1.5亿人次和1.8亿人次，2013年同比增长6%，到2025年，我国主题公园的接待量将达到3.2亿人次，市场空间巨大，而十几家甚至几十家主题公园在一年内同时开业的情形，让主题公园产业的市场竞争变得十分残酷。所以要求主题公园相关企业要做好客户群的定位与挖掘并做好应对竞争者的准备。

1. 目标客户群与潜在客户群

对目标客户群的准确定位与深入挖掘潜在客户群对于主题公园的成功盈利来说是不可小觑的。不同类型的主题公园的目标客户群是有所差别的，而潜在客户群在公园的不断发展升级中也是不断变化的。主题游乐园的目标客户群大多定位在有一定经济收入的年轻人，其中包括青少年及其家长、大学生等。常州环球恐龙城的目标客户群在早期是青少年游客和由青少年游客带动的成年游客，由于恐龙城从以科普教育为主转型至集教育、休闲、娱乐为一体的主题公园，在转型过程中，游客也在跟着逐步升级，主力客户群变成了消费能力更高的成年游客。

万达集团的汉秀项目目标客户群定位为有一定阅历及经济基础、热爱生活、对生活品质有追求的时尚人士及国际游客。那么它的潜在客户群到底有哪些人群呢？其中武汉当地及其周边城市的人群就是它的潜在客户群，即使他们并不是时尚人士，但是他们对武汉历史文化的热爱是毋庸置疑的。再者就是这些时尚人士的家人及朋友，受到目标客户群的影响，潜在客户群在某一天就会成为实际消费者。

2. 主要竞争者与潜在竞争者

我国主题公园同质化严重，导致目前我国主题公园面对的主要竞争者是与自己相同类型的主题公园。像主题游乐园，我国目前就有很多。华侨城集团旗下的欢乐谷目前已有六家营业。而华强集团投资兴建的方特欢乐世界、方特梦幻王国、方特水上世界等已达十几家之多。虽然欢乐谷的城市定位在一线城市和二线发达城市，比如深圳、北京、武汉、上海、天津、成都等，但这些城市也都有其他同类型主题公园，例如北京还有石景山游乐园，上海还有锦江乐园，成都还有国色天香乐园，等等。所以说同质化竞争已经十分严重。除了同类型主题公园的竞争之外，其他类型的主题公园以及风景区、休闲度假区、娱乐场所等也不同程度的形成了竞争。

潜在竞争者顾名思义就是还没有成为主要竞争者，但是有成为主要竞争者的可能。潜在竞争者主要指还在筹备阶段尚未正式营业的主题公园，其中同类型主题公园尤甚。比如，北京通州的环球影城对北京欢乐谷来说就是一个潜在竞争者，上海迪士尼乐园对上海欢乐谷来说就是一个潜在竞争者，重庆欢乐谷对重庆的方特欢乐世界来说就是一个潜在竞争者，等等。

从1989年深圳华侨城“锦绣中华”开始，我国主题公园已经发展了将近三十年，在这几十年中既有许多成功的案例诞生，又有数不胜数的失败的案例出现，希望主题公园的开发企业能从这些案例中借鉴经验，吸取教训。

三、我国主题公园案例分析

（一）成功案例分析——宋城集团

1. 经营现状

宋城集团，中国最大的文化旅游集团之一。旗下的宋城演艺是中国演艺第一股，连续五届获得“全国文化企业三十强”。集团主业为文化演艺、旅游景区、娱乐综艺、主题酒店、休闲地产等，确立了“宋城”“千古情”等中国著名品牌，总资产超过500亿元。

目前集团已经打造了除杭州宋城旅游区以外的三亚宋城旅游区、丽江宋城旅游区、九寨宋城旅游区等九大旅游区、三十大主题公园，《宋城千古情》《三亚千古情》《丽江千古情》《九寨千古情》《惊天烈焰》《穿越快闪》等五十大演艺秀，第一世界大酒店、云曼酒店、千古情主题酒店客房上万间，还打造了中国演艺谷等数十个文化项目。2014年度宋城演艺合计演出11000余场，观众3000余万人次，其中“千古情”系列年演出3642场，观众1456万人，是中国演艺市场年演出场次第一、观众人数第一、利润第一的演艺公司。

2014年宋城演艺实现营业收入9.35亿元，同比增长3778%；实现归属于本公司股东的净利润3.61亿元，同比增长17.11%。2014年杭州本部业绩增长较为乏力，其中杭州乐园实现收入1.3亿元，同比下降12%；烂苹果乐园实现收入0.67亿元，同比下降18%；杭州景区实现收入3.72亿元，同比增长4.8%。虽然宋城景区仍保持客流和收入的双增长，但杭州乐园因凉夏拖累水公园表现致其盈利下滑近20%，烂苹果乐园因客流欠佳加之部分设备更新改造致盈利下滑约40%，二者盈利合计下滑超过3500万元，是影响公司整体业绩增速的首要原因。鉴于业绩下滑，公司决定自2015年1月1日起，上调杭州《宋城千古情》门票，普通票提价20元/人，烂苹果乐园门票上调10元/人。门票上调有利于稳定杭州本部业绩增长。加之杭州乐园和烂苹果乐园2014年基数低，加之2015年春节烂苹果乐园客流量增长了70%，2015年乐园业绩有望恢复增长。

在本部发展受到阻碍的时候，公司异地项目强势增长。其中三亚项目年客流量约90万，收入1.55亿元，同比增长356%，盈利达8030万元，2015年2月15日三亚推出冰雪世界，春节客流增加了70%～80%；丽江和九寨沟先后于2014年3月和2014年5月开业，年收入分别达7198万元和6241万元，开业当年分别贡献净利润922万元和1549万元。三亚、丽江、九寨沟项目运营逐步进入良好状态，预计业绩将保持快速增长。

公司预计2015年一季度净利润同比增长40%～60%，主要得益于杭州本部业绩的稳定增长以及异地项目的大幅增长。三亚、丽江、九寨项目的成功，公司将继续在国内外旅游景区扩张。城市演艺谷项目逐步推进。2014年演艺谷先后上演话剧、音乐剧、肢体剧等多种剧目，2015年3月公司将推出戏曲季越剧精品折子戏专场，增加演艺谷产品的多元化。演艺谷是公司进军城市演艺的战略布局。后期公司将加快向一线城市扩张的进度。继续加强线上线下的整合，以独木桥旅游网为核心，建立移动平台客户服务。2015年，宋城娱乐预计将推出多档真人秀节目，大盛国际预计制作中美合拍战争片《飞虎月亮花》、爱情喜剧片《迎男而上》《只谈情不说爱》等。公司2015年将进一步加强投资并购力度，并购将围绕主业开展，线下将重点关注优质景点资源、国有院团改制、国内外优秀演艺项目，线上重点关注互联网互动娱乐平台等。

截至2015年3月26日，6个月以内共有29家机构对宋城演艺的2015年度业绩做出预测。预测2015年每股收益0.94元，较2014年同比增长44.62%，预测2015年净利润5.28亿元，较2014年同比增长46.32%。公司未来看点：中国演艺谷向一线城市扩张，异地项目向其他景区复制，推出有影响力的综艺节目，建立移动平台实现线上线下联动，影片上映等。

从2014年年报可以看出，未来宋城演艺旅游演艺的发展将出现重大的变革，即用互联网思维来改造乃至颠覆线下景区运营和扩张策略，公司凭借过硬的产品品质、丰富的运营经验和线上线下多渠道营销策略，主动迎接“散客化”浪潮。

2. 创新之处

依靠不断创新，宋城演艺在激烈的市场竞争中始终保持领先地位。以主题公园为载体、以文化演艺为核心、以创意节目和活动策划为主线是宋城演艺的核心竞争力。适应市场需求，不断推陈出新，是宋城演艺旅游演艺事业经久不衰的法宝。充分运用互联网思维并使其与传统旅游演艺相结合，使宋城演艺在未来能够独领风骚。

从宋城演艺 2014 年年报中可以看出，面对文化和旅游产业大发展、大融合的发展趋势，宋城演艺将由单一的旅游演艺向覆盖线上线下的泛娱乐生态圈的方向发展，着力打造包括线下演艺运营平台、创意内容平台和互联网平台在内的三大业务板块。

集团在打造线下演艺运营平台方面已经拥有了十分丰富的经验。一方面宋城演艺始终坚持游客需求至上，追求极致体验，增强自身文化内涵，突出自身特色，加强同游客的互动，使游客对景区的亲切感增强，从而提高景区的重游率。另一方面三亚、丽江、九寨沟三个异地项目的成功，已经向市场充分证明了集团的异地项目操作能力，之后还将打造顶级的旅游景区并持续深化线下演艺运营平台。

集团在 2014 年就已经开始了对创意内容平台的打造。其中包括投资设立综艺节目制作公司宋城娱乐、参股影视公司大盛国际、控股创意视频制作公司本末映画、拟参股北京演艺集团旗下子公司、设立香港全资子公司宋城国际等。这一连串的举措是集团初步形成了线上创意内容生产框架，促进了集团演艺事业的新的发展，为以后集团的推广营销提供了强有力的支撑。

集团早已意识到互联网销售必将发挥重大作用，因此十分注重互联网平台的打造。一方面通过整合资源，增加新的合作渠道，利用独木桥旅游网的功能，推广产品与活动，推动宋城演艺移动平台建设。另一方面，集团还将继续运用兼并和收购方式，这不仅壮大了集团规模，还能促进集团的可持续发展。

3. 发展启示

（1）主题鲜明

杭州宋城景区向游客展示的是鲜明的宋代文化。通过市井街、宋河、南宋皇宫石板等让游客亲身体验到“置身宋城，恍如隔世。给我一天，还你千年”的感觉。

（2）产品定位准确

“千古情”系列演出已经成为了宋城演艺的品牌项目，尤其是作为世界三大名秀之一的《宋城千古情》更是创造了世界演艺史上的奇迹：年演出 1300 余场，旺季经常每天演出10场，推出十余年来已累计演出17000余场，接待观众5000余万人次，是目前世界上年演出场次和观众最多的剧场演出。

（3）营销策略行之有效

2013年1月1日，宋城景区实行景区入园和《宋城千古情》一票制票价体系。2014年春节假期，宋城景区散客流失量非常少，宋城收入增长了40%，人次增长了15%左右，且一票制之后几乎全部游客都观看了演出，观演比例从同期的70.55%大幅提高至99.99%。加之“千古情”系列演出的异地复制成功，除去演出本身，从另外一个角度反映出了宋城演艺充分利用线上线下营销策略和组合营销策略的成功。

（二）失败案例分析——内蒙古根河“天工部落”

1. 基本情况

2006年7月15日，内蒙古根河“天工部落”在敖鲁古雅乡举行盛大开盘仪式。来自清华大学总裁同学会的100多位知名企业家、北京台资协会的15名台商以及来自美国、德国、乌克兰、瑞典、俄罗斯等国的20多名游客，总计200多人前来参加开盘仪式，自治区旅游局局长、呼伦贝尔市副市长也出席了盛会。

根河“天工部落”是北京神州之旅发展（有限）公司和万通集团共同投资开发的旅游项目。项目占地2000亩，预计投资2亿元，其中一期投资为4000万元。是一个集休闲、度假、娱乐为一体的综合性度假区。倡导生态养生，主张“像候鸟一样生活”，该项目一期工程建有集休闲、度假、娱乐为一体的养生公寓88套。200多位中外嘉宾参观建设中的“天工部落”后赞不绝口，对根河市的生态环境和旅游资源也表现出浓厚兴趣。“天工部落”与北京建国饭店集团决定建立战略合作伙伴关系。建国饭店集团承诺，将在根河建一座一流酒店。据悉，在当晚的开盘仪式上共有70套养生公寓被认购。

作为神州之旅进入旅游地产的第二站，“天工部落”是神州之旅对其在黄山的“徽州文化园”项目的快速复制。徽州文化园项目占地312亩，产品定位为度假式公寓和产权式酒店，产品在市场上的旺售，促使公司决心在旅游地产的方向上走得更远。

在根河市人民政府网站上，招商项目中依然留有根河市发展和改革局在2013年10月28日发布的“天工部落”旅游景区项目。网页显示该项目现已完成投资3000万元，建成四层养生公寓楼八栋；四星级酒店一栋，客房45

套，主体结构已封顶；会所6040平方米，基础已完成。项目预测建设期为5年，经营期为20年。年接待15万人次以上。人均消费按550元计算，则营业收入为8250万元。项目期总营业收入为16.5亿元。通过经济分析，该旅游项目正常年份利润总额为2887.5万元，投资利润率为11.5%，投资回收期为9年（含建设期5年）。

但之后的发展情况似乎没有预期的那么理想，事实是项目经营异常艰难，第一期建成之后，迟迟不见第二期出来。到现在来看，这个项目已然失败。

2. 失败原因

（1）交通不便

根河处于大兴安岭的腹地，路途遥远。离根河市最近的城市是呼伦贝尔市。比较快捷的是飞机，但航线很少，淡季时只有北京飞呼伦贝尔。北京没有直接到呼伦贝尔的火车。从呼伦贝尔到根河只有一条二级公路，而且距离超过300公里。

（2）旅游大环境没有形成

整个呼伦贝尔的旅游虽然在快速增长，但是总量并不高，并且主要集中在呼伦贝尔市、海拉尔等地，延伸到根河的不多，现实客源不多。

（3）旅游季节性太强

根河位于中国的最北端，夏季只有三个月时间，漫长的冬季造成资源的限制。冬季旅游呼伦贝尔一直在努力做，但效果不明显，无论从区位还是产品品质都难以与哈尔滨进行竞争。

（4）定位不准确

根河最大的优势是自然资源的品位和低廉的土地价格，因此最好采用“粗放式”吸引策略，实行高端定位。比如一百亩地只做一幢别墅，配备小型飞机等方式。定位于中低端很难实现销售，因为度假成本太高，非常不合算。

总的来说，该项目失败的主要原因就是缺乏必要的调查研究。虽然根河具有自然资源十分丰富，土地价格低廉，但快速的复制，缺乏翔实调查研究，最终使这一项目面临失败的窘境。

鉴于以上案例的经验与教训，从目前已经建成营业的主题公园以及在未来几年将要开业的主题公园的情况来看，可以预测出我国主题公园在园区建设、技术要求、项目特性、类型和规模等方面会有新的变化。

四、我国主题公园发展趋势预测

（一）园区建设更加注重文化内涵

文化内涵对于一个主题公园来说，几乎决定了它能不能长久的发展。主题公园的主要客户群仍来自于其所在城市及周边城市群。因此在确定自己鲜明的主题之前，要充分了解当地的历史、人文风俗，分析其中的文化内涵，使主题公园的主题更好的与其文化内涵相吻合，更贴合游客的心理需求。山东泰安的太阳部落主题公园就是一个例子。大汶口文化遗址位于泰安市大汶河畔，太阳部落就是以大汶口文化为主线，向游客展示史前文明，依托当地的历史文化，更好的突出自己的主题，这是主题公园长久发展的重要条件。

（二）技术更加追求先进性

随着第五代主题公园的开建，更加先进的技术层出不穷。位于安徽六安的金领欢乐世界致力于打造为“立足六安、辐射全国、世界先进、中国一流的高科技主题公园”，该项目拥有全球首创的十一环过山车、亚洲唯一的七环悬挂式过山车、亚洲第一套6D悬挂式球幕影院系统、国内第一套5D影院系统等游乐设施，与同类主题公园相比具有科技含量高、研发力量强、游乐设施齐全、文化内涵深厚、核心项目拥有自主知识产权等五大特点。

（三）项目更加追求互动性

现在的游客已不再满足于纯粹的游览观光，他们希望参与到游戏、演出中，寻找欢乐，寻找刺激。其中，成都欢乐谷就看准这一点，《抓壮丁》的演出邀请游客参与到表演活动里，让游客在诙谐与幽默中感受无限惊险；在魔幻剧场里，游客朋友们可以在表演中互动，展开神奇的魔幻之旅；还有欢乐大巡游，可以让游客融入狂欢的角色中，营造出欢乐的气氛。

（四）主题类型更加多样化

虽然目前主题游乐园仍不断增多，而且所占的比例很大，但更加多样化主题的主题公园也正渐渐进入人们的视野。比如，浙江安吉的Hello Kitty主题公园、浙江东山岛的“南岛语族主题公园”、天津蓟县“世界一”苹果主题公园、福建罗源的“世界鲟鱼海洋主题公园”、内蒙古猛犸象主题公园等，甚至还有一些主题很特别的主题公园，比如大连的法治文化主题公园、山东寿光的健康生活方式行动主题公园、安庆廉政文化主题公园。这上述种种类型的主题公园都说明了我国主题公园类型在朝着多样化发展。

（五）规模呈现连锁发展

华侨城集团开创的欢乐谷主题公园是主题公园连锁发展的典型代表。华侨城集团在深圳欢乐谷成功以后，先后在北京、成都、上海、武汉、天津、重庆打造欢乐谷连锁品牌。后来居上的华强集团也是走了连锁发展的模式，自 2005 年开始已在芜湖、沈阳、青岛、泰安、天津、株洲、郑州、汕头、重庆、南通、厦门等多个城市成功复制方特各类型主题公园，包括方特欢乐世界、方特梦幻王国、方特水上世界。近期又在筹备方特东方神画和方特影视乐园。其中，方特东方神画已布局济南、芜湖、宁波、厦门，真可以称得上是一个品牌走遍全国。而万达集团作为后起之秀，主题公园网络遍布全国，其中哈尔滨有万达乐园、青岛有万达茂、合肥有万达主题乐园这几家主题公园已在建，而西双版纳万达主题乐园预计将在 2015 年 9 月开业。万达集团将在未来中国主题公园产业中大展身手。

章节附录：主题公园调查统计以及全国主题公园在建/开业统计

表 4－1　主题公园调查统计

<table>
<tr><th>地区</th><th>省份</th><th>序号</th><th>主题公园</th><th>所属类型</th><th>建成时间</th><th>主要投资企业</th></tr>
<tr><td rowspan="10">东北10家</td><td rowspan="5">辽宁</td><td>1</td><td>大连老虎滩海洋公园</td><td>动物景观</td><td>2002 年</td><td>西瑞克石油（新加坡）有限公司
大连海昌集团/大连虎滩乐园</td></tr>
<tr><td>2</td><td>大连发现王国主题公园</td><td>主题游乐园</td><td>2006 年</td><td>大连海昌集团</td></tr>
<tr><td>3</td><td>大连圣亚海洋世界</td><td>动物景观</td><td>1995 年</td><td>大连圣亚旅游控股股份有限公司</td></tr>
<tr><td>4</td><td>沈阳方特欢乐世界</td><td>主题游乐园</td><td>2011 年</td><td>深圳华强集团</td></tr>
<tr><td>5</td><td>抚顺皇家极地海洋世界</td><td>动物景观</td><td>2006 年</td><td>马来西亚建荣集团</td></tr>
<tr><td>吉林</td><td>6</td><td>长春市长影世纪城</td><td>影视城</td><td>2005 年</td><td>长影制片厂</td></tr>
<tr><td rowspan="4">黑龙江</td><td>7</td><td>哈尔滨极地馆</td><td>动物景观</td><td>2005 年</td><td>大连圣亚旅游控股股份有限公司</td></tr>
<tr><td>8</td><td>大庆林甸温泉欢乐谷</td><td>主题游乐园</td><td>2013 年</td><td>江苏雨天物流集团</td></tr>
<tr><td>9</td><td>伊春日月峡“水伊方”水上乐园</td><td>主题游乐园</td><td>2014 年</td><td>铁力林业局/黑龙江宇祥集团</td></tr>
<tr><td>10</td><td>牡丹江亿龙水上风情园</td><td>主题游乐园</td><td>1997 年</td><td>个人独资</td></tr>
</table>

续表

地区	省份	序号	主题公园	所属类型	建成时间	主要投资企业
华北13家	北京	11	北京海洋馆	动物景观	1999 年	北京蕴泽开发公司 香港百事利达国际有限公司
		12	北京欢乐谷	主题游乐园	2006 年	深圳华侨城集团
		13	北京中华民族园	民俗景观、仿古建筑	1994 年	北京中华民族园有限公司
		14	北京世界公园	微缩景观	1993 年	丰台区政府/花乡乡政府
		15	北京石景山游乐园	主题游乐园	1986 年	——
	天津	16	天津海昌极地海洋世界	动物景观	2010 年	大连海昌集团
		17	天津欢乐谷	主题游乐园	2013 年	深圳华侨城集团
		18	天津方特欢乐世界	主题游乐园	2014 年	深圳华强集团
		19	天津天山海世界米立方	主题游乐园	2013 年	河北天山发展（控股）有限公司
		20	天津凯旋王国	主题游乐园	2012 年	广东玉圭园集团
	河北	21	新澳海底世界	动物景观	1998 年	澳大利亚独资
		22	秦皇岛山海关乐岛海洋公园	动物景观	2004 年	山海关欢乐海洋公园股份有限公司
		23	沧州吴桥杂技大世界	民俗景观、仿古建筑	1993 年	吴桥县政府与香港合资
华东58家	山东	24	济南金象山乐园	主题游乐园	2007 年	——
		25	济南澄波湖水上乐园	主题游乐园	2014 年	山东德盛泰来置业有限公司
		26	泉城欧乐堡梦幻世界	主题游乐园	2014 年	山东坤河旅游开发有限公司
		27	青岛海底世界	动物景观	2003 年	青岛水族馆/山东鲁信投资集团有限公司
		28	青岛极地海洋世界	动物景观	2006 年	大连海昌集团
		29	青岛方特梦幻王国	主题游乐园	2011 年	深圳华强集团
		30	泰安方特欢乐世界	主题游乐园	2010 年	深圳华强集团
		31	泰安太阳部落	主题游乐园	2013 年	泰安市岱岳区大汶口石膏工业园
		32	潍坊富华游乐园	主题游乐园	1992 年	潍坊新立克集团公司美国亚洲娱乐有限公司
		33	蓬莱海洋极地世界	动物景观	2004 年	蓬莱海锋实业有限公司
		34	德州泉城海洋极地世界	动物景观	2011 年	山东坤河旅游开发有限公司
		35	临沂沂蒙影视基地	影视城	2010 年	沂蒙红色影视基地旅游开发有限公司
		36	菏泽水浒好汉城	影视城	2007 年	宋江武校
		37	淄博聊斋城	民俗景观、仿古建筑	2002 年	淄川蒲家庄

续表

地区	省份	序号	主题公园	所属类型	建成时间	主要投资企业
华东58家	江苏	38	苏州乐园	主题游乐园	1995年	苏州新区经济发展集团总公司 香港金宁有限公司等
		39	无锡影视基地	影视城	1991年	中央电视台
		40	扬州海浪谷水上乐园	主题游乐园	2014年	江苏天曜旅游投资有限公司
		41	常州环球恐龙城	主题游乐园	2000年	龙城旅游控股集团
		42	常州环球动漫嬉戏谷	主题游乐园	2011年	常州嬉戏谷有限公司
		43	常州淹城春秋乐园	主题游乐园	2010年	常州市春秋淹城建设投资有限公司
	上海	44	上海锦江乐园	主题游乐园	1985年	锦江国际集团
		45	上海影视乐园	影视城	1998年	上海影视（集团）公司
		46	上海海洋水族馆	动物景观	2002年	新加坡星雅集团/中国保利集团
		47	上海长风大洋海底世界	动物景观	1999年	澳大利亚澳洋集团
		48	上海欢乐谷	主题游乐园	2009年	深圳华侨城集团
		49	上海玛雅海滩水公园	主题游乐园	2013年	深圳华侨城集团
	浙江	50	杭州宋城	民俗景观、仿古建筑	1996年	杭州世界城宋城置业有限公司
		51	杭州乐园	主题游乐园	1999年	宋城演艺发展股份有限公司
		52	杭州极地海洋公园	动物景观	2008年	浙江海洋水族馆投资有限公司 浙江湘湖旅游度假区管委会
		53	杭州烂苹果乐园	主题游乐园	2012年	宋城演艺发展股份有限公司
		54	杭州浪浪浪水乐园	主题游乐园	2014年	宋城演艺发展股份有限公司
		55	金华横店影视城	影视城	1996年	浙江横店影视城有限公司
		56	宁波凤凰山主题乐园	主题游乐园	2006年	宁波新世纪旅游发展有限公司
		57	杭州湾梦幻欢乐水世界	主题游乐园	2014年	世纪金源集团
		58	宁波中国渔村主题公园	民俗景观、仿古建筑	2004年	杭州宋城集团
		59	宁波象山影视城	影视城	2005年	象山影视城开发有限公司
		60	台州市海洋世界	动物景观	2006年	台州中泰置业有限公司
		61	安吉 Hello Kitty 主题公园	主题游乐园	2015年	上海银润集团日本三丽鸥株式会社
		62	海宁“愤怒的小鸟”主题公园	主题游乐园	2013年	——
	福建	63	厦门方特梦幻王国	主题游乐园	2013年	深圳华强集团
		64	福州贵安水世界	主题游乐园	2013年	世纪金源集团
		65	厦门萤火虫主题公园	动物景观	2010年	厦门东林电子有限公司
		66	龙岩志高神州欢乐园	主题游乐园	2012年	志高集团
		67	漳州南岛语族主题公园	民俗景观、仿古建筑	2014年	——

续表

地区	省份	序号	主题公园	所属类型	建成时间	主要投资企业
华东58家	江西	68	赣州市客家文化城	民俗景观、仿古建筑	2004 年	——
		69	抚州梦湖合家欢乐园	主题游乐园	2014 年	福建天湖游乐有限公司
		70	宜春靖安中部梦幻城	主题游乐园	2012 年	江西宝葫芦集团
	安徽	71	合肥非物质文化遗产园	民俗景观、仿古建筑	2012 年	安徽华教集团
		72	合肥阳光海岸水世界	主题游乐园	2014 年	——
		73	合肥汉海极地海洋世界	动物景观	2008 年	合肥海恒投资控股集团公司等
		74	蚌埠花鼓灯嘉年华	主题游乐园	2012 年	嘉恒旅游文化发展股份有限公司
		75	六安金领欢乐世界	主题游乐园	2012 年	——
		76	芜湖方特欢乐世界	主题游乐园	2008 年	深圳华强集团
		77	芜湖方特梦幻王国	主题游乐园	2010 年	深圳华强集团
		78	安庆五千年文博园	民俗景观、仿古建筑	2011 年	安庆市五千年工艺美术有限公司
		79	桐城活海欢乐水世界	主题游乐园	2012 年	安徽永先集团
		80	颍上传中城欢乐水世界	主题游乐园	2014 年	香港传中城郊外休闲度假旅游连锁集团有限公司等
		81	淮南志高神州欢乐园	主题游乐园	2010 年	志高集团
华中12家	河南	82	郑州世纪欢乐园	主题游乐园	2004 年	郑州世纪公园发展有限公司
		83	郑州方特欢乐世界	主题游乐园	2012 年	深圳华强集团
		84	郑州奥帕拉拉水上公园	主题游乐园	2014 年	郑州清华园房地产开发有限公司
		85	开封清明上河园	民俗景观、仿古建筑	1998 年	开封市人民政府/海南置地集团公司
		86	焦作黄河文化影视城	影视城	1995 年	中央电视台/焦作市人民政府
	湖南	87	长沙世界之窗	微缩景观	1997 年	深圳华侨城控股股份有限公司 香港中旅集团
		88	长沙海底世界	动物景观	2000 年	湖南广播影视集团 湖南金世界房地产开发公司等
		89	株洲方特欢乐世界	主题游乐园	2011 年	深圳华强集团
	湖北	90	武汉欢乐谷	主题游乐园	2012 年	深圳华侨城集团
		91	武汉玛雅海滩水公园	主题游乐园	2012 年	深圳华侨城集团
		92	武汉极地海洋世界	动物景观	2011 年	大连海昌集团
		93	武汉万达电影乐园	主题游乐园	2014 年	万达集团

续表

地区	省份	序号	主题公园	所属类型	建成时间	主要投资企业
华南20家	广东	94	深圳东部华侨城	主题游乐园	2007年	深圳华侨城集团
		95	深圳欢乐谷	主题游乐园	1998年	深圳华侨城集团
		96	深圳锦绣中华	微缩景观	1989年	深圳华侨城集团
		97	深圳中国民俗文化村	民俗景观、仿古建筑	1991年	深圳华侨城集团
		98	深圳世界之窗	微缩景观	1994年	深圳华侨城集团
		99	广州长隆水上乐园	主题游乐园	2007年	广州长隆集团
		100	广州长隆欢乐世界	主题游乐园	2006年	广州长隆集团
		101	广州长隆野生动物世界	动物景观	1997年	广州长隆集团
		102	广州大河马水上世界	主题游乐园	1996年	——
		103	珠海长隆海洋王国	动物景观	2014年	广州长隆集团
		104	珠海圆明新园	民俗景观、仿古建筑	1997年	——
		105	珠海神秘岛	主题游乐园	2006年	香港中旅集团
		106	汕头方特欢乐世界	主题游乐园	2010年	深圳华强集团 广东锦峰集团
		107	东莞欢笑天地	主题游乐园	2005年	东莞市三元盈晖投资发展有限公司
		108	茂名放鸡岛海上游乐世界	主题游乐园	2005年	——
	广西	109	桂林乐满地主题公园	主题游乐园	2000年	桂林乐满地旅游开发有限公司
		110	桂林市神龙水世界景区	主题游乐园	2011年	桂林旅游发展投资有限责任公司
		111	北海海底世界	动物景观	1999年	——
		112	北海海洋之窗	动物景观	2006年	——
	海南	113	三亚梦幻水上乐园	主题游乐园	2014年	卡森集团
西南8家	重庆	114	重庆金源方特科幻公园	主题游乐园	2006年	深圳华强集团 世纪金源集团
		115	重庆乐和乐都主题公园	主题游乐园	2013年	重庆旅游投资集团有限公司
	四川	116	成都国色天乡乐园	主题游乐园	2007年	成都置信实业有限公司
		117	成都欢乐谷	主题游乐园	2009年	深圳华侨城集团
		118	成都极地海洋世界	动物景观	2010年	大连海昌集团
	贵州	119	贵阳欢乐世界	主题游乐园	2010年	华晋炜业游乐有限公司
	云南	120	昆明云南民族村	民俗景观、仿古建筑	1992年	——
		121	禄丰世界恐龙谷	主题游乐园	2008年	金时代控股集团有限公司 绍兴中国轻纺城建设开发有限公司

续表

地区	省份	序号	主题公园	所属类型	建成时间	主要投资企业
西北6家	陕西	122	西安大唐芙蓉园	民俗景观、仿古建筑	2005年	西安曲江文化股份有限公司
		123	西安曲江海洋公园	动物景观	2005年	西安曲江海洋世界有限公司
	宁夏	124	银川镇北堡西部影视城	影视城	1993年	个人投资
		125	银川中华回乡文化园	民俗景观、仿古建筑	2005年	——
		126	檀溪谷欢乐水世界	主题游乐园	2014年	上海檀溪集团
	新疆	127	乌鲁木齐天山野生动物园	动物景观	2005年	——

数据来源：主题公园聚焦微信公众号。

表4-2　全国主题公园在建/开业统计

地区	省份	主题公园	在建/开业
东北4家	黑龙江	哈尔滨万达乐园	2017年开业
		哈尔滨海神王国	在建
		哈尔滨永泰世界室内主题乐园	2015年6月1日开业
	吉林	吉林延吉亲水湾欢乐水世界	2015年4月开业
华北4家	北京	北京环球影城	在建
		北京乐多港	在建
	河北	秦皇岛圣蓝海洋公园	在建
	山西	大同方特欢乐世界	2015年5月1日开业
华东33家	山东	济南方特东方神画	2015年5月1日开业
		济南泰王水世界	2015年开业
		济南华润水公园	在建
		山东广饶欢乐海洋	在建
		山东福地传奇水乐园	2015年6月1日
		济宁邹城欢乐海洋水世界	2015年开业
		青岛海上嘉年华	2015年开业
		青岛华润万象城JOYPOLIS	2015年中开业
		青岛万达茂	在建
		青岛藏马山国际旅游度假区	2015年5月1日开业
	上海	上海迪士尼度假区	2016年开业
		上海极地海洋世界	在建

续表

地区	省份	主题公园	在建/开业
华东33家	浙江	宁波罗蒙环球城	2015年5月1日开业
		宁波方特东方神画	2015年10月开业
		安吉乐翻天水上乐园	2015年7月开业
		绍兴镜湖逆时针	在建
		绍兴东方山水	在建
		义乌未来城	——
	江苏	无锡万达主题乐园	在建
		东方盐湖城	2015年10月1日开业
		苏州华谊影城	2015年底开业
		南京银杏湖乐园	在建
		江苏圣泉湾	2015年6月开业
		南京冠翔冰雪乐园	2016年1月开业
		南京仁恒	——
		南京乐天世界	——
	安徽	合肥万达主题乐园	在建
		芜湖东方神画公园	2015年5月28日开业
		淮安西游记主题乐园	在建
		淮安龙宫大白鲸主题公园	在建
		蚌埠热浪岛室内水公园	2015年开业
	江西	南昌万达主题乐园	2016年开业
	福建	厦门东方神画	在建
华南10家	广东	清远长隆森林国际度假区	在建
		中山云顶星河游乐王国	2015年5月开业
		兴宁熙和湾水世界	2016年开业
		广州琶洲湾水上乐园	在建
		广东南海湾水公园	在建
	广西	贵港龙泉水上世界	2015年6月开业
		桂林万达	在建
		玉林玛尔代夫水上乐园	2015年6月1日开业
	海南	亚特兰蒂斯水上乐园	在建
		海南富力海洋欢乐世界	在建

续表

地区	省份	主题公园	在建/开业
华中8家	河南	郑州方特梦幻王国	2015年5月1日开业
		郑州中华复兴之路	2016年开业
		开封银基水上乐园	2015年6月1日开业
		洛阳龙门水上乐园	在建
		黄河水世界度假区	2016年开业
	湖南	常德梦幻桃花岛欢乐水世界	在建
	湖北	武汉世茂·嘉年华室内主题公园	在建
		武汉国博海洋乐园	2015年9月开业
西北10家	陕西	西安乐华欢乐世界	2015年5月1日试营业
		汉中留坝古栈道水世界	2015年6月开业
	甘肃	嘉峪关方特欢乐世界	2015年5月1日开业
	宁夏	宁夏黄河军事文化博览园二期	在建
		宁夏银川舰主题公园	在建
		宁夏天山海世界	在建
		银川民生华夏河图一期	2015年8月开业
		银川盒子乐园	2015年8月开业
	新疆	新疆印象西域主题乐园	2016年开业
		呼和浩特永泰世界	在建
西南6家	贵州	贵阳桃源河水上乐园	2015年6月1日开业
	重庆	乐和乐都水上世界	2015年5月1日开业
		重庆欧洲乐园	在建
	四川	遵义保利未来城市乐园	2015年6月1日开业
		泸州欢乐派海滩公园	2015年6月开业
	云南	西双版纳万达乐园	2015年9月26日开业

参考文献

一、书籍类：

[1] 董观志．旅游主题公园管理原理与实务［M］．广州：广东旅游出版社，2000.

[2] 邹统钎，崔海雷．旅游地产开发与经营经典案例［M］．北京：北京师范大学出版社，2010.

［3］菲利普·科特勒，凯文·莱恩·凯勒著．营销管理（第14版）［M］．王永贵，陈荣，何佳讯等译．上海：格致出版社，2012.

［4］高峻．旅游资源规划与开发［M］．北京：清华大学出版社，2007.

二、刊物类：

［1］楼嘉军．试论我国的主题公园［J］．桂林旅游专科学校学报，1998（3）．

［2］张小姝．市场营销策略研究［J］．中国市场，2014（21）．

［3］魏志红，刘有华，张黎东．主题公园最大承载量的研究——以深圳欢乐谷主题公园为例［J］．特区经济，2014（2）．

［4］刘民坤，何华．主题公园的中国式自主创新思考［J］．地域研究与开发，2014（2）．

［5］黄邦姬．浅析我国主题公园发展现状及前景［J］．旅游纵览，2014（4）．

［6］刘姣彤．我国主题公园的发展现状及出现的问题［J］．旅游纵览，2014（4）．

［7］陈海明，陈芳．基于旅游综合体模式的新型主题公园发展研究——以珠海长隆国际海洋度假区为例［J］．荆楚学刊，2014（3）．

［8］魏建伟．试论文化在主题公园建设中的重要作用［J］．经营管理者，2014（13）．

［9］陶宁．中国主题公园产业学术态势研究综述［J］．产业与科技论坛，2014（12）．

［10］纵翠丽，包先建．2000—2012年国内主题公园在品牌方面的研究进展［J］．红河学院学报，2014（4）．

［11］陈忠良．论我国“方特主题公园”文化要素的缺失——基于与美国“迪士尼主题公园”的比较分析［J］．宿州学院学报，2014（8）．

［12］黄巍松．主题公园商业服务设施规划设计要点解析［J］．上海城市规划，2014（3）．

［13］曲先文．主题公园盈利模式分析——以青岛极地海洋世界为例［J］．中小企业管理与科技，2014（11）．

［14］宣立志．浅谈主题公园的营建［J］．中国园艺文摘，2014（12）．

［15］王成荣，王春娟．对主题公园建设的几点思考［J］．北京财贸职业学院学报，2014（6）．

[16] 侯雪艳. 大型主题公园的盈利模式研究 [J]. 北京财贸职业学院学报. 2014 (6).

[17] 占骏. 方特欢乐世界与迪斯尼主题公园品牌经营比较研究 [J]. 视听, 2014 (12).

[18] 严灵灵. 主题公园旅游者消费行为研究——以常州中华恐龙园为例 [J]. 中外企业家, 2014 (31).

[19] 游乐型主题公园规划设计特点分析——以山东泰安太阳部落主题公园为例 [J]. 科技视界, 2013 (29).

[20] 王文娟. 基于"和"理的"圆和"主题公园建设研究 [D]. 河北师范大学, 2014.

[21] 李瑞. 红龙电影主题公园人才发展战略研究 [D]. 吉林大学, 2014.

[22] 叶萌. 北京国际雕塑公园经营对策研究 [D]. 首都经济贸易大学, 2014 年.

[23] 宋婧. 基于顾客满意的老虎滩海洋公园服务营销策略研究 [D]. 大连海事大学, 2014.

[24] 郑国. 基于 GIS 的大型主题公园选址研究 [D]. 大连海事大学, 2014.

[25] 薛隽. 海洋主题公园的发展研究 [D]. 北京交通大学, 2012.

[26] 曹珂. 主题公园品牌营销战略研究 [D]. 陕西师范大学, 2014.

[27] 王欣. 国外主题公园发展成功经验对我国主题公园发展的启示 [D]. 辽宁师范大学, 2014.

[28] 陶陶. 价值链视角下我国主题公园盈利模式研究 [D]. 南京艺术学院, 2014.

[29] 刘燕桃. 主题公园型旅游集聚区特征及形成机制研究 [D]. 安徽大学, 2014.

[30] 王丝丝. 墓园主题公园化的研究 [D]. 西南交通大学, 2014.

三、报纸类:

[1] 张毓. 中外影视公司扎堆主题公园国内大部分盈利能力欠佳 [N]. 广州日报, 2014-10-17.

[2] 曹巧红. "汉秀"是一场怎样的秀 [N]. 中国旅游报, 2014-11-3.

［3］李婧，鲁娜．国内主题公园何去何从？［N］．中国文化报，2014－8－9.

［4］宋城演艺证券部．宋城演艺发布2014年报，全国演艺事业网络发展强劲［N］．宋城报，2015－2－28.

［5］朱燕秋，李雯婷，张晓伟．中国进入“第五代主题公园”时代［N］．江淮晨报，2011－7－25.

［6］王哲，李强．太阳部落，难以复制的文化公园［N］．中国旅游报，2014－3－7.

四、电子文献：

［1］公司介绍［OL］．深圳锦绣中华官方网站，2015年3月21日引用.

［2］关于横店影视城［OL］．横店影视城官方网站，2015年4月10日引用.

［3］横店影视城［OL］．百度百科，2015年3月21日引用.

［4］园区介绍［OL］．长隆野生动物世界官方网站，2015年3月21日引用.

［5］青岛极地海洋世界［OL］．百度百科，2015年3月21日引用.

［6］蒋健，崔奕．恐龙园去年营收超过5亿元创全国主题公园单体收入之最［OL］．中国江苏网，2015年3月27日引用.

［7］贺陈慧．64个主题公园拟建数量赶美超日［OL］．高端旅游周刊，2015年3月22日引用.

［8］佚名．万达武汉电影乐园：世界唯一室内电影主题园［OL］．北青网，2015年3月22日引用.

［9］吏兰．万达城品牌全球发布盛典将于本月28日在武汉举办［OL］．搜房网，2015年3月22日引用.

［10］喻春来．中航工业拟投1200亿全国建6主题公园航空大世界［OL］．大公网，2015年3月22日引用.

［11］佚名．上海将投资100亿建“中国电影世界”占地1200亩［OL］．中国新闻网，2015年3月22日引用.

［12］田国宝．助力地产业务世茂拟建10座主题公园［OL］．中国房地产网，2015年3月22日引用.

［13］郎清湘，任明勇．悦来将建东方梦工厂占地720亩预计3年后投入使用［OL］．重庆晨报，2015年3月22日引用.

［14］温薷．北京通州环球影城最新消息：年内开工2019年建成营业［OL］.

新京报新媒体，2015 年 3 月 22 日引用.

［15］徐光胜．全球最大“海洋王国”冰城开建［OL］．哈尔滨新闻网，2015 年 3 月 23 日引用.

［16］娄晓．美国六旗集团携手侨企推动“山水六旗小镇”［OL］．中国新闻网，2015 年 3 月 22 日引用.

［17］佚名．2014 年中国主题公园行业发展现状及发展困境分析［OL］．每日经济新闻，2015 年 3 月 22 日引用.

［18］邹毅．主题旅游地产的商业策略：看看海洋公园该怎么玩？［OL］．中国广播网，2015 年 3 月 26 日引用.

［19］华侨城 A：2014 年年度报告［OL］．中财网，2015 年 3 月 26 日引用.

［20］地产金融视界．华侨城 2014 经营现金流跌 136% 负债率达 66% 拟筹 80 亿补血［OL］．和讯房产，2015 年 3 月 26 日引用.

［21］佚名．北京欢乐谷的成长与烦恼：已经到了阵痛期［OL］．中国房地产报，2015 年 3 月 26 日引用.

［22］周芳，蔡胤．王健林没把马云当对手万达转型欲与迪士尼较高下［OL］．第一财经日报，2015 年 3 月 26 日引用.

［23］新闻详情［OL］．宋城集团官方网站，2015 年 3 月 27 日引用.

［24］嬉戏谷介绍［OL］．环球动漫嬉戏谷官方网站，2015 年 3 月 28 日引用.

［25］李阳．国内主题公园徘徊前行［OL］．中国房地产网，2015 年 3 月 28 日引用.

［26］李阳．冲破门票收入魔咒 Hello Kitty 主题公园的粉丝经济［OL］．中国房地产网，2015 年 3 月 28 日引用.

［27］宋城演艺简介［OL］．宋城旅游度假区官方网站，2015 年 3 月 27 日引用.

［28］集团简介［OL］．宋城旅游度假区官方网站，2015 年 3 月 27 日引用.

［29］宋城演艺发展股份有限公司 2014 年年度报告摘要［OL］．新浪财经，2015 年 3 月 27 日引用.

［30］魏红梅．宋城演艺 2014 年年报点评：年报略低于预期，预计 2015 年一季度大幅增长［OL］．东莞证券，2015 年 3 月 27 日引用.

[31] 曾光，钟潇．宋城演艺2014年年报点评：本部影响14年业绩增速，15年公司看点颇多［OL］．国信证券，2015年3月27日引用．

[32] 宋城演艺业绩预测［OL］．同花顺金融服务网，2015年3月27日引用．

[33] 黄华镇．“打造宋城生态全面拥抱互联网”，宋城演艺迎来新战略、新起点和历史发展机遇［OL］．中国资本证券网，2015年3月27日引用．

[34] 王海涛，张文秀．商家云集根河“天工部落”正式开盘［OL］．呼伦贝尔日报网，2015年3月27日引用．

[35] 根河市发展和改革局．“天工部落”旅游景区建设项目［OL］．根河市人民政府网，2015年3月27日引用．

[36] 杨金茹．我国主题公园接待量去年达1.8亿人次［OL］．新华网，2015年4月17日引用．

[37] 何丹．2014年中国十大主题公园行业领先企业排名［OL］．前瞻网，2015年4月17日引用．

李金莲（山东大学）

第五章　文化旅游演出

● 近年来，随着国内旅游业的快速发展和大众休闲娱乐意识的增强，旅游演出的市场需求增长迅速。旅游演出在丰富景区及旅游地的文化内涵、提升旅游地形象以及促进地方经济发展上的作用已越来越为各地政府、企业与民众重视。

● 通过梳理旅游演出的内涵、特点以及形式，对国内外旅游演出的现状进行剖析，我国目前的旅游演出存在着缺乏规模效应、没有像美国一样的行业协会和基金会统领全局以及品牌特征不明显的缺陷。

● 针对中国旅游演出发展现状，提出三点建议：要整合资源扩大规模形成核心竞争立、构建行业标准以统领全局避免雷同和打造具有鲜明特色的旅游演出品牌。

一、旅游演出概况

（一）旅游演出定义

1. 相关概念的界定

文化旅游演出，涉及旅游产业、演艺产业以及二者之间的关系，要理解文化旅游演出，就需要在对二者的理解上整体进行界定。旅游产业，是指凭借旅游资源和设施，专门或者主要从事招徕、接待游客，为其提供交通、游览、住宿、餐饮、购物、文娱等六个环节的综合性行业。演艺产业，是以演艺产品的创作、生产、表演、销售、消费及经纪代理、艺术表演场所等配套服务机构共同构成的产业体系。演艺产品具体形态包括音乐、歌舞、戏剧、戏曲、芭蕾、曲艺、杂技等各类型演出。

演艺产业是产业化程度较高的演出领域，已经出现了多种相对成熟的产业化模式，如实景演出模式、主题公园模式、旅游舞台表演模式等。旅游产业也是随着人民生活水平提高对文化休闲追求更为普遍的一种趋势化发展性产业。二者具有互相促进、互相影响、互利共赢的关系。文化旅游演出，是二者的共生融合。

一个旅游演出产品能否成功，与当地旅游市场接轨至关重要。目前大多数演艺项目在开发过程中，都注重与旅游市场接轨，分析当地旅游市场的主要客源结构及市场需要，大都选择在知名度高、游客量十分多的旅游目的地。以浙江为例，如西湖、宋城、普陀山、横店等国家4A或5A级旅游景区。同时也注重与主题公园、旅游景区共同打造品牌效应。旅游业的兴旺为演艺市场繁荣提供了坚强的后盾，同时，旅游演出也对旅游目的地的住宿、餐饮、交通、商贸等多个相关产业持续发展起到了促进作用，形成了文化与旅游共同繁荣、政府受益、市民增收的共赢局面。

2. 旅游演出的定义及内涵

旅游演出，又叫旅游演艺，迄今为止学术界对于这一概念并无定论。根据朱立新对此的研究，我们将其定义为“以异地观众为主要在观赏对象的演艺活动”。[①] 但是，在此基础上，有几个要点需要补充：首先，旅游演出的活动范围主要在旅游景区内，但不局限于此，旅游地主要针对游客的演出都可称作旅游演出。其次，旅游演出有专门的演出人员以及特定的演出场所（含剧院、酒店、大型广场等）。最后，旅游演出的演出内容主要是表现该地区历史文化或民俗风情。在不同的发展阶段，旅游演艺的实现条件会有所改变，如现阶段主流旅游演艺大范围的引入现代化的声光电技术，满足游客对规模型阵容的视觉要求。

（二）旅游演出的分类

1. 按照地域概况分

旅游地域类型是在旅游资源空间组合上的反映，是在一定自然、历史文化条件下形成的地域形态。同一地域类型通常具有相似的资源组合特征，旅游功能与开发建设也具有相同的联系。

（1）山水地貌旅游演出

依托某一自然旅游资源而产生的演出项目，通常比如海滩、湖泊、山地、草原等。以水为资源的如杭州的《印象·西湖》、桂林的《梦幻漓江》、海南的《印象·海南岛》等。

---

① 朱立新．中国当代的旅游演艺［J］．社科纵横，2010（4）．

（2）城市旅游演出

以城市风貌、文物古迹、历史文化为主要内容，展现某一城市独特的旅游价值而设定的演出项目，一定程度上成为城市名片而被人熟知。目前中国最为成功的比如张家界的《魅力湘西》、西安的《梦回大唐》和《长恨歌》等。

（3）宗教旅游演出

中国宗教文化游具有海纳百川和兼容并储的特点，形成中华民族中庸自善的思想性格。图腾崇拜、祖先崇拜、佛教、道教、儒教等在传袭的过程中，留下许多有形或无形的文化遗产，至今仍然在影响着中国人的思想。宗教旅游演出如九寨沟的《藏迷》演出旨在表现藏传佛教的魅力，河南郑州的《禅宗少林·音乐大典》传递禅宗历史与艺术。

2. 按照景区类别分

张凌云《景区管理》（第三版）将景区分类为“自然景观、人文景观、人造景区、休闲度假区、节事庆典”①。我们将旅游演出分为以下几种。

（1）自然景观旅游演出

以自然的山水景观和美丽的大自然为背景，演出根据其不同做出相应的调整，色彩与光影的配合运用得恰到好处，带给每一位欣赏者更加真实的美感与享受。中国自然实景演出的成功案例有很多，比如著名的张艺谋的“印象”系列：广西《印象·刘三姐》、云南《印象·丽江》、浙江《印象·西湖》、海南《印象·海南岛》。

（2）文化遗址旅游演出

以历史人文环境为背景，往往附着在固定的地点构成特殊的文化景观。历史人文实景演出如浙江杭州的《宋城千古情》、河南登封的《禅宗少林·音乐大典》② 等。

（3）园区场馆旅游演出

主题公园、游乐园、海洋馆等目前也是游客喜闻乐见的地方，能吸引更多的人产生更大的经济和传播效益。谈到主题公园演出就不得不提到深圳华侨城，锦绣中华、民俗文化村、欢乐谷、世界之窗等都是出自深圳华侨城，其优秀的大型主题公园演出作品更是数不胜数。园区场馆如游乐类主题公园的杭州乐园和烂苹

---

① 张凌云．景区管理（第三版）［M］．北京：旅游教育出版社，2009.

② 梁永康，郑向敏．我国文化旅游演出项目开发研究——以首批国家重点旅游演出项目为例［J］．区域经济评论，2011（5）．

果乐园。

（4）节庆活动旅游演出

大型活动、博览会、狂欢节和艺术节等活动常常伴有演出。街道社区广场演出往往并不固定，而是跟特定节庆活动（如元宵、庙会、旅游节等）联系在一起。例如上海旅游节的系列表演活动就散落在南京路步行街、太平桥绿地、衡山路休闲街、多伦路文化街、浦东滨江大道、朱家角古镇等大街小巷，将整个上海带入节日的狂欢之中。

3. 按照旅游项目品类分

旅游项目是在一定的时间和一定的预算内到达一定的目的地旅游的预期任务。目前一般的旅游项目包括民俗旅游、国粹旅游、自然风光旅游、探险旅游等，据此，我们将旅游演出区分为以下几类。

（1）民俗歌舞表演

旅游中极为重点的一个目的就是感受风土人情与民间情怀，因此展现民俗的歌舞表演成为旅游当中重要的一种演出样式。以歌舞形式表现民俗文化，无疑是最具吸引力的旅游节目。表现的内容可以是民俗的各个方面，如饮食、婚丧、服饰。对于民俗文化的演绎阐释，可以让旅游者真切地感受到文化的空间差异与时代差异。

（2）曲艺杂技表演

传统戏曲往往因为唱腔、唱词的审美与快节奏的现代社会不相符合而影响受众的广度，融入戏曲文艺表演的旅游项目却在一定程度上弥补了这一缺陷。如四川成都的《蜀风雅韵》、北京的京剧演出等。同时，还有如吴桥杂技大世界园区演出等杂技类型、天津的相声集萃等曲艺类型。

（3）话剧卡通表演

主要是指大型主题公园内，在每日固定时段出现的卡通人物游行以及娱乐小品表演。例如迪士尼乐园、常州恐龙园等卡通人物表演；宋城、清明上河园、欢乐谷、横店影视城的安排在固定时段的小品表演等。其主要作用是延长游客逗留时间、营造高潮气氛。

4. 旅游演出的特点

（1）形式多样

通过挖掘民族文化和地方特色文化，借鉴国内外经典演出的艺术表现手法来表现演艺主题是旅游演艺产品得以成功运作的关键。如《宋城千古情》《吴越千古情》《西湖之夜》《印象·西湖》都注重深挖杭州本地文化的内涵，表现杭州的人文景观和历史文化经典；《印象·普陀》依托“海天佛国”普陀山，以观音文化与海洋文化为主题，展现了普陀厚重的观音文化和海洋文化；《千岛湖·水之灵》以全景水舞台的方式展现了淳安深厚的历史文化和浓郁的地域特色以及千岛湖的形成历史。

综上，我们不难看到旅游演出包含了歌舞、曲艺、话剧、杂技、卡通等多样的表演形式，而且融合了不同地域文化的历史元素，呈现出异彩纷呈样貌丰富的品类特点。

（2）外部性强

旅游演出产品开发周期长、投入资金多，开发者肯定会希望能继续开发衍生产品，形成产业链，以尽可能收回投资。同时，由于它演出场次多、生命周期长、社会影响大，客观上也有可能使得它有可能推出衍生产品。一般而言，其衍生产品可能包括音像制品、出版物、纪念品、工艺品、玩具，甚至有可能因为演艺产品而衍生出新的旅游线、旅游点。《云南印象》的策划者就希望利用已形成的品牌资源，提供更大的平台，生产“云南印象”的烟、酒、餐厅、服饰系列和音像制品，甚至因此推出“云南印象”专线旅游。

除了外部性之一的衍生性表现外，旅游演出还对旅游景区当地的娱乐、交通、餐饮、住宿等多个行业起到拉动作用，在促进地域经济发展、整合旅游资源、吸引投资、提升人才队伍等多个方面多有覆盖辐射作用。

（3）发展潜力大

旅游演出既有助于完善旅游区产品结构，延长游客停留时间；拉长产业链，增加就业机会，提高当地居民收入；创新发展，延伸景区生命周期；塑造良好的旅游形象，提升旅游地知名度；提高旅游地经济效益；演绎旅游地文化精髓，传承保护文化遗产。因其为文化产业与旅游产业相融相生而产生，受国内文化产业发展浪潮的影响，旅游演艺业市场反响良好，且政策支持等外围环境也正逐渐改善与优化。从以上意义讲，旅游演出的发展潜力会越来越大。

（三）旅游演出的历史

1. 国外发展历程

以美国为例，从 19 世纪末到 20 世纪初的短短 20 年里，围绕着时报广场和百老汇大街的戏剧区，出现了 80 多座正规剧院。一种以大众熟悉的日常英语为核心，以轻松幽默、大方开朗为特征，民间歌舞杂耍相结合，借鉴欧洲轻、喜歌剧和清唱剧的新型娱乐形式出现了，这就是后来名扬全球的百老汇歌舞剧，简称音乐剧。此外，科技的进步、产业的发展、交通的便利、人流的集中、现代大都市基础设施的完善，为“戏剧区”的最后形成奠定了基础。

再如法国城市斯特拉斯堡以各时期的建筑为主线，构成了一个耐人寻味的旅游风景点，显示出文化旅游城市的特征。城市还有 1 个歌剧院、22 个剧院、露天剧场、爵士乐舞厅和众多的流行音乐厅以及各式各样的免费的露天音乐、诗歌活动和定期的书市等。如此丰富的多元化设施营造了斯特拉斯堡浓郁的文化旅游情调，每年吸引了大量的游客到此观光。

2. 国内发展历程

（1）20 世纪 90 年代之前的旅游演出概况

一般认为，我国当代旅游演艺萌芽于 20 世纪 80 年代。早期的旅游演艺项目规模较小、表现形式单一，例如，1980 年组建的上海和平饭店老年爵士乐团有 6 名乐手，主要演奏 20 世纪三四十年代的爵士名曲，听众为和平饭店酒吧客人；1982 年陕西省歌舞剧院推出的“仿唐乐舞”包含 5 个节目，主要接待外国来访政要和国内汇报演出。

（2）文化大繁荣大发展背景之下的旅游演出概况

进入 21 世纪之后，国内旅游景区大型演艺活动风起云涌，各地陆续推出的品牌项目如杭州的《宋城千古情》、广西的《印象·刘三姐》、云南的《印象·丽江》、杭州的《印象·西湖》、湖北的《盛世峡江》等，均成为旅游业发展的亮点和时尚。随着《印象·刘三姐》等演艺节目的经济效益和社会效益日益显现，全国各地的旅游演艺节目开始如雨后春笋般涌现。代表作有：《ERA－时空之旅》《禅宗少林·音乐大典》《藏谜》《中华泰山·封禅大典》等。同时，演艺节目对其周边的经济带动作用不断增强，与景区互利共赢的程度不断加深，“一台戏逐渐演变成一个产业”。

（3）未来展望

旅游演出作为既传统又新颖的表演艺术正在成为我国文化旅游产业扩大发展的重要途径。我国旅游演艺的发展改变和丰富了传统旅游产品内涵，提升了景区旅游文化的质量，在完善景区旅游设施和功能、延伸旅游产业链条、提升城市知名度和综合竞争力乃至对于中国演艺业在新时期的发展和创新都具有重要意义，同时旅游演艺为旅游景区所带来的市场经济效益也是显而易见的。

二、旅游演出现状剖析

（一）国外现状

国外旅游演出及其研究体系起步早，经过长期动态的探索形成了较为成熟的开发运作模式和丰富的表现形式，美国百老汇和伦敦西区业已发展为两大世界旅游演出中心，成为旅游演出文化的符号及运作典范。

1. 旅游演出形式分析

旅游区文化资源禀赋不尽相同，旅游演出的形式也丰富多样。随着游客结构和景区资源禀赋的变化，旅游演出的形式又得以不断创新和调整。依据不同的参照标准，可以对旅游演出做出不同的分类。音乐节、演唱会以及《爸爸！我们去哪儿?》为我国近年来所热衷借鉴的旅游演出形式，这些古老又年轻的旅游演出形式不仅丰富了我国旅游演出形式，而且成为景区构建品牌的新名片。

（1）旅游区音乐节形式

音乐节通常是在特定的地方用统一的内容，例如民族音乐、现代音乐或发扬某一杰出作曲家的作品，举行连续性的演出。[①] 旅游景区音乐节通常具有以下特征。

- 音乐节具有主题性特征

音乐节在遵循自身定位的同时，依据社会关注点的变化每届音乐节会选定演出乐队所要表现的特定主题，突出感召力，细分观众市场。例如，第一届伍德斯托克音乐节为了顺应美国民众反战情绪以“和平与音乐”作为主题，让歌迷在伍德斯托克感受和平与自由。

- 音乐节通常选择露天场地

为了尽可能多地接纳歌迷，场地通常选择露天场所。

- 音乐节具有高参与度

德国 Wacken Open Air 音乐节每年由欧洲、北美以及澳大利亚等国逾 70 支乐队演出，吸引了近十万的世界各地金属歌迷。

---

① 陈长华．中国大陆户外音乐节发展现状研究［D］．山东大学，2013.

● 音乐节举办时间及地点相对固定

音乐节这一特征一方面使举办地成为知名的旅游胜地，另一方面也改善了季节性较强的景区的游客结构。

● 音乐节具有完善的产业化运作模式

在长期的发展历程中，音乐节逐渐发展成为一种融音乐产业、会展业、旅游业等多种行业为一体的综合性产业，形成了一套独特的运作模式。

目前，巴斯音乐节、北山音乐节、奥尔德堡音乐节、伍德斯托克音乐节、拜鲁伊特音乐节、莱比锡哥特音乐节、波纳若音乐节等世界著名音乐节成为举办市镇的旅游名片，而旅游景区对音乐节的策划和引进又进一步成为提升旅游区竞争力的砝码。

（2）旅游区演唱会形式

演唱会也是国外旅游演出的重要形式，旅游区演唱会可以从两个维度来界定。首先，旅游区策划与自身文化气质相符合的主题性演唱会，经过长期的发展形成连贯性的品牌性活动，演唱会成为旅游区沟通游客的品牌媒介。伦敦克勒肯维尔区从"贼窝"演变为英国著名的文化艺术区一个重要原因就对街区音乐功能的挖掘和经营，音乐成为街区艺术气质的构成要素。其次，演唱会举办场地通过持续性的高质量的演唱会活动，最终促使演唱会产地及其周边地区形成以音乐为核心的旅游产业。美国纽约麦迪逊广场花园、英国伦敦温布利体育场、澳大利亚悉尼歌剧院、德国法兰克福展览中心2号展厅、美国红石露天剧场、日本东京巨蛋等世界知名演唱会中心成为旅游着们向往的音乐胜地，周边也形成了针对旅游者的产业体系。

（3）《爸爸！我们去哪儿?》模式

《爸爸！我们去哪儿?》是韩国MBC电视台推出的一档亲子节目，每期节目将明星爸爸与孩子带到不同的自然环境中，进行一场远离妈妈的休闲观光活动，通过任务设置带爸爸与孩子共同进行快乐、美好的深度旅游体验。节目通过与传统旅游演出节目不同的叙事表达形式和媒介传播形式向旅游意向群体传播旅游区的资源禀赋特质，在坐拥全国同时段收视冠军的同时更广泛、更深度地推销拍摄旅游区，节目播出后江原道元德川村、济州岛面寿洞村、无人岛等地成为热门旅游区，爸爸与孩子体验过的旅游项目受到追捧。《爸爸！我们去哪儿?》不仅是2013年来最炙手可热的亲子体验节目，也是旅游区演出节目的突破性创新，湖南卫视改编后的《爸爸去哪儿?》也同样使拍摄地旅游获得了新的活力，很多名不见经传的旅游区通过节目的热播被推向了明星旅游产品行列。

2. 旅游演出商品品牌的打造——以美国百老汇为例

品牌是给拥有者带来溢价、产生增值的一种无形的资产，它的载体是用于和其他竞争者的产品或劳务相区分的名称、象征、记号、术语或者设计及其组合，增值的源泉来自消费者心智中形成的关于其载体的印象。[①] 旅游演出商品品牌打造经历了无品牌阶段、品牌创立阶段、品牌竞争阶段，通过品牌具有的无形价值为旅游区带来多种具体的有形价值。[②] 百老汇世界享誉，纽约之所以能成为世界艺术中心、娱乐的先锋，其功不可没，而百老汇品牌影响力的构建与其长期以来的运营方式及运营环境密不可分。

（1）区位化的品牌构建

百老汇剧院区主要由“内百老汇”“外百老汇”“外外百老汇”三个大剧场群构成，“内百老汇”拥有39座规模大、历史悠久的剧院集中在东西向的41街、南北向的第七大道至第八大道之间的区域；“外百老汇”41家剧场主要位于百老汇剧院去周围及百老汇大道南段两片区域；“外外百老汇”563剧场覆盖了纽约5个行政区的各个角落。[③] 集群化的剧场布局虽然加剧了剧场之间的竞争，但同时也通过规模化的品牌经营构建了“百老汇”的区域品牌效应。

（2）专业化的剧目制作与运营机制

百老汇商业剧目从制作到运营都形成了完整的戏剧产业链，不论剧本的创意、策划、投资、舞美设计还是演出组织、演员培训、票房营销、剧目推送、剧目副产品设计都对应一个专业的机构，这些机构不仅为剧目提供了专业的制作、营销服务，还为剧目的版权提供法律支持。环环相扣的专业化剧目制作及运营机制无疑保证了剧目的品质感、知名度和创作版权。

（3）商业化的融资模式

与中国大部分剧目融资模式不同的是，“内百老汇”营利性剧院都由公司控制，剧目制作所需费用由公司支付或由剧作方通过融资手段获得。商业化的融资模式导致投资主体关注投资风险，更加关注剧目的品质、营销模式及观众满意度

① 品牌［EB/OL］. http：//baike. sogou. com/v122771. htm，2015-03-23.

② 陈小燕．我国表演类旅游产品品牌战略研究［D］．厦门大学，2007.

③ 黄河清．美国百老汇运作模式及其启示［D］．中南大学，2011.

以获得商业利润。如果一项剧目无法取得良好票房，即便已与剧场签订演出协定也会遭到停演处置。

（4）完备的法制化环境

美国系统地制定了针对戏剧从业人员、剧目版权的法律体系，为剧场经营提供了良好的法制环境。剧目制作方不仅要与演职人员签订详细的演出合同，还要与工会、剧场、保险公司、宣传公司、票房促销公司等签订各种契约，而且他本人也是由投资方组成的董事会任用的。① 而完备的版权保护体系也最大限度地避免了版权纠纷，净化了市场环境，规避粗制滥造的复制品通过价格竞争扰乱市场。

（5）可持续的剧目创作机制

百老汇戏剧集群区中“内百老汇”为营利性剧场群，“外百老汇”和“外外百老汇”以非营利性剧场群为主。营利性剧场群商业的剧目都是经过商业化运作的，而非营利性的剧场群主要上演小制作实验剧和先锋剧。营利性剧场控制公司、戏剧行业协会及基金会通过联盟、捐赠等方式支持非营利性剧场演出创作，从中发掘优秀剧目进行商业包装进行商业化演出。可以这么说，非营利性剧场实验性创作为百老汇商业化演出剧目提供了丰富可持续的剧目创新来源。

（6）全球化的品牌战略

百老汇商业剧目在通过票房考验和利润评估后，也会突破演出地限制在全美甚至全球巡演，这些优秀剧目的跨区域巡演无疑为百老汇获得享誉世界的品牌效应做出了贡献。

3. 旅游演出商品的品牌效应

品牌效应指的是品牌为其使用者带来的经济效益和社会影响，即品牌在其应用中所产生的作用。② 品牌对商品的影响力呈两端低、中间高呈弧形分布，高技术型成品可复制性低品牌受商品的影响较低，而有一定技术含量可复制性产品受品牌的影响较高，技术含量较低亦复制的商品受品牌的影响又转而降低。旅游演出商品具有一定的技术含量，同时又是可模仿复制的商品，因此制定可持续的品牌战略、发挥品牌效应对旅游演出商品至关重要。

---

① 黄河清．美国百老汇运作模式及其启示［D］．中南大学，2011.

② 李丹．产业集群与品牌效应关系研究［D］．河北工业大学，2010.

（1）品牌的确立及定位

品牌定位理论诞生自 STP 理论，由美国营销学家菲利普·科特勒提出。Segmentation（细分市场），企业应该根据需求、购买力等因素把市场分为相似需求构成的消费群，即若干子市场。Targeting（目标市场选择），即企业根据自身实力和产品情况从诸多子市场中选取有一定规模和发展前景又符合企业目标、匹配企业能力的细分市场作为企业的目标市场。Positioning（产品定位），即生产与目标市场相匹配的产品，并通过相应的营销渠道将商品信息传达给目标消费者。

- 品牌的确立及定位原则

品牌的确立及定位在企业品牌战略中处于核心地位，是品牌推广需要考虑的首要问题。为了使企业品牌定位更加准确，要坚持以下原则。

A. 市场导向原则。商品最终的归属是市场，只有经得起市场考验的产品才能最终获得自身的价值。因此，企业要准确把握好消费者需求，研究消费行为和消费心理，使商品最大限度地与市场需求相匹配。B. 差异化原则。在激烈的商品市场竞争中，同质化商品往往面临严峻的竞争形势，只有将企业的资源禀赋特征与细分后的目标消费群体需求结合起来生产个性化的商品，才能最大限度地提升商品的识别度，发挥品牌效应。C. 长期动态的定位原则。商品世界瞬息万变，商品品牌的确定及定位不可能一劳永逸。企业在最初的市场调查、资源禀赋分析之后，仍然要在长期动态的过程中对测量市场反应，考核市场环境，评估消费者满意度，根据综合评估结果对产品定位做出保持或调整的决策。

- 品牌的确立及定位步骤

在遵循品牌的确立及定位原则的前提下，品牌定位大致要遵循以下步骤（如图 5－1）。

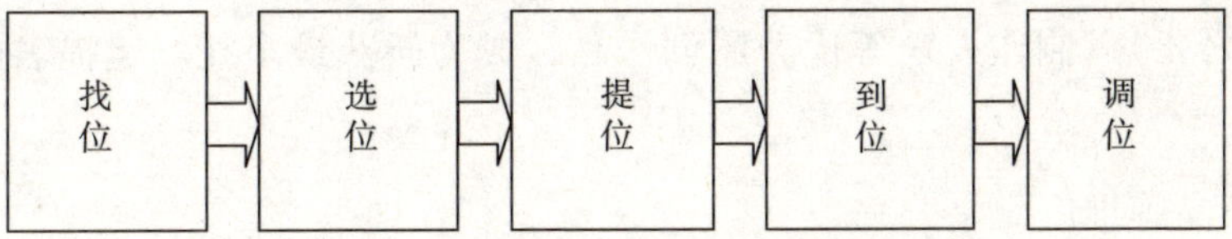

图 5－1　品牌的确立及定位形成①

根据菲利普的观点，找位也就是要找到市场需求，由“单一产品匹配单一市场”“单一产品匹配多种市场”“产品专门化”“市场专门化”“完全覆盖市场”

---

① 金媛媛．品牌推广及其应用性研究［D］．南京林业大学，2011。

等五种策略进入目标市场。进入目标市场后要细分品牌对象需求，选择目标消费者的主导需求进行位置确定，这就是选位环节。确立产品的针对性人群之后，要通过商品策划包装等手段赋予产品文化内涵、品质特征。接着通过产品、价格、渠道、促销的路径将品牌定位信息传达给消费者，亦即完成“到位”环节。商品的品牌确定及定位初步完成以后，企业将商品投入市场，根据市场反馈做出保持或调整反应，也就是相应的调位步骤。

● 旅游演出商品品牌的确定及定位

旅游演出商品是一种对资源禀赋依赖较大的商品种类，商品的个性特征是商品价值的重要体现，而此类商品又具备一定的可复制性，因此制定准确的商品定位、把控合理的定位步骤显得尤为重要。

朱詹馨剧院是美国百老汇第三大剧院集团，其在内百老汇的39家剧院中只占有五家，却获取了内百老汇总利润的1/3，这样的成就与其差异化的品牌定位密不可分。

A. 观众导向。朱詹馨集团决策者非常重视观众对剧目的满意程度，要求剧目制作首先要反映社会热点，符合观众需求，其次才体现剧作家的意志。对于观众反应差的作品，立即取消演出安排。B. 全球化定位。朱詹馨剧院选址并不局限于内百老汇，它的剧场覆盖全美各地，同时与纽约西区保持密切合作，优秀剧目在全球巡演。C. 高品质原创剧目。百老汇剧场林立，剧院之间的竞争异常激烈，票房叫座的剧目往往引来模仿。朱詹馨剧院长期以来坚持作品的原创，一方面从编剧、制作到演出，集团全程介入，独立控制每一个环节以掌握主动权；另一方面在作品形成初期联合其他独立制作人或非营利性机构常驻剧院共同完成。通过这种模式，朱詹馨集团制作和上演了很多诸如《美国天使》《大河之舞》《推销员之死》《制作人》等优秀原创作品，成为斩获最多托尼奖提名的百老汇集团。

（2）品牌推广

品牌推广是在品牌定位和发展战略的约束和指导下，为了实现阶段性的品牌发展目标，整合品牌营销、传播和公关等各种类别的运作，使之协同运作，共同积累和提升品牌资产的过程。① “酒香也怕巷子深”，如果缺乏系统性、动态性、

① 陈云同．品牌推广［M］．北京：中国人民大学出版社，2004．

有效性的品牌推广手段，商品品牌信息就无法通过相应渠道传递给消费者，商品品牌就无法实现其效用。

● 依据商品品牌战略制定系统性的品牌推广体系

品牌推广应该是一个具有前瞻性、整体性的体系，是一个针对品牌“导入期”“成长期”“全盛期”“衰落期”四个不同的阶段制定一套系统的、连续性的、动态的品牌推广方案系统，以便构建统一的、连续性的、可识别的品牌形象。

● 构建品牌 VIS 识别系统

商品的品牌首先是通过可视化的信息传递给消费者的，因此，建立一套符合商品气质、匹配目标消费者审美的视觉识别系统能有效地向消费者传递商品品牌信息。

● 建立全方位的推送渠道

一方面，通过现代信息传播体系将商品信息传达给消费群体；另一方面，通过相应的销售渠道实现商品使用价值向价值的转换。

● 保持畅通的商品市场反馈及处理机制

商品品牌推广不是封闭的、单一的个体行为，而是企业在复杂多变的市场环境中系统的、动态的公关、营销行为。品牌推广要建立消费者满意调查及处理长效机制，根据市场反馈调整品牌战略及推广手段。

旅游演出商品品牌也将经历“导入期”“成长期”“全盛期”“衰落期”四个阶段，在进入品牌推广环节之前要根据品牌定位制定系统的推广策略。朱詹馨集团在确立全球化、原创性、高品质品牌定位之后，近半个世纪以来制定并执行了持续性的、动态的、系统的品牌推广措施。除去针对以旅游群体为主的观众群体的传统品牌推广手段之外，还构建了与非营利性演出团体的联盟关系，设置“朱詹馨剧院奖”，联手非营利性机构建立购票系，通过长期性的推广措施确立了自己的品牌地位。

（3）品牌的规模效应

区域品牌的形成源于产业集群的发展，而区域品牌所产生的品牌规模效应又将促进产业集群的扩张，二者之间存在相互影响、相互促进的关系。

● 旅游演出商品品牌的规模效应源于旅游演出商品的集群布局

美国纽约百老汇和伦敦西区之所以成为享誉世界的两大戏剧中心，与其颇具规模的戏剧集聚群密不可分，可以说集聚的戏剧产业分布催生了区域品牌，促成了品牌的规模效应。百老汇剧场不是孤立存在的，内百老汇的 39 个剧场抱成一团，还有整个纽约市的500多个外百老汇剧场与外外百老汇剧场以及其他演艺场所作为基础，相互衬托，相互影响，相互促进。① 可以说，百老汇品牌的形成首先发源于剧场的集群分布。

● 品牌的规模效应对产业集群具有反作用

A. 品牌的规模效应加速产业群的集聚程度。最初的百老汇只包含以盈利性为经营目标的“内百老汇”集群区，随着“百老汇”戏剧品牌的确立及推广，百老汇戏剧集群逐渐扩展出“外百老汇”“外外百老汇”两个集群区。B. 品牌的规模化效应推进产业群的创新能力。由集群所带来的劲烈的竞争环境，不仅极大地培育了杰出的演职人员团体、推进戏剧演出法制化，还激发了集群区的戏剧实验，为原创戏剧创造了优良的大环境。C. 品牌的规模化效应协调产业集群的组织优化。百老汇最初以营利性的剧场经营为主，规模化的品牌效应形成以后对剧目创作的原创性、剧场运作方式、集群结构提出了更高的要求，百老汇各大剧场经营集团逐渐调整经营方案，从关注商业利益的剧场经营到资助非营利性剧场经营转变，成立戏剧行业协会，建立基金会，将戏剧的商业化经营与百老汇戏剧的发展融合起来，推动了集群组织结构的优化。D. 品牌的规模效应还促进了集聚群的国际化。百老汇的国际性声誉并不止依靠某家剧院的经营来获得的，它是在百老汇集群的品牌建设过程中形成的，品牌的规模化效应使百老汇戏剧成为世界戏剧商业化经营、专业化制作以及戏剧法制化建设的标杆。总而言之，百老汇逾经二百年的发展历程仍保持活力，品牌的规模化效应功不可没。

（4）品牌的外部性

品牌的外部性指的是某一区域内的品牌，或者类似产品大类，产业集群，或者不属于以上范畴却在消费者心目中存在着某种关联性的同种产品，某些产品的品牌要素投入，如广告、销售理念的宣传、产品质量等，往往容易使得同类其他产品也从中受益，品牌外部性可以是正的，也可以是负的，品牌外部性还有强弱的区别。②

不同商品的品牌外部性不尽相同，与此同时，商品的外部性还受到“商品间的差异性、替代性”“品牌投入变化”“信息选择成本”等因素的影响。首先，从商品差异性和替代性与品牌外部性的关系来看，差异性越大、替代性越小，其

① 黄河清．美国百老汇运作模式及其启示［D］．中南大学，2011.

② 葛波军．浅析品牌外部性及企业品牌战略选择［D］．山东大学，2008.

他产品所获得的品牌外部性越小，反之亦然。其次，一般而言，商品质量越好，消费者越喜欢，其他品牌也越难模仿，其他品牌从中获得的外部性的可能性越小。当品牌要素投入一定程度，商品之间的差异性豁然明显时，品牌投入对商品外部性的影响会变小。把握品牌外部性的变化规律有助于企业利用品牌外部性获得较好的效益。

对于旅游演出商品而言，一方面要利用集群产业品牌的外部性获得收益，另一方面也要通过变更商品差异性、品牌投入力度来消除自身品牌对其他商品的正面影响，以激烈的市场竞争中获得优势。《西贡小姐》在成为百老汇演出的四大经典音乐剧之前曾在伦敦西区上演，后经百老汇挖掘包装，演出超出4000场。《西贡小姐》在百老汇的成功表明，企业可以嫁接品牌的外部性获取收益，并通过自身品牌投入增强商品品牌的差异性，获得更多利益。

4. 旅游演出延生产业链分析

目前学界对于旅游产业链并没有统一权威的界定，认可度比较高的界定为：为了获得经济、社会、生态效益，建立在生产旅游产品满足旅游者各种需求形成的不同产业、部门之间的动态链接，建立在旅游产业内部分工和供需关系基础上的一种生态图谱。① 旅游产业链也可以通过旅游六要素——吃、住、行、游、娱、购来加以概括和分类。随着旅游业的发展，旅游产业链与旅游业之间相关度更高，构建旅游产业链的紧迫性更强。

（1）旅游吃、住、行产业链的发展

吃、住、行产业链是旅游业的传统产业链组成部分，与吃、住、行功能相对应，产业链生发出饮食行业、住宿行业、交通行业，以及连接其中的旅游中介行业（如旅游零售商、旅游批发商和旅游经销商）。这些产业链的形成首先依托于旅游资源（即旅游演出），通常情况下与旅游资源的禀赋正相关。旅游资源禀赋越高，游客资源越丰富，产业链的发展势头就越好。据美国剧院和制作人联盟统计，每年百老汇剧院仅门票收入可达5亿美元，总收入超过50亿美元，观众突破1000万人次，各类造访观光人次达2500万，该区域的旅馆业、餐饮业、出租汽车业、停车业以及零售业也得以较大激发，间接为30000万受雇于当地相关产业链的人提供了工作岗位。②

---

① 李万立．旅游产业链与中国旅游业竞争力［J］．经济师，2005（3）．

② 黄河清．美国百老汇运作模式及其启示［D］．中南大学，2011。

（2）旅游游、娱、购产业链的发展

游、娱、购是新兴旅游业产业链的组成部分，随着人们生活方式的转变，游、娱、购成为旅游业利益的重要增长点。游、娱、购三大旅游要素的发掘不仅可以促进商品生产行业的发展，还会刺激新的旅游资源的开发。Wacken Open Air 音乐节自 1990 年举办以来，不仅推进了音乐制品的生产，还为举办地注入了音乐文化元素，为当地建立音乐主题的纪念馆、音乐主题公园、音乐主题酒店提供了文化依据，成为当地继演唱会之后的旅游资源。

旅游演出是旅游产业链产生的基础，而产业链的形成、健康发展又将反作用于旅游演出运作，成为旅游演出品牌体系中的重要衡量因素。

（二）国内现状

旅游演出在国内起步相对较晚，最早的演出可以追溯至 20 世纪 80 年代西安推出的《仿唐乐舞》。改革开放以后，我国旅游演艺进入成长繁荣期，各大主题公园、专业剧场争相打造旅游演出产品。进入 21 世纪以来，旅游演出进入扩张升级期，演出地域分布更广、演出形态更丰富、制作手段更高、产业链日趋完善。

表 5－1　国家文化旅游重点项目名称——旅游演出类①

编号	项目名称	项目主体
1	《京剧演出集萃》	北京首都旅游国际酒店有限公司
2	《功夫传奇》	北京创寰宇功夫剧院有限公司
3	《圣水观音》	北京天龙温泉旅游发展有限公司
4	《飞翔》	北京朝阳剧场、四川德阳杂技团
5	《相声、戏曲集萃》	天津名流茶馆
6	《时空之旅》	上海时空之旅文化发展有限公司
7	《吴桥杂技大世界园区演出》	河北吴桥杂技大世界旅游有限公司
8	《升堂系列剧》	山西省平遥县衙博物馆
9	《东北二人转》	辽宁民间艺术团有限公司
10	《冰上杂技》	黑龙江冰尚杂技舞蹈演艺制作有限公司
11	《灵山吉祥颂》	江苏无锡灵山实业有限公司
12	《扬州杖头木偶表演》	江苏扬州市木偶剧团

① 杨卫武，徐薛艳，刘嫄．旅游演艺的理论与实践［M］．北京：中国旅游出版社，2013.

续表

编号	项目名称	项目主体
13	《宋城千古情》	浙江杭州宋城旅游发展股份有限公司
14	《西湖之夜》	浙江杭州金海岸文化发展有限公司
15	《徽韵》	安徽黄山茶博园投资有限公司
16	《孔子》	山东济宁市曲阜孔子文化艺术团
17	《禅宗少林·音乐大典》	河南郑州市天人文化旅游有限公司
18	《魅力湘西》	湖南张家界魅力湘西旅游开发有限公司
19	《天门狐仙·新刘海砍樵》	湖南张家界天元山水旅游文化有限公司
20	《梦幻之夜》	湖南红太阳演艺集团
21	《魔幻传奇》	广东长隆国际马戏大剧院
22	《天禅》	广东深圳东部华侨城有限公司
23	《天地浪漫》	广东深圳世界之窗有限公司
24	《印象·刘三姐》	广西桂林广维文华旅游文化产业有限公司
25	《梦幻漓江》	广西桂林梦幻漓江演艺传播有限公司
26	《蜀风雅韵》	四川成都蜀风雅韵文化旅游发展有限公司
27	《多彩贵州》	贵州多彩贵州文化艺术有限公司
28	《云南映象》	云南杨丽萍艺术发展有限公司
29	《丽水金沙》	云南丽江丽水金沙演艺有限公司
30	《印象·丽江》	云南丽江玉龙雪山印象旅游文化产业有限公司
31	《幸福在路上》	西藏珠穆朗玛文化传媒有限公司
32	《长恨歌》	陕西华清池旅游有限公司
33	《天域天堂》	青海西宁市歌舞团
34	《月上贺兰》	宁夏银川艺术剧院

1. 旅游演出商品品类分析

目前，国内对旅游演出产品的品类并无权威界定，根据不同的标准和依据，可以将旅游演出产品分为不同的品类。

（1）按移动性分

按照演出场地固定与否，可将旅游演出分为驻场式、巡演式、驻场巡演结合式。

（2）按场地类型划分

按照场地类型可分为户外演出（实景演出、广场演出），室内演出（专业剧场演出、宴饮场所演出）。

（3）按表演主体分

按照表演主体可分为演员表演、动物表演、高科技表演。

（4）按节目独立性分

按照节目独立性可分为独立型表演和依附型表演。无论是按哪种标准划分的表演品类，都具有如下特征。

异地性：异地性是旅游演出最根本特征，旅游演艺的观众群体为异地观众。

长期性：由于旅游演出目标消费人群为异地观众，因此具有较长的演出周期。

参与性：在体验经济和注意力经济的大环境下，旅游群体更加注重旅游的体验性。因此，旅游演出通常设置有互动环节，或者通过视听、嵌入式剧场设计等因素提升观众注意力，创造较好的体验感。

衍生性：旅游演出是旅游业与演绎业相糅合的产物，旅游演出的发展一方面会促成演创行业、舞美灯光行业、音响制品等行业的发展，形成相应的产业链；另一方面，也会推进旅游中介行业、旅游交通业、饮食住宿业等传统旅游产业链的发展。

2. 旅游演出品牌打造——以张艺谋的“印象”形式为例

国内旅游演出产品开发经过三十来年的发展，逐渐形成初步的品牌打造模式。构建了由品牌定位、品牌推广、品牌调整的经验体系，对外国旅游演出品牌打造具有重要的借鉴意义。“印象”系列山水实景演出是我国著名导演组合“铁三角”共同执导的旅游演出系列作品，包括《印象·刘三姐》《印象·丽江》《印象·西湖》《印象·普陀》《印象·大红袍》《印象·海南岛》，“印象”系列演出创造性地开启了山水实景演出的序幕，尤以《印象·刘三姐》获得了引人瞩目的成就。以下以《印象·刘三姐》为文本分析旅游演出品牌打造模式。

（1）准确的市场需求定位

品牌打造的基础是与市场需求相匹配的旅游资源，而准确的市场定位来源于前期的市场调研。20 世纪 80 年代以来，我国旅游演出产品由起步到初步发展，出现了《世纪之窗》《三英战吕布》等颇具影响力的剧目。人民生活方式的改变也带来旅游态度的变化，人们开始对深度了解地方特色文化感兴趣，《世纪之窗》《三英战吕布》《木府古宴秀》等演出的成功印证了这种市场需求转变。“铁三角”执导的《印象·刘三姐》正是在对旅游市场需求的把握下开始筹资规划的，演出通过对著名的刘三姐文化的彰显，突出广西地方民族特色，满足了游客对剧目的预期。

（2）差异化的产品特色定位

首先，山水实景演出形式的突破性创新。在《印象·刘三姐》之前，国内外旅游演出产品以主题公园演出、剧场演出、桌宴演出、广场演出为主，上述实景演出在世界旅游演出史上实为首创。其次，高知晓度地域文化的唯一性。《印象·刘三姐》以家喻户晓的刘三姐为文化基点，依据地理自然和人文特色展现广西自然风情、原生态特色和人文情怀。最后，原著居民提升演出的真实性。演出人员都来自阳朔本地原著渔民，朴素的、震撼的表演更能原汁原味地还原广西真实的民族生活面貌和文化气质。

（3）系统而有针对性的品牌推广体系

首先，实行差别化的定价。《印象·刘三姐》定价经历了两次重大调整，新产品导入期失利后营销团队针对导游群体作调研将票价定位 100 元/张，进入成长期后将基本票价提高至 188 元/张，差异化定价策略保证了淡季票房盈利。其次，建立线上线下票务系统。营销团队不仅保证了广西重要旅游中转站、旅行中介结构、酒店等票务出售，还建立了便捷的线上购票系统。再次，名人效应最大化。以张艺谋领衔的“铁三角”导演团队本身就是出色的话题点，《印象·刘三姐》营销团队从剧目构思、融资、排演、演员选择、剧目特色等做了系统、持续的新闻宣传和话题制造，使“铁三角”的名人效应得以最大发挥。最后，建立全方位的营销系统。广西自治区政府不仅在剧目的牵头和融资上倾注了重大努力，而且以官方形式在剧目的推送上展开了官方营销。与此同时，剧目建立了专业营销团队，通过第三方、推介会、制造营销事件等手段对产品进行了全方位推送。

（4）畅通市场反馈和处理机制

《印象·刘三姐》从产品导入期、产品成长期到产品全盛期落实了较为畅通的市场反馈机制，有计划地对观众、演职人员、专业人士进行了调查，针对调查结果研讨演员疲劳演出、剧目常演常新、演出市场混乱等解决策略。

（5）完备的演出配套产业链

《印象·刘三姐》周边建立了较为便利的住宿、饮食和演出纪念品购物载体，在阳朔镇内以及广西各大旅游中转站建立了快捷的交通系统，配套产业链的完善进一步推进了演出的可持续发展。

《印象·刘三姐》点燃了国内制作山水实景演出的热情，其成功经验具有普适性，对我国其他形式旅游演出产品的开发具有重要的借鉴意义。

3. 旅游演出产业分析

从国内旅游演艺产业的构成来看，其形成过程不断融合了接待、营销、交通、建设、生产、商业等诸多行业，并通过核心产业、支柱产业、配套产业和衍生产业的共同发展，带动了一批相关部门与相关产业的联动兴起，例如媒体业、广告业、演出销售代理业乃至保安清洁等业务的发展。①

2013 年以来，我国居民出游意愿保持持续高涨水平，2013 年保持在 85% 以上，2014 年第一季度出游意愿为 83.7%，出游范围以国内为主，30% 的出游者意愿消费在 1001～3000 元之间，24.5% 的出游者意愿消费在 3001～5000 元之间。② 随着居民旅游消费意愿的提升以及旅游方式的改变，优秀的旅游演出剧目将会获得更多的发展机会，与之相对应的产业体系也将获得更大的发展机遇。

三、旅游演出存在的问题及解决办法

（一）存在的问题

1. 缺乏规模效应

我国旅游演出剧目虽然仅有三十余年的发展历史，涌现出了《印象·刘三姐》《云南印象》《宋成千古情》等优秀演出剧目，引进了迷笛音乐节、草莓音乐节等大型户外音乐经营模式，本土化改造了新兴旅游演出推广节目《爸爸去哪儿?》，积累了大量的品牌构造经验。然而，不可否认的是，目前国内尚无纽约百老汇、纽约西区、伍德斯托克音乐节等具有较大规模的、强大号召力的旅游演出集群，这将成为中国旅游演出全球化战略、原创性战略的瓶颈。

① 杨卫武，徐薛艳，刘嫄．旅游演艺的理论与实践［M］．北京：中国旅游出版社，2013.

② 中国旅游研究院．2013 年中国旅游经济运行分析与 2014 年发展预测［M］．北京：中国旅游出版社，2014.

2. 没有像美国一样的行业协会和基金会统领全局

在美国甚至没有专门司管戏剧的文化部门，然而美国戏剧的发展却在行业协会和基金会的统领下取得了长足的发展。从百老汇三个集群区的发展模式可以管窥美国戏剧行业协会和基金会在保护演职人员权益、规范演出环境、推动演艺市场融资改革、支持戏剧创新和发展方面发挥的重大作用。大量的行业协会和基金会最大限度地动员了全国热爱戏剧与文化的团体和个人之力投入演出的发展之中，保证了百老汇及美国演出行业持久的生命力。

3. 品牌特征不明显

不可否认的是，近年来我国涌现出了一批像《印象·刘三姐》《云南印象》一样在国内和国外具备一定知名度的旅游演出产品，然而，其品牌特征显然不明显，更加不具备品牌的规模效应。

（二）改进建议

1. 整合资源扩大规模形成核心竞争力

（1）要整资金资源

受长期以来经济体制的影响，我国很多演出产业过分依赖国家扶持，逐步失去盈利的能力和活力。百老汇、伦敦西区以及国内如《印象·刘三姐》《云南印象》等成功案例经验表明，只有增强演出融资的多样性，大量引入社会资金，按照市场规律对演出进行市场化运作才能激活演出的竞争意识和竞争活力，重视市场需求，建立灵活的市场调研及处理机制，形成强大竞争力和再生产资金链。

（2）要整合特色文化资源

我国历史悠久，拥有较为丰富的地域性、民族性文化资源，然而，很多文化资源由于资源禀赋评估和利用不当，错失了可持续开发机缘。以戏剧资源为例，解放后全国共保存360多个剧种，现在其中半数已不存在，且在留存下来的剧种中，很多已经丧失演出功能，遑论营利性演出。而现在仍然留存的戏剧文化资源中，鲜有通过社会化融资重获商业化表演能力。

（3）要整合人力资源

文化资源的开发，优秀的人力资源团队是关键，旅游演出亦然。一方面，要培养优秀的演职人员体系。将美国的基金会和行业协会模式本土化，动员社会之力支持演出实验，以在实际演出中提升演职人员的艺术水准和市场嗅觉；另一方面，要培养专业的营销策划团队。随着演出产品市场竞争的日益激烈，产品的市场调研、特色定位、品牌推广在产品制作过程中占据着越发重要的地位。目前国内旅游演出运营人才培养机制尚处于起步阶段，供需失衡客观存在。

2. 构建行业标准以统筹全局，避免雷同

（1）要建立完备的法制体系

目前，我国关于文化产品的版权保护虽然得以进一步完善，但在实际执法过程中依然存在对恶性竞争打击力度不够、版权保护执法力度薄弱等问题。很多高品质、大投资的旅游演出产品面世以后，在类似产品的恶性竞争下被迫降低演出成本、调整演出水准，甚至亏损破产。加强旅游演出产品版权保护、强化旅游演出经营主体及中介机构行为规范、健全旅游演出产品定价评估和价格执行等迫在眉睫。

（2）要建立权威第三方的推介机制

旅游演出剧目在产品导入期所进行的营销推广往往最为艰难，而缺乏名人效应的优秀旅游产品更将面临严峻的推送形式。建立诸如美国戏剧行业协会的、具有极强公信力的第三方机构，有助于优秀剧目产品导入期的营销推广和品牌知名度的建立。同时，对于粗制滥造以恶性竞争手段取胜的演出也起到一定的遏制作用。

（3）要建立动态的市场监察机制

依据行业标准，建立有效的市场监察机制。通过实时调研等多种手段检测市场动向，及时对恶性竞争进规范整改，保护原创优秀演出的合法权益。

3. 打造具有鲜明特色的旅游演出品牌

《印象·刘三姐》《云南印象》以及《爸爸去哪儿?》为我国旅游演出产品提供了宝贵的品牌打造经验。

（1）要有准确的市场定位

只有符合市场需求的产品才能通过销售推送渠道为消费者所接受，最终将使用价值转化为价值。打造具有鲜明特色的旅游产品最根本的仍然是找准需求定位，以需求为导向设计产品。

（2）要发挥创造性

不论是《印象·刘三姐》对山水实景演出的创造性演艺、《云南印象》创造性地使用本土农民演员，还是湖南卫视对《爸爸！我们去哪儿?》的创造性本土化改造，都展现了创造性赋予旅游演出产品的神奇力量。国内对印象系列产品的盲目模仿、复制的失败案例也从反面验证了创造性对建立鲜明特色旅游产品的重要作用。

(3) 要充分挖掘文化资源特色

文化资源禀赋是旅游文化产品打造的基石，只有找准资源特色，才能依据资源特殊机理开发出具有差异性的旅游演出产品。

(4) 要充分利用现代技术手段

现代技术手段与传统文化资源相融合，可以丰富传统文化资源的表现力，将文化资源以更为丰富的形式呈现出来。《印象·刘三姐》通过灯光等现代手段营造的境界无疑给予观众更加震撼的视听效果，与传统旅游演出更突出了其品牌特色。

参考文献

[1] 赵强生，李东影. 大型实景演艺产品开发模式初探 [J]. 消费导刊，2010 (6).

[2] 罗曼丽. 国内大型旅游演艺产品开发现状研究 [J]. 黑龙江教育学院学报，2010 (12).

[3] 张永安，苏黎. 主题公园文艺表演产品层次探究：以深圳华侨城主题公园为例 [J]. 江苏商论，2004 (12).

[4] 谢大京，一丁. 演艺业管理与运作 [M]. 上海：上海音乐出版社，2007.

[5] 李幼常. 国内旅游演艺研究 [D]. 成都：四川师范大学. 2007.

[6] 崔凤军. 城市旅游的发展与实践 [M]. 北京：中国旅游出版社，2006.

[7] 罗曼丽. 国内大型旅游演艺产品开发现状研究 [J]. 黑龙江教育学院学报，2010 (12).

[8] 张力，王磊. 山水实景演出：点亮夜色的一种可能性 [N]. 中国旅游报，2007-6-13.

[9] 徐世丕. 旅游演艺对我国传统演出市场的冲击和拓展 [J]. 中国戏剧. 2008 (9).

[10] 王春梅. 山水实景演出的旅游市场营销启示——以《印象·刘三姐》为例 [J]. 文史博览 (理论)，2008 (1).

［11］陈云同．品牌推广［M］．北京：中国人民大学出版社，2004.

［12］李万立．旅游产业链与中国旅游业竞争力［J］．经济师，2005（3）．

［13］杨卫武，徐薛艳，刘嫄．旅游演艺的理论与实践［M］．北京：中国旅游出版社，2013.

［14］中国旅游研究院．2013年中国旅游经济运行分析与2014年发展预测．北京：中国旅游出版社，2014.

［15］舒锡慧．河池刘三姐文化资源与旅游开发［J］．中国商贸，2012（9）．

［16］王亚南，高书生．中国文化产业供需协调增长测评报告［M］．北京：社会科学文献出版社，2013.

［17］陈致中．文化产业案例选粹［M］．广州：暨南大学出版社，2013.

［18］兰苓．市场营销学［M］．北京：机械工业出版社，2008.

［19］薛可．品牌扩张：延伸与创新［M］．北京：北京大学出版社，2004.

［20］蒲南．打造品牌［M］．北京：中国纺织出版社，2004.

［21］王元勇，王增强．如何打造品牌——强势品牌创建和发展［M］．北京：工商出版社，2002.

［22］尚洪威．品牌形象塑造理论研究［D］．四川大学，2006.

［23］余琪．国内大型主题性旅游演艺产品开发初探［D］．华东师范大学，2009.

［24］汤蓓华．国内旅游演艺的发展环境分析［D］．上海师范大学，2011.

［25］葛波军．浅析品牌外部性及企业品牌战略选择［D］．山东大学，2008.

［26］陈长华．中国大陆户外音乐节发展现状研究［D］．山东大学，2013.

［27］陈小燕．我国表演类旅游产品品牌战略研究［D］．厦门大学，2007.

［28］黄河清．美国百老汇运作模式及其启示［D］．中南大学．2011.

［29］李丹．产业集群与品牌效应关系研究［D］．河北工业大学．2010.

［30］金媛媛．品牌推广及其应用性研究［D］．南京林业大学，2011.

付　斌（四川音乐学院）

第六章　综合文化旅游

● 本章以体育旅游、健康旅游、修学旅游、户外音乐节等为主要代表的综合文化旅游进行探讨分析。综合文化旅游是最新提出来的一个概念，具有其独特的特点。

● 本章也对以体育旅游、健康旅游、修学旅游、户外音乐节等为代表的综合文化旅游的未来前景与发展趋势作了一定的阐述，并提出相关的发展建议。

一、综合文化旅游基本概述

我国经济高速增长带来的市场需求变化，使得文化旅游产业向休闲、运动、健康等多个方向发展，旅游者从传统的观赏型文化旅游向参与体验型旅游发展，他们要自身参与到旅游项目中去，走进自然，促进身体健康，加强体育锻炼，增强文化修养。

（一）综合文化旅游发展的趋势

根据我国游客的需求，结合文化旅游的结构调整，发展体育旅游、健康旅游、修学旅游、户外音乐节等现代新型旅游产品成为我国文化旅游市场未来的主要发展趋势。

体育旅游——体育旅游是体育产业与旅游业交叉渗透而产生的一个新的经济领域。随着我国经济的快速发展，人们休闲时间的增加和健身意识的不断增强，体育旅游正在成为我国最具活力的朝阳产业之一。

健康旅游——把健康与旅游相结合，是一个全新的课题，事实上，在世界很多国家和地区，健康旅游已经成为快速发展的新兴产业。

修学旅游——我国与世界各国的文化交往日益增加，作为一项有特色和有意义的专项旅游项目，修学旅游呈现出进出两旺的新势头。

户外音乐节——我国户外音乐节的发展是在借鉴国外户外音乐节基础上结合我国国情而逐渐发展起来的。现在国际上有许多音乐节的动机已不完全是从纯音乐的角度举办，而是结合旅游与经济效益等方面综合考虑，力求精神与物质双丰收。

（二）综合文化旅游的特征

文化旅游产业是以旅游经营者创造的观赏对象和休闲娱乐方式为消费内容，使旅游者获得富有文化内涵和深度参与旅游体验的旅游活动的集合。而综合文化旅游是在传统文化旅游的基础上拓展出的一个最新概念。综合文化旅游更加具有并倡导参与性、体验性、娱乐性、休闲性、生态性、文化性、科学性、复合型、高附加值等。

在我国，以体育旅游、健康旅游、修学旅游、户外音乐节等为代表的综合文化旅游还都处于初级发展阶段，是现代新型的旅游文化产业。

二、体育旅游

（一）体育旅游概述

1. 体育旅游的定义

体育旅游是体育产业与旅游业交叉渗透而产生的一个新的经济领域，是以体育资源为基础，吸引人们参加与感受体育活动和大自然情趣的一种新的旅游形式，是体育与旅游相结合的一种特殊的休闲生活方式，也是体育产业的一个重要组成部分，同时又是文化旅游业发展的一个新亮点。它既有产业特征，也有拉动关联产业发展潜力的作用，又有集体育竞技与旅游休闲观光于一体的特性。

国外学者认为，有三大类型的体育旅游，体育旅游、体育明星和怀旧旅游、体育旅游活动。通常，休闲运动、徒步旅行、滑雪等可作为以参与为目的的体育旅游，明星与怀旧类的活动动机是吸引游客参观，而奥运会、世界杯足球赛、F1大奖赛等活动可作为以观赏为目的的体育旅游。

从广义上讲，体育旅游是指旅游者在旅游中所从事的各种娱乐身心、锻炼身体、竞技竞赛、刺激冒险、康复保健、体育观赏及体育文化交流活动等与旅游地、旅游企业、体育企业及社会之间关系的总和；从狭义上讲，则是为了满足和适应旅游者的各种专项体育需求，以体育资源和一定的体育设施为条件，以旅游商品的形式，为旅游者在旅游过程中提供融健身、娱乐、休闲、交际等于一体的服务，使旅游者在身心得到和谐发展，是促进社会物质文明和精神文明发展，丰富社会文化生活目的的一种社会活动。

表 6－1 体育旅游的主要类型

序号	类型	基本特点	代表性产品
1	观光型体育旅游	审美体验、文化交流	体育遗址、体育建筑、体育雕塑
2	比赛型体育旅游	专业性强	国际知名体育比赛
3	度假型体育旅游	消除疲劳、参与性强	滑雪、钓鱼、温泉
4	健身娱乐型体育旅游	健身、体验、娱乐	健身娱乐场所
5	拓展型体育旅游	刺激、惊险	漂流、攀岩
6	极限型体育旅游	挑战极限、冒险	攀登高峰、高山速降

2. 我国拥有发展体育旅游的优势基础条件

我国是一个国土辽阔、历史悠久、民族众多的国家，体育运动的类型多样，运动的文化底蕴深厚，并融入方方面面之中，这些特点使我国拥有宝贵的运动休闲旅游资源。我国几乎适合开展所有类型的体育健身活动。东北可以开展雪上运动，东、南部江滨海地区可以开展水上运动，新疆等地可开展沙漠探险运动，而为数众多的名山可开展攀岩运动。同时，几乎每个地区都有独特的体育民俗活动，如内蒙古那达慕大会，湖北清江闯滩节，土家族摆手舞、龙舟赛等，这些民间体育活动蕴涵着浓厚的民俗文化，具有独特的魅力。运动休闲所产生的市场需求，结合体育产业泛化的大环境，加上优势的基础条件，为我国体育旅游的发展创造了前所未有的契机，也为旅游产业系统升级和景区产品提升，提供了一种有效的解决手段。

3. 体育产业泛化为我国体育旅游发展提供可能

2014 年 12 月 31 日在《国务院关于促进旅游业改革发展的若干意见》任务分解表中提出：要积极推动体育旅游，加强竞赛表演、健身休闲与旅游活动的融合发展，支持和引导有条件的体育运动场所面向游客开展体育旅游服务。

近几年来，随着人民生活水平的提高和政府全民健身活动的推广，我国体育产业明显呈快速扩展之势。这为运动休闲的发展提供了丰富的活动内容和良好的社会环境，广大群众可以通过各种方式参与体育活动，其中通过休闲旅游方式参与登山、游泳、滑雪、观看比赛等体育活动就是主要的形式之一。

体育旅游正成为现代人追求时尚生活享受和休闲娱乐的最佳方式之一。我国体育旅游市场呈日益兴旺的态势。世界旅游组织预测：到 2020 年中国将成为世界上第一位旅游接待大国和第四位客源输出国。

4. 我国部分地区开发的体育旅游项目发展情况——以北京为例

北京发展体育旅游有着极大的优势，首先是资源丰富，文化积淀深厚。自然资源是体育旅游发展的基础，也为体育旅游的开展提供了重要的物质支持。北京市北有军都山，西有西山，具有开展山地旅游的资源优势，东南的永定河、潮白河等河流资源，是开展游泳、漂流等水上旅游项目的理想场所。丰富的地形资源，为体育旅游的发展提供了良好的自然条件。市内的36个体育娱乐公园，13个滑雪场和分布于各个区的71个垂钓场所，数十个高尔夫球场，为滑雪旅游、垂钓旅游以及高尔夫等体育休闲旅游的开发打下了良好的基础。

2008年奥运会的成功举办将北京的赛事体育旅游推向了一个高峰，既为北京市体育旅游的发展积累了宝贵的经验，同时又通过赛事的宣传营销，激起了体育旅游者对北京的关注，提高了北京在国际上的知名度和体育旅游者的认可度，为北京市体育旅游的蓬勃发展奠定了良好的基础。奥运会举办期间的体育场馆、奥林匹克公园、奥运主题旅游标志物等设施，在奥运结束后也成为体育旅游的新资源。

北京市各县区已经开发的体育旅游项目分布也比较广泛，如朝阳区的朝阳公园，设有大型游泳池、水滑梯等水上乐园以及全国最高的蹦极跳与跳伞观光塔。

另外，值得一提的是，为推动奥林匹克运动和冬季项目在中国发展，北京市和张家口市已经提出申办2022年第二十四届冬奥会。中国政府对此高度重视。北京举办冬奥会将带动中国3亿多人参与冰雪运动，这将是对国际奥林匹克运动发展的巨大贡献，更将大大增强北京及全国冰雪体育旅游产业的高速发展。

（二）国内外体育旅游比较分析

1. 西方国家体育旅游总体状况与特征

在国外，体育旅游的发展已有100多年的历史，而今作为现代人生活方式的内容之一，体育旅游资源在世界上许多经济发达国家中已得到深层的开发和较充分的利用，体育旅游业已经成为整个社会休闲产业中不可或缺的组成部分。

由于体育旅游具有其他旅游形式所不具备的运动体验特征，是人们对健康文明生活的一种追求，因而在全球发展迅速。今后 10 年体育旅游将成为各国发展的重要机会。

国际体育旅游协会一份报告中的数据显示：在 1994 年时，全球体育旅游收入占世界旅游收入的25%，42%的旅游日程是与体育旅游有关的活动。据有关资料显示，2008 年世界旅行和旅游业约 8000 亿美元的经济活动，2018 年将看到旅游收入超过 10000 亿美元。而体育旅游作为全球旅游业增长最快的部门，是快速增长的核心部分。

体育旅游在国外一些发达国家中主要划分为“参与型体育旅游”和“观赏型体育旅游”两大市场。目前来说，美国、加拿大、英国、法国、澳大利亚、新西兰、西班牙、瑞士、荷兰等旅游发达国家，参与型体育旅游已成为一种时尚。此外，由于欧美国家在举办国际重大比赛上优势明显，又有比较完善的国内联赛市场开发体系，因此，观赏性体育旅游市场的开发也具有明显优势。

体育旅游在发达国家经历了较长时间的发展，目前已经较为成熟。总体来看，西方经济发达国家体育旅游市场规模巨大；体育旅游经营部门已经形成，经营渠道多元；注重资源的持续利用，并且带来可观的效益等特征。

2. 我国的体育旅游发展总体状况

我国的体育旅游作为产业发展较晚，但近几年在快速发展。政府的高度重视，社会的极大关注，民众的广泛参与，我国体育旅游迎来了黄金发展时期。基本表现为以下情况。

（1）体育旅游在社会经济中的价值显现

据对湖南、浙江、广西、江西、宁夏、北京和安徽 8 省市区的调查与不完全统计，目前这 8 省区共有体育旅游专业机构 7000 多家，创造各种就业岗位 112 万多个，年营业收入 90 多亿元。

另外，体育旅游不断促进我国的体育文化企业迅速发展，文化企业的发展也促使体育旅游的繁荣。以“恒大”为例，当“广州恒大”为中国球队首夺亚冠，除了球迷，最高兴的是旅游公司。在“恒大”夺得亚冠的次日，便有旅行社刊出广告，以“10 天 7 晚 2.5 万元，摩洛哥助威恒大”的口号招揽“恒大”球迷。“广州恒大”取得了俱乐部盈利和巨大的社会效益。广州恒大足球俱乐部、北京体育之窗、万事达体育中心、智美体育等体育文化企业举办的各种体育赛事都带动了体育文化旅游的发展，获得经济效益和社会效益双丰收。

（2）初步形成多样化的体育旅游产品体系

随着体育旅游的逐步兴起，一个以观赏性和参与性为主的体育旅游产品体系开始形成。体育观赏游主要包括大型体育赛事观点旅游、体育表演观赏旅游和体育景观观赏旅游等。以体育景观游为例，最具代表性的是北京奥林匹克公园景观，奥运会后这里会成为文化体育、健身购物、餐饮娱乐、旅游展览等综合性的大型场所，并成为具有地标性的体育建筑和奥运遗产。2013 年 3 月，北京奥林匹克公园被国家旅游局正式授予“国家 5A 级旅游景区”的称号，北京奥林匹克公园成为北京第 8 家、朝阳区第 1 家国家 5A 级旅游景区。

（3）国内、出入境体育旅游显雏形

目前，我国的体育旅游市场消费者仍以国内游客为主体，国外游客为补充，出境游客为点缀。随着今年来出境游的不断升温，出国看比赛和参加一些有趣味的体育活动等，成为了体育迷们的选择。在出国观看精彩赛事方面，中体竞赛、中国国际体育旅游公司、中旅体育旅行社等都曾组织过不同的出国观赛旅游。

（4）形成专兼结合的营销网络

1986 年，作为国家体育总局下属事业单位之一的中国国际体育旅游公司成立。中国国际体育旅游公司开创了中国体育旅游的先河，是专业从事中国户外运动及探险活动的第一家。部分省市的体育局也成立了相应的体育旅游公司或体育旅行社。近年来，随着参与体育旅游人数的增多，一些大型旅行社，如国旅、康辉、青旅等也纷纷成立了专门的体育旅游部门。

部分中介和体育经纪公司也把体育旅游纳入自己的业务范围。

（5）体育旅游专业人才培养已经起步

为适应日益活跃的体育旅游实践和满足相应的社会需求，成都体育学院、天津体育学院、郑州大学体育学院等全国多所高校开设了体育旅游、体育与户外运动等专业方向和课程。体育旅游专业人才的培养稳步发展。

3. 关于“中国体育文化·体育旅游博览会”

“中国体育文化·体育旅游博览会”由国家体育总局、中国奥委会、国家旅游局主办。经过不断创新与完善，采取政府主导、社会参与、专业策划、市场运作的办展模式，集中展示全国各地优秀的体育文化项目、体育旅游产品和体育旅游成果，以促进体育文化、体育旅游的交流融合和贸易合作。

表 6－2　2014 年中国体育旅游十佳精品赛事

序号	单位	十佳精品赛事
1	河北崇礼	中国崇礼国际滑雪节
2	福建厦门	夏金海峡横渡
3	山东泰安	泰山国际登山节
4	海南	环海南岛国际大帆船赛
5	河南郑州	中国郑州国际少林武术节
6	青海	环青海湖国际公路自行车赛
7	上海	F1 中国大奖赛
8	新疆	中国环塔克拉玛干沙漠（国际）汽车摩托车越野赛
9	江苏扬州	扬州鉴真国际半程马拉松
10	安徽芜湖	红杨山越野车王争霸赛

“中国体育文化·体育旅游博览会”已成为一个体育产业和体育文化互动互助融合发展的平台，成为一个具有相当规模、比较成熟的体育专业展会。

表 6－3　2014 年中国体育旅游十佳精品景区

序号	单位	十佳精品景区
1	河北崇礼	万龙云顶景区
2	福建屏南	白水洋体育旅游休闲健身项目
3	山东青岛	奥林匹克帆船中心
4	黑龙江尚志	亚布力滑雪场
5	海南海口	观澜湖旅游度假区
6	吉林长春	净月潭国家森林公园
7	贵州安顺	紫云格凸河穿洞名胜风景区
8	上海青浦	上海国际帆船港 & 美帆游艇俱乐部
9	江苏江阴	海澜马术运动旅游景区
10	安徽繁昌	马仁奇峰体育旅游景区

2014 中国体育文化·体育旅游博览会组委会公布了 2014 年中国体育旅游精品项目推介活动入选名单，分类推选了 2014 年中国体育旅游十佳精品赛事、景区和线路（见表 6－2、表 6－3 和表 6－4）。

表 6-4 2014 年中国体育旅游十佳精品线路

序号	单位	十佳精品线路
1	福建武夷山	武夷山风景区体育休闲线路
2	甘肃张掖	中国张掖祁连山超百公里山地户外挑战赛线路
3	广西阳朔	阳朔山溪漂流线路
4	青海	“行走中华水塔”国际徒步线路
5	贵州晴隆	24 道拐汽车、自行车赛道
6	湖北神农架	野人五项户外体验线路
7	内蒙古呼和浩特	大青山国家登山健身步道
8	江苏苏州	骑游吴江
9	安徽绩溪	徽杭古道
10	安徽黄山	黟县徒步露营线路

（三）我国的主要体育旅游专项分析

1. 山地户外体育旅游

2005 年 4 月，山地户外运动被正式设立为我国正式开展的体育项目。这标志着我国的户外运动正式进入规范发展的道路。

近年来，登山、攀岩、徒步、穿越、漂流、溪降、越野自行车、直排轮滑、野外生存、拓展运动等一系列山地户外运动已经被许多中国人所接受，正逐渐由少数爱好者参与的运动向大众化的体育旅游方式转变。

目前，在我国进行户外运动推广的主要还是户外运动的组织者、网站、俱乐部以及一些户外装备公司。在这些俱乐部、公司推广的活动内容里，山地户外运动项目是其主要的业务支柱，并逐渐形成了旅游的另外一种形式——山地户外体育旅游。今后，随着我国经济的进一步发展和城市居民生活质量的进一步提高，走出喧嚣的城市，投入大自然的怀抱，将成为现代人的全新追求。山地户外运动将会逐渐向大众化方向发展，山地户外体育旅游的热度也将随之得到进一步的提升。就目前情况而言，我国山地户外运动、山地户外体育旅游尚处于初级发展阶段。

我国开展的山地户外体育旅游运动项目很多，其项目主要有：登山、攀岩、漂流、冲浪、滑翔、穿越、定向、滑雪、潜水、滑草、热气球、拓展、山地自行车等，因此，对山地户外体育旅游进行合理的分类也是有必要的。对山地户外体育旅游的分类，首先是选择分类标准的问题。按照不同的标准，分类将会有很大的不同。

2. 滨海体育旅游

近几年我国滨海体育旅游的发展刚刚起步，主要集中在海洋体育旅游，即在海洋旅游度假区内设置以休闲为主的体育项目，如高尔夫、潜水等。在海南，潜水是非常受游客青睐的休闲项目，产业利润惊人。丰厚的回报使投资者看到海洋体育旅游的光明前景，不少其他海洋城市也加大了对休闲体育项目的开发，各地着力推出冲浪、帆船、游钓、海上快艇、高空跳伞、海滩球类、伞翼滑翔等一批富有特色、新奇刺激、参与性强的现代海洋娱乐项目。

有的海洋城市甚至花费巨资打造人工海水浴场，如上海就投资50亿元，在奉贤区东海杭州湾辟出10公里长的海岸线，建造了全国最大的人工沙滩——“碧海金沙·黄金海岸”。

青岛是中国海上运动项目发展的摇篮，拥有海洋体育运动的优良传统。从1953年起，青岛先后开创了中国帆船、帆板、摩托艇、滑水、航海模型、海军五项等水上运动项目。2008年青岛成功举办第29届奥运会帆船比赛，成为奥运之城，被誉为“世界帆船之都”，为青岛的海洋体育发展奠定了更加坚实的基础。在奥运效应带动下，青岛游艇产业取得了长足发展，游艇经济达到国内先进水平。青岛的游艇、游钓等海洋体育项目更是异军突起。数字显示，目前，青岛各类游艇俱乐部达到近30家，占全国的15%。唐岛湾、海泉湾等大型游艇会所项目正加快建设。到2015年，青岛市国内一流游艇俱乐部力争达到5家，总销售收入达到25亿元，成为中国的游艇商业与服务中心。此外，青岛的水上公园、海上运动基地、黄岛金沙滩景区等都在开展多种形式的水上运动项目。

青岛市发改委发布的《青岛市体育产业发展规划（2014－2020年）》提出到2020年，青岛市将打造成沿海地区蓝色体育休闲产业发展的高地、国际高端海洋体育赛事的龙头、全国海洋赛事中心，并最终成为国内外知名的蓝色体育运动休闲城市、全国海洋体育赛事中心城市和海上丝绸之路品牌赛事城市。

3. 少数民族传统体育旅游

（1）少数民族体育旅游的产生和发展

少数民族传统体育旅游是旅游文化与少数民族传统体育文化的有机结合，是对自然资源的有效利用，是现代旅游发展的重要组成部分，它依赖于少数民族传统体育文化资源。

少数民族传统体育文化包括的资源非常广泛，包括宗教信仰、生产劳动、生活习俗、文化娱乐、民族艺术、自然及地理环境等多方面内容。这些资源内容对于少数民族传统体育旅游的类别与分布特征产生极大的影响。

以民族艺术中的传统体育为例，许多少数民族的节日就是以体育和少数民族音乐活动为主要的内容。如苗族的“芦笙会”“投石节”“龙船节”，布依族的“麻坡歌节”“玩山节”，侗族的“赛芦笙与赶歌场”“摔跤节”，彝族的“歌场”“赛马节”，傈僳族的“射弩节”“刀杆节”等。在这些活动中，音乐与体育竞赛或体育娱乐融为一体，表现出少数民族传统体育旅游的特点。

以依附自然地理环境的民族传统体育旅游为例，包括以下几方面。

A. 山地民族传统体育。世代居住于高山峡谷的藏族、彝族、怒族、独龙族等在各种活动中，穿山越岭过峡谷，登山溜索等逐渐成为日常生活中的重要组成部分。直至现在，怒族人还是喜欢溜索这项能锻炼胆量与勇气的传统活动，每逢赶街和节日，都要举行溜索比赛。

B. 草原民族传统体育。草原主要集中在内蒙古、新疆、青海、西藏、四川等省区。蒙古族、维吾尔族、藏族、哈萨克族、柯尔克孜族、塔吉克族等民族在特殊的地理自然环境中创造了带有浓郁民族特色的各种传统体育活动。草原马上传统体育项目有赛马、马球、马术、叼羊、姑娘追等。

C. 北国冰雪民族传统体育。满族、达斡尔族、鄂伦春族、鄂温克族等少数民族在长期与冰雪接触过程中，发明了冰鞋、爬犁、拖床等冰上行走用具，还创造了各种滑冰技术。如今，冰雪运动已经成为人们在冬季进行娱乐健身的好方式，参加滑雪旅游的人成倍增长，一大批滑雪场也应运而生：黑龙江的亚布力滑雪场、吉林北大湖滑雪场、吉林长白山滑雪场、张家口塞北滑雪场、吉林市松花湖滑冰场、沈阳大军山冰雪世界等。溜冰、滑雪已经成为我国北方冬季最有魅力的传统体育项目。

D. 南国水乡民族传统体育。在南国水乡，江河众多，多数民族都善于游泳、潜水，龙舟竞渡活动也历经不衰。如海南的黎族，广西壮族、京族，云南的傣族、白族，贵州的布依族、苗族，湖南的土家族、侗族、瑶族等，这些地区的少数民族所进行的传统体育活动如赛龙舟、游泳、跳水、踩独木滑水、抢鸭子等水上活动尤其得到人们喜爱。

（2）少数民族体育旅游资源开发路径

少数民族传统体育旅游是与生态环境密切相关的。少数民族传统体育产生于自然，生态环境是少数民族传统体育运动的摇篮。对此，在生态旅游理念的指导下，少数民族传统体育旅游资源开发路径有以下几种。

A. 以原生态型为主的发展路径

要充分利用资源，整合资源、优化资源开创民族体育传统旅游的社会化、市场化，利用民族地区的自然地理资源、人文资源和少数民族传统体育原生态特征来整合开发少数民族传统体育旅游业，形成“以体促游”的良性互动局面，推动民族特色经济的迅速发展。

B. “主题公园—民俗村”的发展路径

“主题公园—民俗村”的模式一般是在大、中城市，以兴建少数民族民俗村的方式，让少数民族传统体育项目进入城市舞台，建立一个以展示少数民族传统体育文化和风情的现代主题公园的旅游开发模式。

C. 村寨结合的发展路径

依托少数民族村寨和少数民族传统体育文化相结合，满足游人对少数民族体育文化的需求。以自然和人文景观良好的村寨为基础，将自然和人文景观与民族特色融于一村一寨。

（四）对我国体育旅游的发展建议

1. 加强体育部门与旅游部门之间的协作

改革开放以来，体育产业与旅游业都得到了一定程度的发展，但因为行业从属不同，相互交融与渗透不多，造成体育资源、旅游资源得不到有效利用。面对巨大的体育旅游市场需求，体育部门和旅游部门应该加强联合，相互协作，在需求与资源之间架起沟通和平衡的桥梁，共同推动体育旅游的发展。

2. 制定体育旅游发展规划

首先，要同国家的体育事业和旅游事业紧密结合起来，尤其是和 2008 年奥运会以及 2022 年冬奥会结合起来，以国家现有的旅游景点为基础，充分发挥国家的自然资源、人文资源的优势，制定体育旅游发展规划，包括年度计划、五年计划和长期规划。制定规划要以市场经济为基础，将体育旅游纳入国家整个旅游计划之中，建立全国统一的旅游市场体系。其次，必要时可考虑体育旅游业的“适度超前”发展。体育旅游业适度超前发展是大多数国家在旅游初始阶段的普遍做法，在发展中国家更是如此。超前的含义是指速度、水平培养两个方面超前。发展速度超前，是指体育旅游业的发展速度快于国民经济总体发展速度。行业发展水平超前，主要指体育旅游业发展的规模和速度超前，旅游产业的产值增长速度略高于国民经济平均发展速度。

3. 突出地方特色

特色是体育旅游点形成吸引力的关键。任何旅游点要在体育旅游者心目中产生强烈的印象，就必须突出自己的特色，否则，没有特色也就意味着没有竞争力。所以体育旅游资源的开发要立足地方，体现本地区的特色，创造独特的体育旅游项目。对旅游线路、活动、景点的设计，要因地制宜，不能离开自身的人文优势和自然优势，要利用本地区独特的条件创造性地开发体育旅游特色产品，显示其丰富价值。

4. 大力发展体育旅游教育，培养专项服务人才

体育旅游的发展需要既具有科学训练能力又具备旅游服务能力的人才，这是两大产业融合的重要条件。体育旅游分为参与体育旅游和观战体育旅游，参与体育旅游需要旅游者亲自参加体育活动。体育活动必须遵循科学的运动方法才能达到康体健身的目的，有许多活动项目必须经过专项指导后才能去参与，例如潜水、蹦极、攀岩等，所以参与体育旅游需要有精通科学训练的服务人员的指导，这样，不仅可以更有效的康体健身，而且可以减少伤害事故的发生。

5. 细分体育旅游市场，合理开发体育旅游产品

体育旅游产品是指能满足消费者体育旅游目的的旅游产品。由于消费者有康体健身、休闲疗养、养生娱乐、寻求刺激等不同的需求，任何一种体育旅游产品都不能满足所有的消费者，所以只有根据消费者的不同需求开发不同的体育旅游产品。体育旅游的市场根据消费者的需求可以细分为休闲体育旅游产品市场、健身体育旅游市场、刺激体育旅游市场、竞技体育旅游市场、观战体育旅游市场。

6. 加大宣传力度，积极培育体育旅游消费者和促销

体育旅游经营者和政府有关部门要利用各种宣传手段加强人们体育健身的意识，让体育健身成为更多人的自觉行为；宣传体育旅游这种新兴的旅游形式，让人们更多的了解体育旅游；对各种体育赛事旅游做详细的报道，增加体育旅游的吸引力。此外，创建体育旅游网站是宣传体育旅游和方便体育旅游者查询相关信息的有效手段。

三、健康旅游

（一）健康旅游概述

1. 健康旅游定义

健康旅游是指那些能够提高旅游者身体健康水平和使旅游者获得身心放松的

旅游活动。是指以维持和促进健康为目的，以生态环境为背景，以健康休闲活动为主题，倡导生活价值观和生活方式的专项旅游产品；旅游者在旅游和休闲中，利用传统医学或现代医学、心理疏导等保健、养生手段，以及各种有益于身心的艺术、运动、学习手段，达到全面提高自我身心健康和工作质量的目的；并追求原生态、高品质服务与科技结合的综合效益的一种休闲、度假旅游活动。

2. 健康旅游涉及的几种要素

一是自然健康旅游资源，如森林、温泉、山地等；二是人文健康旅游资源，如养生、健康文化、民俗等；三是健身、保健、运动等活动在旅游、休闲中的应用；四是健康生活价值观和生活方式等要素在旅游中的渗透。凡此种种，都属于健康旅游。

3. 健康旅游产品

健康旅游产品可以分为三种类型：第一种是在原有旅游业态中增加健康元素、项目，形成健康主题酒店、健康旅游景区、健康休闲农业区等健康旅游产品，属于旅游业内部融合的结果；第二种类型是健康旅游业与其他行业的融合，是健康旅游业与医疗、体育、农业、养老等行业融合的结果，出现了兼具多个行业特征的新型旅游业态的过程；第三种类型是上述两种类型的综合体，健康旅游产品是第一种和第二种类型健康旅游产品的结合，兼有两种产品的特征，但并不是简单的相加，而是在这两种产品的基础上集成创新的结果。这种融合表现在相互渗透和交叉，从而与原有的旅游业形成了既替代又互补的关系。

（1）依托于旅游资源或原有业态的健康旅游产品

利用森林公园、景区温泉、滨海、湖泊、河流、花园、草场等资源，开展森林浴、SPA、养生运动、园艺疗法等项目，形成森林健康旅游、温泉健康旅游、滨海健康旅游、户外游憩运动、园艺疗法等产品。例如，森林浴是指人们沉浸在森林空气环境中进行的一种游憩活动，主要通过人的肺部吸收森林植物散发出来的具有药理效果的植物精气和森林空气中浓度较高的空气负离子，达到改善身体状态的一种养生保健活动。温泉健康旅游是旅游者通过亲身体验温泉水，得到生理的、心理的享受和康复，是身心升华的一种旅游方式。日本有2600多座温泉，有7.5万家温泉旅馆。日本的温泉已从单纯的洗浴观光功能，演进到具有医疗功能，进而演变为一种休闲方式。各类温泉保养地因环境特性、温泉水质等发展背景的不同，衍生出许多不同类型的温泉保养地。日本的温泉不仅数量多，种类多，质量高，而且差异化明显。户外休憩健康旅游产品是指在户外进行的有组织的或个人的活动。园艺健康旅游产品是充分利用自然的田园风光和丰富的园艺资源，将园艺疗法的原理应用于休闲活动中，让旅游者获得健康效益。海洋健康旅游产品是在海洋空间领域内的旅行和暂时居留而引起的现象和关系的综合，是旅游者以恢复和改善身心健康为目的的旅游活动形式。

（2）依托于其他行业资源、康复型的健康旅游产品

健康旅游产业的无边界特性决定了其产业融合的必然趋势。从产业资源的供给看，健康旅游产业的边界可以无限延伸。整合医疗、养生、休闲农业、养老等资源，培育出新型健康旅游产品。以医疗旅游产品为例：医疗旅游产品就是依托医院构建高端水平医疗机构，为健康旅游群体提供集体医疗、保健、预防、康复、养生于一体的个性化服务，同时利用专业的医学资源为游客制定适合的旅游项目和健身方式。例如，瑞士的抗老养生青春之旅；韩国的整形美容旅游突出了以全身健康为中心的服务产品体系。

（3）综合型的健康旅游产品

综合型的健康旅游产品是在上述两种健康旅游产品基础上构建的，具有多重产品和多种产业的特质。例如，瑞士以酒店管理著称，私立医院除了先进的诊疗技术、洁净的空气和水质外，还引入星级酒店标准的个性化服务。许多国内外政要、世界名流都选择到瑞士体验或就医，“把治病变成一种享受和放松”，把带有疗养功效的目的地与医疗行为联系起来，把医院、疗养、保健和度假四者结合到一起，这就是瑞士抗衰老健康旅游的新模式。此外，在产品项目开发方面，除健康环境外，还提供健康客服、营养餐饮、绿色购物、环保交通、养生文化、康体娱乐、观光审美、户外休闲、身体体检、心理咨询、健康培训等系列健康休息体验项目。

（二）国内外健康旅游比较分析

1. 国外健康旅游总体状况

在美国、英国、法国、西班牙、德国等多数发达国家，康体旅游和利用山川自然资源治疗疾病的康复健康旅游十分流行。

在英国，排名第一的巴斯温泉浴场是英国唯一的天然温泉，这个温泉从3000米深的地下，每天喷出127万立升泉水，温度常年保持在46.5摄氏度，既可饮用，又可治病。“英国温泉联盟”是一个全国性的温泉组织，它致力于给温泉行业输送教育人才、寻找市场机会、设立标准、提供专家等。在英国许多媒体杂志、网站都提供健康旅游信息。

在法国，每年国内健康旅游预估约有130万人次，每年持续增长4～5个百分点。斯洛伐克、匈牙利、捷克、斯洛文尼亚、奥地利、德国的旅游局也针对健康旅游潮流趋势，在旅游产品开发策略与营销上提供所需资源。而健康旅游逐渐兴起的发展中国家如古巴、印度、泰国、马来西亚、新加坡、韩国等大多把目光集中在医疗旅游研究和独具特色的理疗项目，这些国家的医疗旅游凭借价格低、质量高的特点吸引越来越多的国外游客，而特色理疗或保健项目则依靠不同文化背景下源远流长的传统医学文化受到发达国家游客的青睐。无论是在发达国家还是发展中国家，都会针对健康旅游开展一系列的促销活动，比如参加各种形式的旅游展览会、医学展览会。

国外的健康旅游大多数是政府、旅游部门、旅游组织、健康组织等通力合作来推销健康旅游概念。例如，奥地利通过经济和劳动部通过设立“奥地利气候和健康旅游”项目，为健康旅游中自然气候资源的利用提供科学依据。

2. 国内健康旅游总体状况

（1）发展历程

资料显示，在我国，健康旅游一词是伴随着2001年国家旅游局推出的“中国体育健身游”主题旅游年而出现的。受2003年“非典”和2004年禽流感影响而迅速走红。旅行社推出了“健康游旅游线路”，旅游目的地提出要建立“健康旅游目的地”。例如，福建武夷山提出“享受健康运动、享受健康文化”为主要内容的健康旅游，湖南推出“十大健康旅游主题活动”，黑龙江以“强身健体”为主题，推出系列“绿色健身游”路线，浙江组织“健康浙江万人游”活动；其他还有太极养生之旅、食疗滋养之旅、体育保健之旅、长寿村感悟之旅、心理康复之旅等，实质上都是打“健康旅游牌”，并且收到了良好的效果。我国研究人员明确提出“健康旅游”作为研究对象始于2004年。

（2）政策扶持

我国政府相继出台了一系列政策措施来鼓励和促进健康旅游业的发展。在《中国旅游业“十二五”发展规划纲要》中明确提出鼓励健康旅游、文化旅游等专项旅游市场发展。

国家旅游局确定2012年中国旅游宣传主题为“2012中国欢乐健康游”，宣传口号是“旅游、欢乐、健康”，“欢乐旅游、尽享健康”，“欢乐中国游、健康伴你行”。并要求各地认真研究和制定好本单位的主题年工作方案，围绕主题年和宣传口号，组织设计各类“欢乐健康游”活动，充分挖掘和组合各类“欢乐健康”旅游产品，依托资源特色，开发如欢乐家庭、乡村体验、山水健身、运动健体、温泉疗养及中医保健、中华食膳、中华武术等旅游产品。

2013年8月，在国务院总理李克强主持召开的国务院常务会议上，研究部署促进健康服务业的发展，将重点发展健康服务业、健康养老服务和健康保险产品和相关支撑产业。据相关部门预测，到2020年，中国健康服务业的总规模将达到8万亿元以上。

2013年9月30日，国务院发布的《关于促进健康服务业发展的若干意见》中指出，支持发展多样化的健康服务，鼓励有条件的地区面向国际国内市场，整合当地优势医疗资源、中医药等特色养生保健资源、绿色生态旅游资源，发展养生、体育和医疗健康旅游，并在市场准入、规划布局和用地保障、投资和融资机制、财税价格政策等方面提出了具有突破性的鼓励措施。规定各有关部门要抓紧制定相关配套文件，各级政府制定具体方案、规划，发展改革委会同有关部门对落实情况进行监督检查和跟踪分析，确保各项任务措施落实到位。

2014年12月31日在《国务院关于促进旅游业改革发展的若干意见》任务分解表中要求林业局、海洋局、旅游局等相关部门持续实施发展森林旅游、海洋旅游。

（3）我国健康旅游业步入快速发展期

传统单一的旅游模式已经不能满足人们对于健康服务的需求，健康旅游越来越受到人们的推崇。健康旅游不仅是旅游业未来的发展方向，也是推动健康服务业发展的重点产业。随着一系列鼓励措施的出台与不断增长的市场需求，我国健康旅游业步入了快速发展的时期。

2013年，国务院正式批复设立海南博鳌乐城国际医疗旅游先行区，享受医药卫生、土地、投融资及对外开放等方面的九项优惠政策。广西巴马制定了《巴马长寿养生国际旅游区发展规划纲要》，努力打造“长寿圣地，养生天堂”的国际化旅游品牌。新疆旅游协会与新疆医科大学第一附属医院签署《建立独联体游客在新疆开展医疗旅游活动的联系制度》，双方达成多项合作协议，共同开发新疆医疗旅游资源，把新疆打造成辐射中亚的一流医疗旅游目的地。

近几年，国内有的地区除了已经率先推出了健康旅游产品，并初步形成了产学研一体化的发展模式。海南养生度假联盟推出“博鳌尊贵养生之旅”等养生度假产品，把养生与旅游结合，丰富海岛国际旅游岛的旅游产品。同时，海南岛养生科学与旅游学研究院将依托海南医学院的产、学、研、医的资源和力量，将把国际养生论坛办成具国际一流的特色论坛，并以此为切入点，建设养生娱乐主题公园。

云南省丰富的自然资源、得天独厚的气候条件，民族文化资源、生态资源等使其健康旅游、养老产业有着独特的优势。云南省也主动应对市场变化，对养老养生产业进行政策扶持，积极推动养老养生产业的发展。目前，多方投资的云南省昆明滇池国际养生基地项目达成合作意向，欲借此形成养老养生产业聚集，推动地方经济发展。

此外，北京、广东、福建、广西、贵州、四川、河南等地也提出长寿养生、健康旅游及其促进健康旅游和相关产业发展的新思路，并逐步形成了健康旅游产业体系。

（三）我国的资源型健康旅游专项分析

1. 海洋健康旅游

中国2013年的旅游主题确定为“2013中国海洋旅游年”，以“体验海洋，游览中国”“海洋旅游，引领未来”“海洋旅游，精彩无限”等为宣传口号向外推广。这是顺应海洋健康旅游迅速发展的客观需要。

海洋健康旅游是以海洋为旅游场所，以探险、观光、娱乐、运动、疗养为目的的旅游活动形式。海洋面积辽阔，开发潜力很大。海洋空气中含有一定数量的碘，大量的氧、臭氧、碳酸钠和溴，灰尘极少，有利于人体健康，适于开展各种旅游活动。在海上旅行具有与陆地迥然不同的趣味，游客可在海上观看日出日落，开展划船、海水浴以及各种体育和探险项目，如游泳、潜水、冲浪、钓鱼、驰帆、赛艇等。

在我国，从海洋健康旅游的活动上来看，主要以养生休憩为目的的滨海渔村养生，海岛休闲度假，沙滩日光浴、沙浴，海水浴和海水游泳，海边SPA，海边瑜伽，海钓游艇、邮轮度假，沙滩排球，冲浪等项目为主。

据调查，在我国沿海各省区滨海旅游的国内客源以本省为主，占50%左右；周边省、区、市，尤其是滨海的其他省、区、市，位于客源排名的前列，如山东省周边及东部沿海省、区、市约占其省外客源市场的76%，排名前10的省、区、市中，有6个为沿海省、区、市。

随着我国海洋旅游的开发，我国海洋旅游市场已初步形成。近年来，继浙江、海南、山东、广西之后，辽宁、河北、广东、江苏等沿海省份也陆续把海洋旅游业纳入其发展规划。

2. 温泉健康旅游

（1）基本情况

我国的温泉资源丰富，可供开发利用的温泉资源达3000多处，几乎遍布全国各省、市。

温泉旅游集旅游、休闲、健身于一体，正在成为休闲度假旅游的一大热点，温泉经济更是被称为朝阳产业中的朝阳。在北京、广东、福建、东北、四川等温泉资源丰富的省份，近年来温泉旅游已经成为各大旅行社省内游增长最快的板块。

当前我国的温泉旅游地提供的产品多局限于观光、休闲、游憩为主的活动，对于温泉富含离子等特性的使用则非常有限，温泉休闲活动所提供的养生与保健促进功能尚显不足。而在国际上许多国家，对于温泉的使用已从单纯的观光休闲功能，演进到具体医疗、养生、康体等功能，世界各国的温泉健康旅游地因环境特性、温泉泉质等发展背景的不同，衍生出许多不同的类型。

在我国，虽然大多数民众认同温泉休闲活动所带来的健康促进效果，但当前温泉经营业者在温泉馆或温泉旅游地内宣传温泉所带来的健康效益尚显不足。如果未来在推广休闲活动时能突出健康概念，不仅有助于我国休闲产业的发展，而且可以进一步增强民众参与温泉休闲活动的意愿。

温泉旅游所依托的温泉资源属于一种稀缺的不可再生资源，且极易被破坏，因此，在利用的过程中要因地制宜，科学开发。同时了解到我国温泉旅游资源相对丰富，随着经济的发展，对于养生、康体的市场需求将会激增，温泉旅游市场发展前景一定无限光明。但是也必须认清楚，未来人们只会对高质量、高品位温泉旅游产品感兴趣。

（2）主要问题

当前中国温泉旅游的三大隐忧——缺乏特色、缺乏规范和缺乏保护。要从改变观念入手，否则温泉旅游这个朝阳产业很可能在短期的极盛后走向衰败。

A. 缺乏特色

比如，2008年，中国温泉旅游2130万人次，创收40.7亿元。这巨大商机的背后，却存在一个严重的问题——中国温泉行业产品雷同，缺乏特色。十多年前，中国温泉大多是原始的泡池，近年来纷纷改以园林建设，日式庭院风格最为流行。在泡池名目上，基本上家家都有中药浴、鲜花浴、红酒浴等，看不出温泉景区的本地特色。产品的同质化必然导致市场恶性竞争，目前中国温泉行业急需产品更新换代，寻求差异化。就温泉旅游而言，可以细分为休闲—养生复合型、主题公园型、会议休闲型、美容美体 SPA 型等。

B. 缺乏规范

日本温泉专家德村志成表示，世界上有 11 种温泉分类，因此日本有严格规定，每个温泉都应注明成分标示，让游客在泡之前心中有数。但遗憾的是，中国温泉没有做到这点。整个行业都缺乏规范，十分混乱。有些温泉景区甚至用热水来代替温泉，极大地伤害了消费者的感情。应该建议政府尽快出台相应法规，对温泉质量、成分都有相应的认定与标示。

C. 缺乏保护

国内的温泉旅游一味上规模，求大，索取过度。因此，台湾温泉旅游协会会长陈俊庭说，温泉资源需要保护和妥善利用，台湾对温泉的开采使用地下钻探与监测井，做到合理化科学开采。而且台湾的温泉开发，规模都较小，追求精致服务。做好温泉资源的保护与永续利用，让它成为永远的财富。

3. 森林健康旅游

美国是森林健康旅游的鼻祖，1872 年的黄石公园算是前身，“二战”后，依托森林来发展旅游逐渐兴起，到 1960 年，森林健康旅游的现实价值获得了各界人士的承认，并一跃成了森林资源开发的主要部分之一。在美国举行的第五届世界林业会议，是森林健康旅游发展过程中的一个重要里程碑，从那以后各国积极进行自然保护区及国家森林公园的规划，这不仅为本国国民提供了健身益智的活动场所，同时也招徕了外国的观光游客，成为一项无烟工业。我国张家界森林公园的建立，标志着中国森林健康旅游业作为一项产业开始形成。

我国幅员辽阔，自然条件复杂，生物种类丰富，群落类型繁多。森林旅游以其良好的生态环境，对旅游者产生很强的吸引力，将康体项目与森林旅游相结合，已经成为市场发展的热点。

目前我国开展森林健康旅游的区域主要包括森林公园、自然保护区、风景名胜区、植物园和国有林场。随着森林健康旅游的兴起，森林旅游产品的种类也逐渐成熟起来。总结我国的森林健康旅游产品大体有保健产品、休憩产品、心理疏导产品。

从我国的森林旅游市场需求特征来分析，虽然森林旅游景观吸引力因游客教育程度、个人偏好等差异而不同，但我国游客在森林旅游动机、产品需求、行为特征等方面还是具备一些共性。

（1）在旅游动机方面，进行森林旅游最常见的动机是欣赏自然景观、养生健身、游乐休闲等，通常体现为以亲朋小团队、家庭为单位的集体出游。

（2）在产品需求方面，森林旅游最具吸引力的资源是森林植被、山石地貌、人文景观，其次是野生动物、水体景观等；而最受旅游者喜欢的产品是徒步登山、野营烧烤、漂流攀岩、休闲度假等参与性强的项目。

（3）在消费行为特征方面，从传统的自然观光到休闲度假的转变，从一般娱乐项目到新奇旅游项目的转变，是随景区管理水平提升与经营模式转变而变化的过程。游客消费行为，受景区的引导和管理的影响较大。另外，不同年龄的消费者森林旅游消费特点不同，如青少年偏爱结合科普、学习、交流、探险、运动等项目，中老年人则主要是以康体养生、度假为核心，在优秀的生态环境中，享受生活，感悟人生，更多的是深度体验旅游。

（四）我国的康复型健康旅游专项分析

1. 养生旅游

养生旅游是体现天人合一，融合养生文化、养生产业和生态旅游方式为一体的一种体验式旅游方式，是养生文化、科学与自然的一体化旅游。其内涵主要体现在几个方面。养生旅游是以养生为目的而开展的旅游活动；养生旅游的开展基础，特别是资源基础，强调生态性；养生旅游体现了养生文化和养生观，也彰显了养生文化和旅游文化，其文化特征是一种兼备自然生态和人文内涵、引导人们健康养生的养生旅游文化。

在健康旅游的范畴界定上，养生旅游和医疗旅游属于其下的子领域。从需求层面分析，养生旅游和医疗旅游的目标群体和实际运作存在显著的区别。

M. Smith & Kelly 从养生旅游者动机和养生旅游目的地、旅游场所和养生活动的视角，综合国外研究者的观点，列出了养生旅游范畴（见表6－5）。

表6－5　养生旅游范畴

旅游者动机	代表性的场所、活动
医疗整容	医院、诊所
身体保健	水疗、按摩、瑜伽
逃避放松	沙滩、水疗、山地
享乐体验	节庆
哲学心理	整体护理中心（自我发展与静心冥想）
思想精神	静修所、瑜伽诊疗
社区导向	志愿者活动、慈善活动

从我国的养生旅游市场现状分析，我国的养生旅游市场主要集中在一些经济发达的城市和富裕的地区，如北京、上海、天津、杭州、广州、深圳、重庆等长江三角洲、珠江三角洲与环渤海地区的城市游客。随着中国城市群与城市带经济和区域经济的发展，更多的城市都将成为养生旅游的出游城市。到目前为止，较受养生旅游者青睐的养生旅游目的地，仍是黄山、峨眉山、武夷山、杭州、桂林、苏州、海口、三亚、厦门、香港、澳门等传统的旅游地。

2. 医疗旅游

相对于国内成熟的其他旅游产业，我国的医疗旅游还刚刚起步。上海、北京、杭州、海南等地近几年相继推出了医疗旅游，然而大多与中医药有关，从业者也以医疗机构为主者，也有一部分是医疗机构和旅游机构联合推出旅游项目。相对于操作成熟的国外医疗旅游市场，我国现阶段的医疗旅游后续发展有很大的潜力空间。

近年来，上海市建立医疗旅游产品开发和推广平台，正式迈出中国进军国际医疗旅游的步伐。作为该平台的核心合作方，上海同济大学医学院与美国加州大学戴维斯分校医学院在临床、教学、科研、护理、医院管理、公共卫生、电子医学、医疗旅游八大领域，建立了全方位战略合作伙伴关系。同时，上海拥有专业素质高的医疗人才队伍，在世界顶尖医学院和医疗中心接受专门培训，还引进了数百名具有国际认证的海外医师。上海拥有多家国际联合委员会（JCI）认证的医疗机构，以及美国医学协会（AMA）认可的国际质量协会保健护理类（ISQua）认证的医疗机构。上海还拥有高科技和现代化的医疗设备以及最优惠的医疗费用，与北美和欧洲等国相比，做同样的手术治疗，可以节省高达70%的费用。

2013年海南启动国际医疗旅游先行区，将依托当地生态资源，试点发展医疗、养老、科研等国际医疗旅游相关产业。根据规划目标，先行区用15～20年时间逐步打造成世界一流医疗养生胜地。在万泉河南岸以“保健养生”为核心，规划布局传统医疗中心、亚洲健康疗养中心、整形美容中心、老年健康养护中心和慢性病康复中心等五大功能中心。北岸以“医学治疗”为核心，将引进世界先进医疗设备和技术、建设具有国际一流水平的产业研究基地。为建设好“先行区”，国家给予九大优惠政策扶持。将享受包括加快医疗器械和药品进口注册审批、允许境外资本举办医疗机构等优惠政策，其中大部分政策突破了国家现行的管理规定，是特有的先行先试政策。

面对庞大的市场需求，旅行社和国内的医疗机构应该联合推出适合中国国情的医疗旅游套餐，在相关行业政策的管理下，将现有资源有机融合，促进、带动相关服务业发展，形成新的服务产业模式，推动经济进一步发展。医疗机构需要注重提高自身的配套服务，在语言、保险、报销和生活服务等方面，都要符合国际患者的习惯。这样才能在即将到来的国际医疗旅游热潮中，占据有利的市场地位。

3. 养老旅游

相关数据显示，我国老年人口数量已突破2亿，占总人口的14.3%。老龄化人群的迅速增加，带动了我国老年产业的快速发展，银发旅游市场需求量不断扩大，养老旅游在市场发展中应运而生。

养老旅游是把养老和旅游相结合的一种旅游方式，也是一种全新的养老方式。在西方国家，为了满足部分中上阶层老人的养老需求，建立了环境幽静、设施齐全的养老机构。例如，美国的太阳城中心、日本的港北新城、荷兰的弗莱德利克斯堡老人公寓等就是异地养老的典型模式。在亚洲，日本的福冈、北海道，韩国的济州岛都是老年人相对集中的迁徙目的地。佛罗里达是美国老年人迁徙的首选之地，那里为老年人服务的设施非常完备，而且已经积累起“老人经济”，老年产业高度发达。挪威在西班牙南部开设了大型养老公寓，那里低廉的地产价格，充足的阳光，吸引着越来越多的企业和老年人。北欧其他国家的老人到西班牙养老，看中的不仅是那里的自然环境，还有功能齐全的养老设施，良好的公共医疗卫生服务、保险服务等。在德国，集旅游观光与休闲度假于一体的“异地养老”是除居家养老、社区养老、机构养老以外的第四种养老模式。异地养老、候鸟式旅游在欧洲渐成潮流。

我国目前的旅游养老主要形成了以下五种发展模式：候鸟式养老模式、休闲度假式养老模式、疗养式养老模式、立体化养老模式、农家休闲式养老模式。目前主要以候鸟式养老模式和短期休闲度假式养老模式为主。其中短期休闲度假模式对老年人来说较为普遍，其局限性在于只适合初龄老年人，且分散发展难以形成规模。由此推断出候鸟式养老模式更加适合在养老机构中推广应用。

候鸟式养老模式的弊端也是显而易见的。比如我国现行的医疗保险制度是离退休人员必须在单位所在地社保机构指定的定点医院看病，否则不能报销，职工退休后，诸多事宜都需要回原单位办理，这成为了候鸟式养老模式推广进程中的一大阻力。此外，该模式往往需要老年人远离子女独自到外地生活，每逢过年过节或异地生病将对老年人的身心造成一定的压力和考验。

对养老机构来说，在把养老机构入住的老年人转化为候鸟式老年人的过程中本身就存在一定阻力，因为养老机构入住的老年人普遍年事已高。而旅游养老的形式往往适合于75岁以下的初龄老人。

国内旅游养老要在精准定位研究老年人需求的基础上尝试推出不同的方式，但也应正视旅游养老并非是一个能赚“快钱”的行业，对此相关企业不仅要耐心培育，还要不断提升服务质量，平衡发展速度，防止过度膨胀。

（五）我国健康旅游所存在的问题

与国外的健康旅游发展相比，我国健康旅游发展还处于萌芽阶段，存在诸多不足的地方。

1. 我国的健康旅游还只是相对萌芽阶段，小规模的，片断式的，大多数是位于旅游地的康体服务。进行健康旅游的旅游地还属于零星的分布。

2. 旅游地当地的健康旅游设施还不完善，从业人员对健康旅游专业性知识的掌握比较欠缺。

3. 医疗、护理、导游、营销以及旅游管理等专业领域的技术人才以及兼具医疗保健和旅游两大领域专业知识的复合型人才十分缺乏。此外，绝大多数的医院医护人员英文水平较低，在为外国患者提供医疗服务的过程中还需要专业的翻译，削减了我国在国际健康旅游市场中的竞争力。

4. 目前缺乏针对健康旅游行业的系统的法规及标准，从而导致健康旅游市场秩序混乱，价格无序，恶性竞争现象存在，使得健康旅游者的利益得不到保障，影响了我国健康旅游产业的健康持续发展。

（六）促进我国健康旅游产业发展的建议

1. 制定行业发展规划与统计标准。组织旅游、医疗保健、健康旅游研究等领域的学者及相关政府机构人员，结合我国健康旅游业的发展需要，共同商讨我国健康旅游的发展方向，制定我国健康旅游发展规划和具体实施计划，编写并发布《中国健康旅游业发展白皮书》。制定权威的健康旅游业数据统计指标体系，规范健康旅游统计口径和标准，发挥政府优势，收集和分析我国健康旅游产业发展各个阶段的数据，实时了解健康旅游的发展状况及趋势，并为制定促进我国健康旅游发展的相关政策措施提供可靠依据。

2. 整合相关资源，制定优惠政策。整合健康旅游相关资源，协调各方利益，在此基础上建立和完善健康旅游业行业规范，建立健全行业管理体制，不断完善与健康旅游业相关的法律法规，规范健康旅游市场服务质量，保证健康旅游者的权益，并积极参与国际健康旅游业规范和标准的制定和研究。编列专门预算，制定税收、投资等方面的优惠政策，鼓励医疗保健业、旅游业等相关机构开展健康旅游业务，并进一步鼓励健康旅游相关行业的融合创新，同时出台相关优惠措施鼓励我国健康旅游业拓展国际市场。

3. 以健康为中心，明确自身优势。医疗、保健机构应当明确自身发展的优势，挖掘独具特色的医疗保健服务项目，旅游观光机构应依据健康旅游者的健康状况和行程设计相应的旅游服务方案和旅游线路，将具有吸引力的旅游景点和旅游项目融入其中，在整个服务产品的设计中贯彻“以旅游者健康为中心”的理念。

4. 建立共享机制。保证健康旅游服务的持续性，大力发展医疗信息系统，在保证健康数据安全的前提下共享健康数据，建立统一的电子健康档案，使旅游者在接受治疗或调理后回到居住地能够继续进行有效的康复和疗养，保证健康旅游服务的延续性。医疗保健机构要加强同旅游机构的交流与合作，建立信息共享机制，在共享信息资源的基础上，设计既符合旅游者健康需要又满足旅游者观光需求的健康旅游服务。

5. 加强自身宣传，开拓国际市场。国际健康旅游业发展迅速，而我国则处于起步阶段，在国际健康旅游市场中更多扮演客源地的角色。我国健康旅游产业在参与国际竞争中要发挥价格优势，提升我国健康旅游的国际知名度，增加国际认同感，增强国际影响力，积极拓展国际市场，设计符合外国旅游者实际需求的健康旅游服务，吸引国外人群来我国进行健康旅游。

6. 加强健康旅游领域人才培养和科学研究。逐步建立和完善健康旅游的学科体系和人才培养方案，加快培养适应健康旅游市场需求的各类人才，特别注重培养具备医疗保健领域专业知识又熟悉旅游市场规则的复合型人才。发挥院校和科研机构人才优势，加大健康旅游研究领域的科研投入，对健康旅游基础理论、市场供求关系以及所产生的经济和社会效应等方面进行深入研究。提升健康旅游机构的科研能力和自主创新能力，促进产业与科研相结合，为我国健康旅游产业的发展提供持续动力。

四、修学旅游

修学旅游是人生时间、空间的一种延展，其中一个重要目的和效用就是学习知识，增加阅历。修学旅游是旅游项目中的古老品种，历史上，游与学一直紧密结合在一起。

（一）修学旅游概述

孔子堪称世界修学旅游的先师和典范。他率领学生周游列国，广求知识，丰富阅历，考察政风民情，宣传儒家思想。中国历代王朝接待来自欧洲、日本、琉球、俄罗斯、高丽等地人员来华修学旅游。

古代西方哲人、科学家、社会学家的求知修学旅游也非常盛行。毕达哥拉斯、亚里士多德等圣贤都是在周游列国的交流、考察、讲学中形成著作和学术思想的。欧洲修学旅游的高潮兴起于 17 世纪的“大游学”运动，起初是英国、德国的贵族子弟到法国和意大利求学的“漫游式修学旅游”。

学生有组织和有计划的修学旅游，成为发达国家素质教育的一个有机组成部分。在英国，年轻人一到中学毕业，便被送往外国旅行，这已成为日渐浓厚的社会风气。人们普遍认为，年轻人完成旅行归来之后会有很大的长进。游学者一边游历名山大川、古城遗址、文化古迹，一边学习语言、文化、社交艺术、礼节礼仪等，游学人群逐渐扩大到了成年人，并且成为知识阶层和社会上层的一种生活方式。至今，在英国仍然流行高中毕业后让学生们休学一段时间，开展旅游等社会活动的做法。德国巴伐利亚州政府明确将修学旅行及其载体——青年旅舍写入了当地的教育法，对修学旅行的课程、方式、时间等都作了明确规定。

（二）我国修学旅游发展现状

2014年12月31日在《国务院关于促进旅游业改革发展的若干意见》任务分解表中提出：将研学旅行、夏令营、冬令营等作为青少年爱国主义和革命传统教育、国情教育的重要载体，纳入中小学生日常德育、美育、体育教育范畴，将建立小学阶段以乡土乡情研学为主、初中阶段以县情市情研学为主、高中阶段以省情国情研学为主的研学旅行体系。

我国与世界各国的文化交往日益增加，作为一项有特色和有意义的专项旅游项目，修学旅游呈现出进出两旺的势头。这里以入境、出境和国内修学旅游三个大类分别介绍其现状。

1. 入境修学旅游

入境修学旅游成为我国目前最具活力和潜力的黄金旅游市场之一。我国大力发展入境修学游已有天时地利人和之便。据不久以前国外一份抽样调查资料显示，在世界各旅游目的地，青少年旅游者占全体旅游者的比例为：美洲42.9%，欧洲49%，非洲34%，亚洲38.7%，大洋洲34%。青少年旅游46.29%在于增长见识，35.16%在于寻求乐趣。

（1）从资源的角度看，我国历史文化资源丰富的地区集中在黄河流域和长江流域，其中以陕西、山东、河南、江苏、北京、上海等地为主。

（2）从产品开发的角度看，修学旅游品种多种多样，如苏州设计出具有地方特色、代表中国文化精髓的系列旅游产品。

（3）从市场和客户的角度看，这些地区的修学旅游顾客以海外为主，海外修学者来自世界各地，地区以欧美、日韩为主；有组织的大规模的跨地域国内修学旅游尚未进入发展阶段。

（4）从发展趋势看，修学旅游发达的地区已经走出开发的初级阶段，从无序到有序，开始有意识的培养修学旅游品牌，各地正在努力打造修学旅游核心产品和塑造修学旅游品牌。

山东曲阜正在构建以孔子故里为历史背景、山东相关城市修学资源为补充的大文化、大修学旅游的产业格局，通过举办“孔子修学旅游节”等方式，挖掘并充分展示曲阜丰富的人文内涵，创新文化体验旅游产品，提升孔子旅游文化品格，打造中国修学旅游第一品牌。2014年6月以“游学曲阜·快乐成长”为主题的2014年中国曲阜孔子修学旅游节正式拉开帷幕。据了解，修学游是曲阜最具市场号召力和竞争力的文化旅游产品之一，该主题活动始于2006年，作为中国第一个修学旅游节和第一个以儒家文化为主题的修学节庆活动，已吸引来自近二十多个国家和地区的师生来曲阜朝圣修学。修学节期间，除常规的修学活动外，还将组织开展特色专项活动，如与中国世界遗产志愿者协会、韩国起亚汽车公司联合组织“中韩文化周”青少年志愿者孔子修学夏令营活动；与曲师大《现代语文》杂志社合作举行以“读《论语》，学做人”为主题的“孔子杯”全球青少年华文作文大赛颁奖仪式；与中国教育协会培训中心联合组织以“读万卷书，行万里路，交四方友”为主题、以“儒家思想，国际眼光——与英美世界名校精英齐聚一堂共同成长”为宗旨的2014年“我爱孔子”国际青少年精英英语夏令营活动等。

2. 出境修学旅游

出境修学旅游是近年来我国修学旅游市场的热门产品和热议话题。它以中小学生为主体，目的地以英国、美国等英语国家为主，到日本、韩国、新加坡的也不在少数，多由旅行社组织和留学中介机构，以学习英语会话、感受外国高等教育等内容为卖点，目的大多为学生将来出国留学做准备，这类游学活动的盈利目的性较强，因而活动本身的修学含量普遍不高，游多学少，而且费用较高，变成了贵族消费项目，难以大众化普及，背离了修学旅游的原本价值取向。

以美国为例，据官方统计数据显示，截至2015年2月，目前持有F签证（学术学习）或M签证（职业学习），在美高校就读的国际学生人数逾113万人次，较2014年同期增长14%。其中，中国生源占比最大，达总数的1/3。业内人士表示，随着中国赴美留学人数“井喷”，美国名校的申请人数竞争大幅增加，拥有热门专业的各大名校申请竞争呈现“白热化”。加上近年来美国名校录取率不断下降，各高校对于国际学生的语言要求也普遍提高。因此，提前利用暑假为孩子安排赴境外名校修学，成为不少家长为孩子留学生涯铺路的首要选择。

从美国修学产品的报名情况来看，前往哈佛、耶鲁或其他世界名校修学的线路显然更受关注。例如“名校乐园之美国耶鲁大学夏令营15天”修学产品，安排前往耶鲁大学校园内学习英文并安排入住耶鲁大学宿舍，体验世界一流学府的学习生活和文化氛围，并能有更多机会认识其他国籍的朋友，提升英语口语能力和沟通能力；寓教于乐，由学校组织前往美国金融中心——纽约，在游览名胜的过程中锻炼口语，把学习融入生活当中。除此之外，还将安排前往参观有“世界理工大学”之称的麻省理工学院、举世闻名的哈佛大学以及被誉为“美国将军摇篮”的军事学院——西点军校，从多角度认识多所美国名牌大学，深入感受美国校园学习环境与氛围，可更早地为日后出国留学制定长远目标的安排。

3. 国内修学旅游

国内修学旅游作为一种传统而现代的素质教育手段被广泛关注，正在逐渐兴起和推广。但是目前的修学旅游一是缺乏政策支持。二是修学旅游项目缺乏规划和设计，不论是从理念层面的确立，具体项目的设计，还是实施规划的方案，我们都应该从国家战略层面、国民素质教育和国家人力资源开发的高度谋划我国的国内修学旅游。三是修学旅游的广度和深度。广度指修学旅游行为的空间跨度，我国现有的中小学修学旅游项目基本以春游、科普参观兴趣活动为主，跨市甚至跨省的修学旅游少见报道。深度是指修学旅游设计对修学者素质影响的深远考虑，体现在各个层面和方面，就项目设计而言，应该摆脱单调、浅薄，流于形式的现状。尽管近年开发了爱心扶贫游、动漫游等多种新形式，但是我们还可以像国外那样更直接把政治、经济、文化、职业体验和导向等内容融合其中，而达到修学旅游的参与性、深刻的体验性以及深远的持续性。

（三）我国修学旅游发展趋势及相关建议

1. 修学旅游市场需求广阔

当前，中国的大、中、小学生有2亿~3亿人，这给中国的修学旅行带来了巨大的市场机遇。中国拥有璀璨的历史文化，风景名胜不胜枚举。从各个方面来评价，中国都有着开发修学旅行的丰富资源。中国应该合理使用自己独特的资源优势，吸取别国发展修学旅行的经验，发展本国特色的修学旅行，提高学生的综合素质和能力。旅游企业要想抢占商机，就要开拓思路，了解不同地区、不同层次学生的需求，深入发掘修学旅行的内涵，设计差异化产品，重新进行产品的优化组合。

2. 对我国修学旅游的发展建议

尽管修学旅游自古有之，而且发展迅速、市场巨大；但是作为独立的而且在一定意义上代表着某种未来趋势的旅游产品，在理论上的系统研究尚未成熟，其概念、含义、性质、特征、分类、市场等问题有待于广大旅游实践和理论工作者深入探讨，形成理论体系。

首先，政府应将修学旅行纳入学校教育体系中。修学旅行同其他旅游商品的最大区别在于，它最终的目的是为了实现其教育功能，提高学生的综合素质、能力，这与以经济利益为最高目标的普通旅游市场难以协调。因而，修学旅行不能单纯依靠市场运作，而是需要政府给予一定的方向指导和政策支持。21 世纪是全球化和知识经济大发展的时代，为培养与国际接轨的高素质人才，弥补中国学校教育只注重知识传授的不足，笔者认为中国也有必要用行政命令的方式将修学旅行确定为学校教育的一个重要组成部分。

其次，应设立专门的修学旅行管理机构。修学旅行活动的顺利开展除了要依靠政府部门的政策法规保障外，还需要有一个专业部门进行细致的管理、具体的监督和指导。日本修学旅行研究协会是一个很好的样板。中国也可以成立这样一个类似的研究协会，组织相关的人员开展对修学旅行的研究，定期组织相关的调查统计，为社会各界提供信息咨询服务，进行市场化、科学化的管理等，在学校、市场、政府部门之间架起一座桥梁。

最后，中国的旅游公司要适应时代需要，开发丰富多彩的修学旅行产品。日本的修学旅行因教育目的不同被细分成若干类别。比如，有通过参观历史遗迹学习历史知识的修学旅行，有体验大自然的森林修学旅行和农业修学旅行等。而中国一些公司推出的修学旅行存在着产品单一、质量差，过于功利等问题。中国现有的修学旅行产品大多采取名校游的方式，大多停留在较低的观光旅游层次，失去了教育功能。

五、户外音乐节

（一）概述

19 世纪后，音乐节被复制到美国，但依然是在室内举行为主，直到 20 世纪 60 年代和 70 年代，爵士和摇滚音乐节的大量举办才催生出户外音乐节，音乐节的举办形式逐渐从世俗音乐转向户外娱乐的形式，爵士、古典甚至音乐剧在音乐节的舞台上大量出现，世界各地掀起了举办户外音乐节的热潮。

户外音乐节以一种音乐形式为主或多种音乐形式并存，在城市的广场、公园和景区等户外空旷场地举办的音乐集会，是一种以音乐人与音乐爱好者同时享受音乐的每年固定时期举行的节事活动。

在海外，户外音乐节同样受到了广大歌迷的欢迎，其中，以电子舞曲音乐为主的户外音乐节不仅为乐迷提供了狂欢的机会，更成为广大投资人青睐的投资新宠。目前，巴斯音乐节、奥尔德堡音乐节、伍德斯托克音乐节、莱比锡哥特音乐节等世界著名音乐节成为举办城市的旅游名片。

国际上有许多音乐节的动机已不完全是从纯音乐的角度举办，而是结合旅游与经济效益等方面综合考虑，力求精神与物质双丰收。

（二）我国户外音乐节发展现状

中国户外音乐节经过十年来的发展，从无到有，逐步完善，如今已变成年轻人欣赏音乐、娱乐休闲的一种重要形式和途径。

与此同时，政府管理部门也从最初对户外音乐节的排斥、怀疑和担心，变成了接纳、理解和支持。特别是继2008年奥运会、2010年世博会后，中国迎来了以会展业为带动的旅游大发展时期，各级旅游行政管理部门为了积极迎合这一发展趋势，纷纷加大了各地的旅游营销促销力度，户外音乐节作为事件营销的一种重要形式，越来越受到旅游市场的重视。

户外音乐节以其新鲜的理念被旅游行政管理部门和策划机构寄予了新期望——引起社会关注，提升城市形象，点亮新的旅游产业。

中国的户外音乐节有专业化连锁、音乐与旅游及城市品牌联动、音乐与产品联动三种主要模式。其中专业化连锁模式指的是专业的唱片公司或演出公司主办的模式，最为典型的如迷笛音乐节。音乐与旅游及城市品牌联动模式是在旅游景区由区域政府机构主办或参与主办的音乐节模式，主要代表为张北草原音乐节。政府主办已经日趋成为了音乐节最主要的主办主体类型，占音乐节总数的近四成。音乐与产品联动模式主要是由企业主办的音乐节模式，以销售推广企业产品为目的，如成都汽车音乐节。在国内户外音乐节的规模与影响力范畴上，前两种模式居音乐节的主导地位。

国内户外音乐节的盈利模式也较为单一。门票与赞助的盈利模式在操作上的难题以及音乐节举办中存在的诸多问题都是音乐节盈利的瓶颈（见图6－1）。

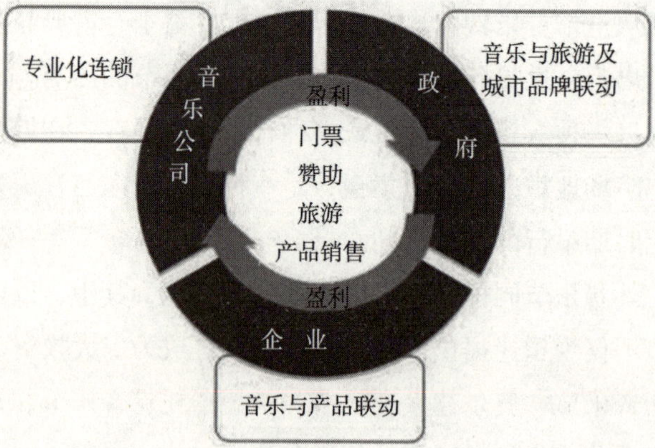

图6－1　我国户外音乐节主办主体、举办模式、盈利方式示意

总体来说，我国户外音乐节虽然数量急剧上涨，但是从口碑和商业成功两大因素考量，国内户外音乐节能够榜上有名的屈指可数，与国外的户外音乐节的成熟度相比，还存在较大的差距。

（三）我国几个知名户外音乐节发展模式

1. “恒大星光”音乐节

“恒大星光”音乐节是由恒大音乐主办的全国巡回音乐节演出活动。作为国内首个“可移动的音乐节”，恒大星光音乐节是把音乐节演出带到全国各地的首个音乐节品牌，将大型户外演出和音乐节的文化，带到了中国更广阔的西部和中部地区。许多城市的场地最终是在严格的考察和调查下，才达到举办音乐节的标准，造就了这持续两年来全国巡回近60场的音乐节壮举。

2. 迷笛音乐节

“迷笛音乐节”是由中国地下摇滚乐队的发源地——北京迷笛音乐学校创办的国内第一个原创音乐节，经过十多年的发展，已成为现代音乐最响亮的品牌之一。每年都有几十支国内外的知名乐队受邀参加演出，迷笛又被称为中国的“伍德斯托克”。迷笛音乐节称得上是国内数一数二的品牌音乐节，每年的迷笛音乐节的观众人数都在上万甚至几十万人次，同时它也是国内外媒体报道最多的音乐节，并且迷笛音乐节也是国内为数不多的几个盈利的音乐节之一。

3. 草莓音乐节

“草莓音乐节”是国内音乐厂牌摩登天空继“摩登天空音乐节”之后，于2009年创办的另一音乐节品牌，比之“摩登天空音乐节”，“草莓”的气质更为多元，更具有春天、浪漫、爱的特质。作为国内最大规模的音乐节，2014年，草莓音乐节共在12个城市举办，共有664组/次艺人参演，无论从举办场次、艺人规模，还是观众影响力，草莓音乐节都稳居国内首位。2015年，草莓势力进一步扩张，将在武汉、北京、上海、西安、成都、长沙等城市先后举办，更多观众将有机会亲临草莓音乐节现场，感受草莓星球最春天质感的现场魅力。摩登天空公布了2015年草莓音乐节的年度主题：缺的，才是好的。

4. 敦煌大漠音乐节

随着2013年大型纪录片《音乐公路之旅》的启动，6组风格迥异的音乐人，总里程超过2万公里的“唱游”里程，首度开创了“和音乐在路上”的唱行方式。最让人耳目一新的是拥有极具特色的西北文化专区，堪称全国唯一，将西北非物质文化遗产的多种艺术元素融会其中，创造中国最为独特、震撼的音乐节。

5. 顽石音乐节

由摇滚音乐人石磊创立的知名摇滚音乐节，2011 年 9 月 23 日第一届玩石音乐节在三国遗址公园盛大举行，音乐节囊括了全国一线艺人和乐队，涵盖了摇滚、流行、乡村、朋克、重金属、说唱金属、硬核、另类、电子、民谣等多种音乐类型。2012 年玩石音乐节华丽升级，6 月 29 日至 7 月 1 日连续三天在三国遗址公园举行。力求打造成为继迷笛、草莓之外的中国第三大音乐节。三届玩石音乐节以其浓重的黄黑设计、时尚的潮流气息、丰富的音乐类型获得业内极赞口碑。2015 玩石音乐节将全新起航。

6. 张北草原音乐节

张北草原音乐节将连续举办十年，在这十年间，《音乐时空》与张北政府共同努力，用摇滚乐的舞台展现张北草原的美丽，同时以草原的宽广与自然还原音乐节原始的自由享受。这个音乐节参加人数最多、整体规模最大、自驾车观众最多。放眼望去，宽阔的场地与密麻麻的人群、帐篷……感觉仿佛置身欧洲某大型音乐节。高质量的演出，加上突破 10 万的观众人数，张北草原音乐节第一年就成为国内音乐节的新标杆，意味着中国户外音乐节已经步入国际化的标准行列。

（四）我国户外音乐节存在的具体问题

近几年来，每到五一、十一、暑期，都会有五花八门的户外音乐节在中国各地举行，吸引着众多摇滚青年、户外运动爱好者、白领人士的参与。每次假期之前，关于结伴参加某个音乐节的讨论在网上随处可见。然而，事后的反馈却并不总是与之前的期待相一致。

1. 国内户外音乐创新能力不足，同质化现象明显

国内音乐节的音乐内容与质量明显跟不上音乐节数量增长的速度。音乐本身是音乐节最核心的灵魂，没有有质量的音乐内容，音乐节至多只能办成一场鸡肋般的大型嘉年华活动。音乐产业问题的解决绝不是仅靠搭建了音乐节的模式平台就可以完成的，音乐节只能说给音乐的发展提供了更好的环境以及发展的可能，并不能迅速的解决所有问题。许多音乐公司要想通过举办音乐节取得大的发展，提高音乐制作的质量才是音乐节成功的根本。

2. 国内户外音乐节场地难寻

对于户外音乐节来说，选址非常关键，因此，每年场地问题都是各大音乐节

主办方最重视也是最头疼的。尤其在大城市，举办户外音乐节，场地选择更是个问题。拿北京来说，北京就缺少专为户外音乐节开发的场地。北京的很多公园，不是为大型活动规划建设的，比如有很多台阶、破路，水塘等，这些都不利于人群无障碍地流动和疏散。大型户外音乐节离开城市向周边外迁是个趋势，这样可能更符合音乐节的规律，不光是北京，从全世界的大城市来看，都有这么一个趋势，包括国外那些真正的超级音乐节。

3. 主办方管理执行能力不足，服务不到位

大多数乐迷选择前往音乐节是为了近距离欣赏音乐的魅力。他们带着一颗对音乐朝圣的心，幻想自己参加的是中国的伍德斯托克或是格拉斯顿伯里。但对国内大多数音乐节而言，音乐节更像是场热闹的庙会，充斥着中国特色的喧嚣和杂乱。到处都是人挤人，散场后歌迷大量滞留，垃圾满天飞，这些现象证明，国内许多音乐节在管理和执行上的能力依然不足。另外，地方政府部门也只看到音乐节的举办给地方经济带来的激增，很少注意到自身在服务管理上的不作为或缺少作为。对于地方政府来说，如果只把音乐节当成吸引来访的噱头，不注重各种服务工作，在音乐节数量剧增并且同城扎堆、时间扎堆的竞争状况中，最终带来的是对音乐节本身的伤害和地方经济增长机会的流失。

（五）我国户外音乐节发展建议

1. 创新策划理念

多角度的音乐创新和音乐节活动创新是目前非常重要的，不同类型的音乐节更能调动人家对于音乐节的兴趣，也有利于创造出新的音乐节活动甚至新型节事活动。

2. 强化管理力度

举办地是否能承受音乐节预计人数的大规模进入，举办地要以什么状态来迎接户外音乐节的到来，活动区与居民区之间如何协调，交通会出现什么状况，周边环境中是否存在潜在的安全隐患等一系列问题都需要举办地相关管理部门进行慎重地考虑，这就需要举办地加强管理力度，采用多种措施保障音乐节顺利举行，如组建志愿者队伍或将城市的公益组织加入进来等。

总之，户外音乐节需要政府部门和音乐节主办方共同努力才能健康发展。作为舶来品，户外流行音乐节不能完全复制海外的模式，必须找到适应中国市场的本土模式才会有持续的活力。

参考文献

[1] 廉恩勇，张建忠．对体育旅游研究现况的分析［J］．泰山学院学报，2006 (12)．

[2] 薛群慧，卢继东，杨书侠．健康旅游概论［M］．北京：科学出版社，2014.

[3] 薛群慧，顾晓艳，俞益武．健康旅游研究进展（2013）［M］．北京：中国林业出版社，2013.

[4] 陈少峰．中国文化企业报告2014［M］．北京：清华大学出版社，2014.

[5] 柳伯力．体育旅游概论［M］．北京：人民体育出版社，2013.

[6] 陆邦慧．体育旅游的现状调查与对策研究［M］．北京：中国文史出版社，2014.

[7] 肖星，张伟强，王景波等．旅游策划教程［M］．广州：华南理工大学出版社，2005.

[8] 刘玉姝，李虹．奥运后北京市体育旅游发展模式研究［J］．牡丹江大学学报，2010（5）．

[9] 邵琪伟．健康旅游已经成为快速发展的新兴产业［EB/OL］．http：//www. toptour. cn/detail/info86318. htm，2013－04－10.

[10] 吴之杰，郭清．我国健康旅游产业发展对策研究［J］．中国卫生政策研究，2014（3）．

矫国梁（北京北奥艺通文化艺术发展有限公司）

第七章　智慧旅游与O2O

● 随着经济的高速发展和生活水平的不断提高，旅游已经成为拉动内需、扩大消费的一个主要方面。旅游的本质是一次前往非惯常环境的体验享受。从我国旅游业的信息化程度来看，目前大部分景区已开展数字化建设，旅游网站、电子商务、导览系统等已为大众所接受。

● 但目前还存在信息传递不畅，信息共享水平低等问题，而旅游者的消费需求越来越大众化、个性化、多样化、分层化，如何更好地满足游客的需求，使旅游业更好更快的成为国民经济的战略性支柱产业和人民群众更加满意的现代服务业，就成为了“十三五”期间非常重要的任务，能否提供一站式、综合化、个性化、智能化的旅游信息化服务成为了时代的重大课题。

● 随着物联网、云计算等新技术的兴起，智慧旅游为大众日益增长的多样化休闲旅游需求提供了一个可实现的途径。

一、智慧旅游与文化旅游

“智慧旅游”是一个全新的命题，它是一种以物联网、云计算、下一代通信网络、高性能信息处理、智能数据挖掘等技术在旅游体验、产业发展、行政管理等方面的应用，使旅游物理资源和信息资源得到高度系统化整合和深度开发激活，并服务于公众、企业、政府等的面向未来的全新的旅游形态。它以融合的通信与信息技术为基础，以游客互动体验为中心，以一体化的行业信息管理为保障，以激励产业创新、促进产业结构升级为特色。智慧旅游以云计算为基础，以移动终端应用为核心，以感知互动等高效信息服务为特征的旅游信息化发展新模式，核心是以游客为本的高效旅游信息化服务。

智慧旅游的建设与发展最终将体现在旅游管理、旅游服务和旅游营销的三个层面。

（一）智慧旅游产生背景

1. 站在“互联网+”风口之上，推动经济起飞

伴随我国信息化建设的大力推进，各个产业之间的逐步融合发展日益得到地方经济发展的重视。“互联网+”的概念便是在这一背景下出现，通过“互联网+各个传统行业”，利用信息通信技术以及互联网平台，让互联网与传统行业进行深度融合，创造新的发展生态。文化旅游产业关联系数大，与其他产业融合度高，特别是与互联网、物联网等的融合度高。在第二次工业革命中，电力让很多行业发生翻天覆地的变化，未来互联网也会像电一样，作为一种生产力工具，给每个行业带来效率的大幅提升。而互联网与文化旅游的叠加，能够为旅游管理、旅游体验、旅游经营都带来巨大的提升，拉动旅游经济的快速发展。

2. 政府层面日益注重为旅游发展引入“智慧”

2013年11月，国家旅游局发布了《关于印发2014中国旅游主题年宣传主题及宣传口号的通知》，将2014年旅游宣传的主题确定为“美丽中国之旅——2014智慧旅游年”。该通知指出，各地要结合旅游业发展方向，以智慧旅游为主题，引导智慧旅游城市、景区等旅游目的地建设，同时要求全国各旅游部门围绕“智慧旅游”来展开一系列的旅游推广宣传和旅游营销活动。智慧旅游是旅游业发展到现阶段出现的一种旅游新形态，是旅游业与科技创新融合发展的典范，是旅游业未来发展的趋势。智慧旅游发展的直接受益者将是旅游者，它将使旅游者享受到更多的智慧旅游服务。比如游客通过手机、iPad等工具，到网上查询观光信息、网上订票，还可以订制私人旅游线路，合理安排个人日程，最大化地利用旅游时间。

早在2011年全国旅游工作会议上，国家旅游局便指出：要抓住三网融合快速推进、移动互联网快速发展等机遇，推动旅游业广泛运用现代信息技术，以信息化带动旅游业向现代服务业转变。要大力发展旅游电子商务，鼓励和支持旅游部门和旅游企业开展网络营销、网上预订、网上支付，发展在线旅游业务，鼓励各类旅游信息化发展模式创新。选择一批有条件的旅游城市，开展“智慧旅游城市”试点，大力推进宾馆饭店、景区景点和各类旅游接待单位信息化建设。

3. 伴随信息技术进步，智慧与旅游联系日益紧密

最近几年以来，以信息化为代表的科技进步以及现代商业模式的创新，将直接推动旅游业转型升级。随着信息技术和知识经济的发展，用现代化的新技术、新装备改造和提升旅游业，正在成为新时期旅游业发展的新趋势。在这一进程

中，科学技术不仅创造出大量新的旅游业态和新的旅游需求，引导新的旅游消费，还将极大地推动服务方式创新和商业模式创新。

今后一段时期，信息技术将会更加广泛地运用到旅游业发展的方方面面。特别是正在推行的“三网融合”，将促进不同网络之间的信息兼容，实现网络资源的共享，这将在很大程度上改变传统的旅游消费方式、旅游经营方式和旅游管理方式，推动旅游业向现代服务业的运行模式发展，推动旅游业转型升级。

主要表现在：第一，全球信息化浪潮促进了旅游产业的信息化进程；第二，旅游产业的快速发展需要借助信息化手段，尤其是旅游业被国务院定位为“国民经济的战略性支柱产业和人民群众更加满意的现代服务业”以后，加快了旅游业与信息产业融合发展的进程，引导旅游消费、提升旅游产业素质成为旅游工作的当务之急；第三，物联网/泛在网、移动通信/移动互联网、云计算以及人工智能技术的成熟与发展具备了促成智慧旅游建设的技术支撑；第四，整个社会的信息化水平逐渐提升促进了旅游者的信息手段应用能力，使得智能化的变革具有广泛的用户基础；第五，智能手机、平板电脑等智能移动终端的普及提供了智慧旅游的应用载体；第六，随着旅游者增加和对旅游体验的深入需求，旅游者对信息服务的需求在逐渐增加，尤其旅游是在开放性的、不同空间之间的流动，旅游过程具有很大的不确定性和不可预见性，实时实地、随时随地获取信息是提高旅游体验质量的重要方式。

（二）智慧旅游的本质特性与核心关键

对于智慧旅游而言数据是核心和目标，一切都是围绕数据来进行的，从数据采集，数据传输直至数据的运算、信息的挖掘。从数据加工角度看，信息划分为三个阶段，第一个阶段是前端数据采集，第二个阶段是中间数据传输，第三个阶段是后端数据处理和应用。第一次信息化浪潮是以信息化为核心，是面向计算的；第二次浪潮以互联网为核心，是面向传输的；这次物联网形成了第三次浪潮，是面向应用。从前端海量的数据采集，到中间海量传输，再到后端海量数据应用，这才是从信息化到智能化的全过程。

1. 智慧旅游的本质特性

（1）透彻感知

通过建立遍布风景区各处的传感前端，实现对景区实况的实时感知，实现面向风景区的智能感知和管理，以及面向游客的虚拟旅游。智能感知与管理：风景区利用智能视频监控终端等各种传感设备，对景区内的实际情况进行实时感知和智能管理。可测算游客进入景区的人数和实时流量，进行景区流量控制；可对各种突发安全情况进行监控和应急处理，及早采取防范措施，确保景区内人、财、物的安全；可进行游客结构与旅游的统计分析，对旅游资源的深度开发进行决策支持。虚拟旅游：游客可通过景区旅游公共服务门户连接景区内的智能感知终端，进行虚拟旅游，包括对景点的360度全景浏览和实时实景体验，获取身临其境的感觉，丰富的景区资讯以及对景区的评价。

（2）互联互通

通过建立一个“智慧旅游”大数据处理中心，在实现对景区全面感知的同时，还实现多个系统的融合互通，将原本独立的各子系统进行整合，实现系统互联和数据互通。同时，还提供对外接口，实现与风景区外第三方系统的互联互通。智能交互：可实现旅游行业管理系统与旅游景区、酒店、旅行社、旅游车船以及餐饮、商场、娱乐场所经营系统各种资讯和商务数据的共享与智能交互；与其他政府部门和旅游相关行业的各种资讯和商务数据的共享与智能交互。

（3）分析预测

通过建设智慧景区，利用智能管理平台强大的商业智能功能，可以实现对历史数据的智能分析，并对预期客流量、车流量等未来数据进行预测。此外，部分公开数据还可支持游客进行旅游产品选择。

智能分析与决策管理。通过管理平台，可测算游客进入景区的人数和实时流量，便于景区流量的动态控制；可对各种安全情况进行潜在风险评估和应急处理，提前做好预测防范；可进行游客结构与旅游的统计分析，进行风景区各旅游季的动态票价规划，对旅游资源的深度开发进行决策支持。

智能旅游产品选择。游客可在景区旅游公共服务门户上，分类搜索查询各种多媒体旅游资讯，包括旅游政务信息、旅游企业诚信资讯，根据公开数据的趋势分析，进行风景区的旅游产品选择，预定或订购旅游产品、门票、客房、餐饮、旅游商品等。

智能线路优化。游客可在景区旅游公共服务门户上，对拟选择的旅游目的地，依个人倾向进行定制化的智能线路优化，并以地图的方式予以显示。

（4）主动推送

通过智慧景区建设，实现数据的差异化处理，将处理后的定制化信息通过智能平台向游客或管理部门进行主动推送。游客可在景区旅游公共服务门户上，自动获得与其年龄、性别、地域、兴趣等相关度高的旅游产品推荐；管理部门则能获得诸如人、车流量自动提示等主动信息。自动推送：在游客浏览景区旅游公共服务门户时，可根据上网地域，自动推送出当地出发的、具有季节性的旅游线路和产品供选择；对于注册用户，还可根据个人特征（语言、性别、年龄、爱好等）自动进行兴趣话题推荐和界面信息优化。

（5）智能导引

可借助景区交通引导和智能视频监控子系统，向自助游游客提供旅游线路信息和附近的人、车流量信息，向自驾游游客提供目的地附近停车场位置和空闲车位信息，并进行路线导引。

个性化的游客服务。可对会员账户主动推送目的地营销资讯、个性化旅游产品信息、实时节庆活动介绍、旅游优惠活动提醒等资讯。

自助导览。利用自助导游仪，或者智能手机、平板电脑等终端设备下载自助导游客户端软件，可实现景区自助导览、目的地线路优化与导航、酒店餐饮购物娱乐等导览消费，以及景区景观的信息自动推送和自助语音导游。

基于此背景，智慧旅游将极大地帮助景区管理部门打造智慧旅游景区，提高景区的信息化服务水平，让游客体验更智慧、更高效、更便利、更美好的旅游生活。

2. 智慧旅游的核心关键

（1）数据化——全面感知

全面感知的本质是使旅游资源能被计算机识别，然后形成整体的数据网络，从而实现数据信息的即时交互。其核心是感知技术，比如传感技术、RFID 技术、GPS 技术、视频识别、红外、激光、扫描等所有能够实现自动识别与物物通信的技术都可以成为智慧旅游的信息采集技术。目前运用较多主要集中在 RFID 技术上。

（2）互联化——全面传输

信息技术采集到的数据要经过传输才能到达智能处理终端。传输技术是指能够会聚感知数据，并实现物联网数据传输的技术，它包括互联网技术和移动通信技术等，包括远距离通信技术（GSM、GPRS、UMTS 等）、近距离通信技术（WiFi、蓝牙、Zigbee、RFID 和 UWB 等）以及基于 GPS、无线终端和网络的位置服务技术等。通过这样一个网络，能够连接所有的物体，在任何时候、地点，可以使他们通信。在此基础上，人类可以以更加精细和动态的方式管理生产和生活，实现智能化，提高资源利用率和生产力水平。换句话说，未来的传感网路、物联网在 anytime、anyone、anywhere 的基础上，又拓展到了 anything。

(3) 智能化——人性处理

智慧旅游是一个智能的网络，面对采集的海量数据，必须通过智能分析和处理才能实现智能化。目前实行智能处理的技术有云计算、模糊识别等。

云计算通过网络把多个成本相对较低的计算实体整合成一个具有强大计算能力的完美系统，并借助 SaaS、PaaS、IaaS、MSP 等先进的商业模式把强大的计算能力分布到终端用户手中。Cloud Computing 的一个核心理念就是通过不断提高“云”的处理能力，进而减少用户终端的处理负担，最终使用户终端简化成一个单纯的输入输出设备，并能按需享受“云”的强大计算处理能力。在未来，只需要一台笔记本或者一部手机，就可以通过网络服务来实现我们需要的一切，甚至包括超级计算这样的任务。它可以充分利用资源来处理海量信息，并降低运营成本。

（三）智慧旅游对文化旅游发展的意义

旅游业是信息密集型和信息依托型的产业，智慧旅游以融合通信和信息技术为基础，能有效提高旅游企业经营管理水平，渠道旅游产品创新，优化旅游产业要素在旅游产业内的流动途径，能以更低的成本吸引更多的交易主体进入市场，扩大市场需求，激励产业创新，增加旅游产业的竞争力。

1. 智慧旅游为文化旅游服务创新提供技术平台和支撑

智慧旅游面向自动化、智能化，为旅游产业服务创新提供技术平台。首先，该平台主要包括政府或权威旅游组织发布的最新公告、政策，旅游企业更新发布的最新优惠策略，旅游目的地相关信息的图片视频展示，最佳旅游线路设计，信用评价系统，预订支付服务，投诉建议系统，人工服务等。这些均为旅游产业提供了自动化的服务系统和管理系统，实现了旅游公共管理和旅游公共服务的无缝整合。其次，随着大众旅游时代的到来，民众对于旅游公共服务的要求迅速提高，特别是自助游客和散客，人数众多，约占整个旅游人数的 85% 以上，且需求各异。而智慧旅游实现了对游客的个性化定制，更好地满足了广大民众海量的个性化旅游需求。总之，智慧旅游为旅游产品及服务创新、旅游企业管理、旅游要素优化等提供了技术支撑。

2. 智慧旅游改变文化旅游企业管理方式和组织结构

智慧旅游在为游客服务的同时，也将实现传统旅游管理方式向现代管理方式的转变。首先，通过信息技术，旅游企业可以实现更加及时的监督管理和实时控制。其次，可以更好地维持旅游秩序，加强了政府、旅游企业、游客、景区和当地居民的联系，对旅游资源进行了有效整合，实现科学旅游管理。智慧旅游通过其特有的技术平台，促使旅游企业以电子商务为核心，重新构建其新的组织模式。

3. 智慧旅游改变文化旅游营销方式，升级旅游经济增长方式

从整个旅游方面来说，智慧旅游通过旅游与舆情监控，挖掘出游客兴趣点，企业可有的放矢地进行营销创新和产品创新。智慧旅游通过量化分析和判断营销渠道，筛选效果明显可以长期合作的营销渠道，充分利用新媒体传播特性，吸引游客主动来参与旅游的传播和营销，并通过积累游客数据和旅游产品消费数据，逐步形成自媒体这样一个营销平台。

实现旅游产业转型升级的关键在于合理配置旅游要素，形成有机联系的高效产业链条。具体来说，以智慧旅游推进不断推进旅游产业内部产品和服务创新、市场创新、商业模式创新等，从而提升旅游企业管理水平。降低运营成本，提高旅游业与文化、体育、农业、金融、医疗、房地产等产业的融合发展，进而实现旅游产业链条的延伸以及旅游产业边界的扩展，形成产业集群，促进旅游产业与其他产业的融合，从而大大提升其他产业的附加价值。由服务能力和产品竞争力，形成新的旅游经济增长点。

4. 智慧旅游优化要素配置并改变旅游产业结构，带动新兴产业发展

智慧旅游作为旅游业与现代信息产业融合的一种新形态，是提升旅游产业素质的关键环节，成为旅游产业调整的推动力量。智慧旅游不仅是技术、服务的概念，其思想必然会促进旅游业内资源的重新整合与细分，带动与智慧旅游相关产业的发展。越来越多的企业进入旅游界，更多的剩余资本进入旅游市场；同时旅游界原有企业开始拓展行业内的业务，旅游市场（尤其是在线旅游市场）被进一步细分；基于云计算的智慧旅游应用体验使游客更加注重个性化的旅游体验及信息享受方式，这要求改变经营方式、重组和细分相关旅游资源、开发和实施相应服务。智慧旅游将网络应用更深入地植入旅游基本要素当中，开辟了游客旅游的新方式，促进了旅游产业结构的优化与发展。

5. 促进旅游与文化产业融合

旅游的异地性、信息的丰富性和文化的特异性决定了旅游可带来的文化融合。语音导游为核心的电子化景区和智慧城市是旅游、文化两大产业的融合点，促进一些规模不大的地方的文化景点实现资源配置效率、丰富项目内涵、多元化展示手段，提升人气、提高旅游消费把文化植入旅游功能。可以通过挖掘、开

发、提炼等有效手段，在旅游项目开发、旅游景区培育、旅游市场促销和大型节庆活动策划、精品旅游线路设计、特色餐饮推荐、旅游商品开发等诸多方面跟进和挖掘游客的需求，从历史文化底蕴、地域文化特色、民族民俗风情等多方面，突出和彰显旅游产品的文化特征，赋予其深厚的文化内涵和更多的文化元素。不断开发和宣传富有品牌竞争力和文化影响力的旅游产品，使游客不仅是文化、旅游项目的旁观者、观光者，更是文化旅游活动的参与者、体验者，在参与中加深对地方特色文化和自然历史人文景观的理解。

（四）智慧旅游在文化旅游中的应用

智慧旅游是新技术的应用，主要是计算机、信息化的技术，也包括人工智能和物联网传感器的技术。技术应用的最终目的是要改善三个方面：第一是面对个人的游客的体验；第二是企业的经营能力；第三是政府的公共服务能力。这些服务能力的改善一定要结合现代管理理念、企业管理理念和公共服务理念，这样信息化和技术才有依存的概念和标准，才能实现旅游产业可持续发展的目标。

现在人们不再强调智慧旅游就是个人旅游过程当中的游客改善的体验，更多的总结为企业经营能力和政府公共服务能力。因为游客个人的智慧旅游改善，也是企业经营能力和政府公共服务能力提高到一个新的层面而带来的。智慧旅游应该体现的是多种技术应用创新条件下的旅游行为、旅游产业和旅游资源之间耦合化的一种社会形态。在这种状态下，信息化和物联网的技术能够和旅游产业整合融合在一起，这样，智慧旅游才能发挥更大的作用。

因此，智慧旅游作为一种耦合的社会状态，涉及政府、企业和游客三个方面，有不同的创新应用模式。对于政府来讲，主要是旅游智慧化服务和管理；对于企业来讲，是网络化的运营和智能化的设施，对于游客来讲，就是智能的旅游。

1. 应用现状

目前，智慧旅游在文化旅游中的应用主要体现在以下几个方面。

（1）旅游 APP

通过智能移动终端提供所有旅游景点的全程真人语音讲解，以故事等形式讲述该景点的文化内涵、历史变迁以及蕴含的艺术底蕴等，在向游客展现景点风貌的同时，传播旅游文化；提供景区全景及景区附近地图查询，游客可以快速获取自己当前所在位置，然后通过手机应用可以查看周边的酒店、周边的餐馆等；增加旅游线路规划、旅游产品的手机预订和支付功能；实现无线位置服务和新媒体营销结合，在取得游客许可的前提下，向游客推送旅游消费信息。通过和主流网站的第三方平台开放接口实现对接，使用户可以绑定微博、微信、社区网站账号，快速参与在线互动，实现照片游记分享、实时评论、游客签到、旅游交友等互动功能，让游客获得全面、丰富的导游、导览、导航、导购服务，完全实现把“导游装进手机里”。

（2）虚拟旅游

利用虚拟现实技术、GIS等技术将已有的景区3D虚拟旅游和360度全景虚拟旅游等整合到虚拟旅游平台中，对于尚未建设虚拟旅游的酒店、景点，进行虚拟全景数据的采集，营造虚拟旅游环境，直观而生动地向游客演示地域风貌、风土民情、文化内涵，以及主要旅游线路的各大景点的地理位置、景点分布、特色、历史变迁和相关旅游资讯，通过交互式视景仿真使游客产生身临其境的感觉，让游客通过体验虚拟旅游目的地的景观，激发游客的旅游动机，吸引游客进行线下实地旅行。同时，积极开展与百度地图、高德地图等地图服务商的合作，将虚拟景区、虚拟酒店等数据通过百度地图、百度旅游等平台进行展现，使游客通过上述平台就直接查看和体验的旅游资源，扩大旅游影响面和传播面。

（3）语音导览器

一般来说可以分为以下三类：自动语音导览系统、无线团队讲解系统、无线同声传译系统。

A. 自动语音导览系统

采用传统语音导览系统结合RFID技术开发出一套运行在移动终端的导览系统。该系统先在服务器端建立和本次展览相关的导览场景的文字、图片、语音以及视频介绍数据库，再下载到移动手持终端设备，最大限度地满足了不同语言、不同层次的参观者需求。使用者携带移动终端设备，通过其RFID感应功能，在进入每个展览区前获取到展区附带标签的EPC编码信息后，即可在移动手持终端设备上自动播放该展区内藏品的音频或视频信息。

B. 无线团队讲解系统

采用传统语音导览系统结合RFID技术开发出一套运行在移动终端的导览系统。提供的团队讲解系统音质高保真，能够在保证安静的参观环境的前提下将讲解员的专业讲解完美地传达给每一位游客。该系统具备各项世界先进的功能，可充分体现景区国际化的讲解服务水平。

C. 无线同声传译系统

无线语音导游展览参观讲解/无线同步声音传送翻译系统设备利用数字式PLL锁相合成，多频点技术，使可靠性大大提高，全系统可提供最多100声道的同传功能。独有的抗干扰电路，适用于各种复杂环境下的无线语音导游展览参观讲解与多国语言无线同步声音传送翻译。

2. 应用趋势

如何更好地适应外部环境的变化，是文化旅游产业今后发展面临的巨大挑战。在当今信息时代的背景下，文化旅游与信息技术的结合是大势所趋，文化旅游的大发展也对智慧旅游的需求体现出以下几方面的趋势。

（1）加强互动体验技术在文化旅游营销创新中的应用

加强旅游营销机构与各类网络运营商、网络传媒机构的合作，实现跨网络、跨平台、跨终端的数字旅游营销渠道构建。加强新技术与旅游文化的对接融合，以网络动漫、影视传媒、网络文学、网络游戏等网络互动元素为依托，积极发展线下主题游，利用大型展会、体育赛事、文化庆典等活动示范高新信息技术应用，倡导科技化文化旅游。

（2）加强面向文化旅游营销服务的关键技术应用

积极利用Rich Media（富媒体）技术提升目的地文化旅游资源和文化旅游主题活动的生动性和表现力。鼓励以广播电视频道、网络媒体频道、短彩信平台、互联网门户与论坛、博客/微博客、位置服务、SNS社区等各类成熟网络渠道资源作为目的地旅游营销载体。加强面向在线应用服务的旅游测绘，利用卫星遥感、360/720度实景拍摄、虚拟显示和地理信息系统等技术大力发展线上虚拟旅游，增强城市和景区的互动式营销体验。

（3）加强推广移动信息技术在游客在途服务中的应用

利用移动终端随时、随地、随身的天然优势，结合标签识别技术、传感器网络技术以及无线定位技术，实现旅游行为可标记，导游顾问可携带，游览对象可辨识，重点满足游客在旅游过程中对目的地信息的动态性、差异性、位置相关性和互动性需求。结合手机智能卡技术，拓展旅游一卡通在目的地通信服务、交通搭乘、消费支付、电子门票、智能导览、智能导购等方面的综合服务功能，开展物联网在旅游行业的应用示范。

(4) 加强面向游客在途服务的关键技术应用

加强符合移动信息传播需求的数字化文化旅游内容制作，解决各类文化旅游资讯、营销广告、多媒体宣传内容、旅游地图等信息载体在手机和智能移动终端的内容组织和展现问题；加快适合游客在途应用的旅游地理信息技术研发，促进电子地图、定位导航与移动智能终端技术的有机结合，重点发展旅游位置服务应用；利用数字标签技术对游客、景观文物资源进行识别和管理，推广基于RFID、二维码的电子门禁和智能化自助导览应用；推广集群通信、数字对讲技术在旅游管理、团队管理等领域的应用。

(5) 深化动态采集技术在文化旅游开发管理中的应用

加强对旅游环境的监控预警，在重点旅游景区规划布设传感器网络，基于地理信息系统和物联网等技术手段实施智能化管理，对自然资源、文物资源实施监控保护，为客观评价旅游项目对环境的影响提供数字化手段。

(五) 智慧旅游的典型应用分析

我国旅游业正处在由世界旅游大国向世界旅游强国转型的关键期，面临着增长方式和发展目标上的战略调整。面对新的形势，我国旅游景区可持续发展亦面临着新挑战。建设“智慧景区”是旅游景区未来的发展之路，是提升景区综合素质核心竞争力的重大举措，同时也是新形势下旅游景区发展的重大战略选择。

“智慧景区”是在“数字地球”向“智慧地球”转型这一重大背景的基础下，结合景区特性，运用现代科技技术，实现景区智能化发展，从而有效地保护旅游资源，为游客提供更优质的服务，实现景区环境、社会和经济全面、协调、可持续发展。智能识别、智能检测与定位跟踪构成了智慧旅游三大应用。这三大应用构成了智慧旅游个性化、人性化的游客体验。

1. 智能识别

物联网利用分布式的无线传感器网络，可实现对物体的智能身份识别。利用这一特性，可以运用在景区电子门票、景区智能导览等方面。

2. 景区电子门票

景区电子门票系统是利用RFID电子标签技术来现实的，具有电脑售票、验票、查询、汇总以及统计和报表等门票控制管理功能。另外，电子门票实际上就是景区内的“一卡通”，游客在对门票充值以后，可以将其用于景区内的乘车、住宿、餐饮、娱乐活动及购物等景区内一切消费活动。在每次的消费中，扣除相应的消费金额，而剩余的金额可在游客离开酒店时返还。应用完整的景区 RFID 应用系统，将景区门票、餐饮、酒店以及交通等进行有效整合，为客户提供一条龙服务，不仅能提高对游客的服务水平，更能提高景区的管理水平。应用景区电子门票可以让游客快速验票，快捷消费，可以减少服务环节，提升游客体验。

3. 景区智能导览

景区智能导览，是通过语音导览系统结合 RFID 技术开发出一套运行在移动终端的导览系统。导览机使用非常简单，只要是游客佩戴好导览机，进入发射器所覆盖的范围时，导览机就能自动讲解相对的内容，无须任何操作。导览机以听为主，并且每段时长控制在 5 分钟左右，避免游客疲劳。导览机本身非常小巧，如一般手机大小，戴在身上非常轻巧，通过耳机收听讲解，也不会受外界干扰。此外导览机也提供手动功能，游客可选择自己想要收听的景点。

游客只需向景区管理处租用一台自助导游解说耳机，便可一边游览景区，一边享受全程自动讲解服务。此外，游客还可以根据景区内移动二维码导览牌的提示，通过扫描二维码或者发送移动短信来接收相关景点图、文、音并茂的解说资料。

景区智能导览一改之前人工导游拿着喇叭费力讲解而效果不佳的情况，游客可以轻松获得景点资料，未来的一个趋势是，导览机将结合卫星定位技术、蓝牙技术、WLAN 技术等实现城市导览。

4. 智能监测

智慧旅游可集成多种传感器，通过自组无线网络实现旅游资源数据采集和汇总，具有不依赖基础设施、组网灵活、免布线、免维护、低功耗等特点。热门景区一到旺季容易出现游客拥挤、乘车站点拥挤、车辆调度不畅等问题，应用景区智能监测可以实现优化的综合实时管理调度。

5. 景区客流监控

影响旅游景区可持续发展的因素之一是景区内的游客数量超过了景区所能容纳的最大承载量，因此对旅游景区的客流量控制显得十分重要。旅游景区的客流量控制包括区内游客总量的控制和景区内各个景点的客流量控制，前者直接通过电子门票技术就可以轻松获取当前景区内游客总数量，当超过景区最大承载量时就可以采取停止售票、放缓售票等方式进行相应控制。对于后者而言，可以根据在各个景点的设置传感器读取游客的电子门票信息，以了解景点的游客实时分布情况。这样一来，可以通过了解景点游客的实时分布情况调整游客量，当景区内游客分布不均匀时就可以通过工作人员的适当引导来缓解那些“人气较高”景点的压力。

景区可以通过配置游客管理系统引导游客的空间流向，借助智慧旅游对游客在景区内的流动特征、消费习惯等进行科学的计量分析，甚至游客自身就可以根据智慧旅游的终端设备得到景区内客流分布实时信息，自主调整游览线路。

6. 景区资源管理

智慧旅游不仅仅是从视觉上对旅游资源进行监控，而是通过射频识别、红外感应器、全球定位系统、激光扫描等技术对旅游资源的温度、湿度、负重程度、色泽度等各个方面进行监测，使得景区管理者可以对有需要的资源进行及时维护，对于已经受到损害的旅游资源可以直接将监测到的相关信息传送到互联网上进行分析，从而获取相对具有科学依据的解决办法。而设置在景点附近的识别系统及预警系统可以向试图破坏旅游资源的游客发出警告。

在使用智慧旅游的旅游资源管理系统之后可以将景区内的各个资源联结为一个整体，并形成相对完善、科学的监测管理系统，使得旅游资源具有更长久的生命力。

7. 定位跟踪

基于无线传感网络的定位跟踪技术，通过计算信标结点和目标结点的电磁波传输时间来实现跟踪定位。移动互联网和传统互联网最大的不同，就是多了一个额外的维度——地点。因此，在智慧旅游的应用中，定位跟踪有着极其重要的作用。

8. LBS 位置应用

LBS 英文全称为 Location Based Services，它包括两层含义：首先是确定移动设备或用户所在的地理位置；其次是提供与位置相关的各类信息服务。意指与定位相关的各类服务系统，简称“定位服务”，另外一种叫法为 MPS - Mobile Position Services，也称为“移动定位服务”系统。

“基于位置的服务”——是专门针对流动的旅游者的服务：“通过智能移动终端的 GPS 卫星定位获个人的位置数据，那么我位于某一个点上的时候，它会告诉我，附近哪里有电影院，将放映什么电影是我可能感兴趣的，哪里有我喜欢的书，哪里有我喜欢吃的菜，我会知道去机场会不会晚点，如果已经晚了，那么下一班是几点，它不会把巴黎的飞机时刻表发给我，而是只把北京的时刻表给我。这些完全是由移动性带来的，固定的 Internet 服务不是这样的。”

9. 景区应急处理

对于森林公园、山岳等范围较大的景区，经常会出现游客走散、失踪等现象。针对这种情况，智慧旅游可利用定位跟踪、RFID身份识别等功能在景区内建立一套完善的游客安全保障体系。根据不同类型的旅游景区，智慧旅游在安全管理方面的应用形式也有所区别。对于地貌环境多变复杂的地区，在有限的人手下，如何合理调配人手，以最快的速度进行现场的救护工作显得非常重要，也很有必要。当游客走失或遇到危险时可以通过游客携带的电子门票利用GPS技术定位，然后通知距离最近的救护人员配置一台带GPS的RFID手持设备第一时间前往现场救护；对于那些面积范围相对较小，游客密集的景区，很容易成为恐怖分子袭击的目标，因此需要在景区入口处利用RFID射频识别技术进行严格的安全检查，避免恐怖分子将危险物品带入景区内；对于一些危险系数较高的旅游项目的景区，一方面要在事故易发段安排救护人员，另一方面可以通过智慧旅游的全方位监测来预防各种事故的发生。

目前制约我国智慧景区发展的因素较多，主要体现在不成体系、实用性差，信息化建设滞后于旅游业的整体发展需求；同时，还存在着重硬件轻软件、旅游信息资源零散且共享性差、旅游信息资源开发程度和服务质量较低、旅游信息技术人才短缺等问题。

智慧景区需要遵循的基本原则。首先，要结合景区发展实际，确定“智慧景区”系统的定位和功能。其次，与相关合作单位积极探讨“智慧景区”的商业运营模式。要多鼓励利益主体参与投资，促进适合长期发展的运营模式，才能确保智慧景区的良性发展与有效实施。第三，要选择好智慧景区建设中的软、硬件合作厂商。第四，“智慧景区”的建设要与景区效益相结合，要确保对景区内部管理有标准化的提升，对景区内资源进行有效的分配与调度，有效提升景区的运营能力与办事效率，并减少景区固定投入成本与人力投入成本。

二、O2O与文化旅游

O2O即Online To Offline，即将线下商务的机会与互联网结合在了一起，让互联网成为线下交易的前台。线上，互联网是交易的前台。消费者可以在线上筛选服务，还有成交可以在线结算；线下，消费者可以自主去享受服务。这样线下服务就可以用线上来揽客，消费者可以用线上来筛选服务，还有成交可以在线结算，很快达到规模。

（一）O2O模式概述

1. O2O商业模式的产生及发展

电子商务已经改变了大众的生活方式。说到大众的生活，作为C端，更多的是在网上购买商品，然后B端或者店主把商品塞到箱子里，通过物流公司送到消费者面前，完成B2C、C2C的过程。

数据表示，服务业的GDP占有率比那些能塞到箱子里的商品高，而且未来5年国家将进一步提升服务业的GDP占有量，同时还发现，生活服务类商品在团购上更容易被消费者接受。像酒吧、KTV、餐馆、加油站、理发店、健身房、干洗店等，这些服务不能把它们塞进箱子里送到我们面前，而必须我们到线下实地去享受服务。事实也证明这种在线支付购买线下的商品和服务，再到线下去享受服务的模式很快被接受。因此，催生了这种新的电子商务模式的诞生，即O2O。

2. O2O旅游模式案例分析（携程旅行网）

携程旅行网成立于1999年，2003年12月在美国纳斯达克上市。携程网使用O2O模式，成为中国最早的上市概念。甚至可以说，纳斯达克是先认识了中国的O2O，后知道中国电子商务的。像标准的O2O一样，携程网有线上线下两部分业务。线上提供“目的地指南”涵盖全球近500个景区、10000多个景点的住、行、吃、乐、购等全方位旅行信息；线下向会员提供酒店预订、机票预订、度假预订等全方位旅行服务。目前，携程旅行网拥有国内外5000余家会员酒店可供预订，是中国领先的酒店预订服务中心，每月酒店预订量达到50余万间一夜。

中国电子商务O2O另一个较为成熟的应用，就是订票服务。飞机订票是又一项相当普及的O2O订票服务。国内最早开发电子客票的是南航。现在这项服务已经普及，我们每个人都可以在网上订购飞机票，然后到现实的机场去接受航空旅行服务。“一般情况下，深航通过电子商务网站直销的成本约为传统分销渠道的1/6～1/8，我们借此能节约80%的销售成本。”据深航人士介绍：“深圳网民规模近700万，有过网上订购的网民更占其中七成。这是深圳民航电子商务发展迅猛的市场基石。”

3. O2O模式、团购、B2B、B2C之间的关系

因为现在人们接触O2O大多数都是通过团购进行的，因此很多人容易把O2O模式同团购混为一谈。事实上，O2O和团购是有很大区别的，其关系如图7－1。B2C、C2C是在线支付，购买的商品会塞到箱子里通过物流公司送到顾客

手中；O2O是在线支付，购买线下的商品、服务，再到线下去享受服务。O2O是网上商城，团购是低折扣的临时性促销。

（二）O2O模式的现状及优缺点

1. 现阶段O2O模式的存在形式——基于O2O模式的团购

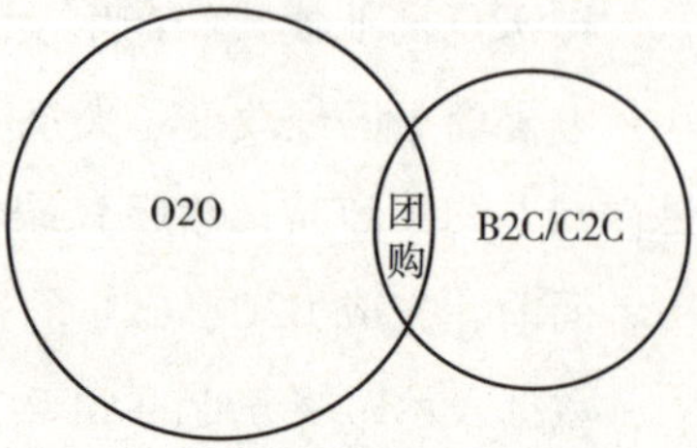

图7－1　O2O和团购的关系

与传统电子商务的“电子市场＋物流配送”模式不同，基于O2O模式的团购网站大多采用“电子市场＋到店消费”模式，消费者在网上下单并完成支付，获得极为优惠的订单消费凭证，然后到实体店消费。它使消费者兼得线上订购的便捷实惠和线下消费的完美体验，特别适合必须到店消费的商品和服务，比如餐饮、健身、看电影和演出、美容美发等。而团购作为O2O模式的一种运用正在广泛地被大家所熟知。我们可以以中团网为例分析这种模式。

（1）中团网的基本情况

中团网（www. TeamBuy. com. cn）——O2O模式全球领跑者，隶属于中团旗下，于2006年正式上线运营，现已是家庭大宗消费品O2O模式全球最大购物平台，专业提供房产、装修、建材、家具、家电、结婚、学车、汽车、教育等家庭大宗消费品服务。中团网合作对象主要为行业一线品牌，截至2011年，全国已开通运营近200个城市分站，会员数量超过2000万，合作商家3万多家，并引起了业界及媒体的高度关注，荷兰国家电视台、南方都市报、广东电视台、商业周刊、亚太经济时报、中新社、网易、新浪等海内外媒体纷纷进行采访和报道。

（2）中团网O2O模式：线上组团，线下成交

针对家庭大宗消费品价格昂贵、线上展示难，消费者对网络商铺＋物流配送（B2C模式）不太接受等特点，中团网打造了“线上组团、线下成交”的O2O模式。

中团商城——打造全球首个家庭大宗消费品本土化购物商城，消费者通过中团商城筛选商品、获取团购号或支付订金或全款，到商家线下实体店体验成交，做到“线上订购享优惠、线下成交保安全”（365天随时购买）。

中团活动——包括团购会、工厂直供会、大型展会（团博会、婚博会、家装展等），消费者（会员）通过中团网活动页面报名、筛选商品、索取门票、优惠券等，到线下指定地点参加活动、购买商品，凭票或凭券、短信、二维码等获取优惠及服务（此方式面对面交易，最有保障）。

（3）中团网核心理念：正品、低价、零风险

中团网提出“网购不仅仅是省钱”的口号，认为团购在于解决消费者所关注的商品质量、价格、服务、售后、维权等全方位的诉求，提出致力打造“正品、低价、零风险”O2O购物平台的目标。

正品：中团网承诺其销售商品均经过严格审核筛选，全部为签约合作商家提供，保证100%正规供应。

低价：中团网承诺以“省钱总是硬道理”为宗旨，减少了传统销售环节层层成本，商家有了更大的让利空间，商家合约承诺商品价格均大大低于市场价格，让消费者获得实实在在的优惠。

零风险：中团网追求合作商家为行业一线品牌，商家信誉、商品质量、售后服务能得到全方位保障；同时，中团网协助消费者维权，竭力保障消费者权益，消费者可放心购买。

（4）中团网三赢法则：会员赢、商家赢、中团赢

中团网期待通过商业模式的革新，采用线上线下结合的方式，借助先进的数据追踪技术（二维码等），整合异业资源，实现了会员、商家、中团的三赢。

会员赢：对于会员“正品、低价、零风险”，中团网尝试成为会员的省钱专家，也是消费保镖。通过中团网，消费者可以享受优惠折扣及增值服务，同时获得消费安全保障，还可以互动交流、分享点评、积分返现，获得新颖的电子商务消费体验。

商家赢：对于商家，中团网提出“专业、服务、高回报”，中团网想做销售渠道，也做活动营销专家、宣传媒体。中团网在全国建立200多支地面营销部队、宣称通过中团网，商家可进行精准营销及宣传，快速抢占市场，实现销售、宣传双丰收。

中团赢：中团网期待通过平台的良性循环，借助先进的数据追踪技术，获得海量的终端数据及网站点击率，实现了平台的快速增长及合理盈利。

三、旅游O2O发展现状与趋势

如果根据O2O的一般定义，Online To Offline或者Offline To Online，旅游实际上是较早走向O2O的领域之一，携程早期的线下发卡，吸引用户网上预订酒店，再回到线下消费的模式算是O2O的雏形，但真正的旅游O2O是在移动互联网高速发展、行业产业结构升级、消费者体验需求提升的综合背景下爆发的。

（一）发展现状

比起其他行业的O2O，旅游O2O较为慢热。直到2014年的9月开始，旅游业各代表才开始陆续明确提出旅游O2O的大方向，在战略定位上开始肯定旅游O2O，如2014年9月3日，百度推出直达号，明确表示发力旅游O2O及其他生活服务领域，连接人与服务；2014年12月26日，去哪儿投资了旅游连锁机构旅游百事通，并成为其第二大股东，明确提出去哪儿将联合线下资源走旅游O2O方向；2015年1月31日，景域集团董事长、驴妈妈创始人洪清华在其集团年会上发表题为《2015年景域集团实现旅游O2O生态圈的关键年》的演讲，明确了旅游O2O的发展方向，携程副总裁郭东杰在2014年环球旅讯峰会上明确携程其实10年前就在走旅游O2O路线，近几年携程通过对线下资源的掌控事实上一直在践行旅游O2O，而传统旅行社也正在大力发展线上渠道，途牛在尝试向线下发展，通过开设线下门店实现向二、三线城市和区域扩张。商业模式的实质不是看说了什么，而是看具体做了什么。

旅游六大要素——食宿行游购娱中诸多环节在过去的一年中在践行旅游O2O方向上可以说已经形成共识并逐渐走向了深化，从解决出行交通问题的滴滴打车、快的打车到移动旅游分享应用的面包旅行，到周末去哪儿，到在国内以小猪短租为代表的分享经济的崛起，旅游O2O发展全面开花，从新型创业公司到OTA老兵、BAT巨头，行业的参与度已形成全面展开的局面。接下来O2O的发展将超越炒作概念的阶段，逐渐走向深化，行业细分，回归商业本质。原因很简单，互联网、移动互联网高速发展的趋势不会减弱，据艾瑞数据显示，2014年中国在线旅游度假占整体休闲游市场的比重为10%，未来几年会持续上升，预计2017年将达到15.6%。但同时旅游线下消费体验的本质无法完全线上化，这一特点决定旅游必然还是O2O模式，这个趋势仍不变。

（二）发展瓶颈

根据劲旅网的基础统计数据，2013年，中国机票总交易额3622亿元，在线交易额占比为42.64%；酒店总交易额为2986亿元，在线交易额占比为20.58%；休闲度假旅游总交易额为3174亿元，在线率9.23%；其他部分总交易额19691亿元，在线率为0.35%。从这组数据可以看出，酒店、机票等标准化产品在线交易占比较高，而休闲度假产品及其他，则将在线旅游互联网渗透率整体占比拉低了。若从单项继续分析，休闲度假产品中的门票交易额是关键，其中门票中乐园类景区的在线预订比例占 12% ~15%，山水类仅 2% ~3%，古镇类、古建筑类景区仅有 1.5% 左右。

另根据 eMarketer 的数据，若仅考虑酒店住宿、机票、休闲度假游，美国 2012 年在线旅游渗透率已经达到 74%，其中机票达到 76%，酒店达到 73%，而休闲度假游产品也达到了 70%。但从电商的角度看，中国网购渗透率 2012 年就超过美国。当时中国是 6.2%，美国是 5.2%。2013 年中国是 7.8%，现在继续向 10% 的方向迈进，持续领先美国。

从数据上来看，中国网购渗透率领先于美国，但在线旅游渗透率却落后美国几倍。从木桶理论的角度来看，虽然我们在酒店、机票、休闲度假游各个板块的互联网渗透率都有差距，但最明显的短板还在于休闲度假产品中的门票产品渗透率低、增长缓慢。到 2017 年，如果旅游在线渗透率达到 15.6% 的话，那么年均增长率仍然不容乐观，在机票酒店等产品线上交易已经逐渐碰触到天花板的情况下，最为短板的部分是门票市场的渗透率及休闲度假整体打包产品的渗透率。从另一个更为专业的角度来看，涉及的是旅游产品的供应链优化问题。所以旅游 O2O 不能仅仅从线上线下渠道的角度来看待，而是要以供应链的角度来分析才能触碰到其实质。

（三）发展趋势

O2O 是旅游业的本质要求和发展方向。O2O 的核心特征不仅是在线平台整合线下资源，带来线下消费，更是通过信息技术改造传统行业，提升效率和价值。发挥数据的作用准确掌握用户的消费行为，反过来改变生产、销售、营销的方式。

旅游供应链基本构成环节由初级供应商、旅游运营商、旅游代理商（旅行社）和游客四个主体构成。初级供应商包括酒店、饭店、航空公司和其他运输公司等，具有高固定成本、低边际成本和高产品时效性的特征；旅游运营商常被称为批发商，具有中间商和制造商的双重性质，既可以简单地将旅游产品或服务从基层供应商传递给旅游代理商或游客，也可以将基本供应商的产品或服务整合为全新的产品——产品包，甚至以自己的品牌进行营销活动，按照其业务范围可以分为出境游运营商和入境游运营商两类；旅游代理商主要是指将旅游运营商的产品包或者初级供应商的产品或服务销售给旅客的组织机构，与旅游运营商和初级供应商形成委托代理关系，按照代理商与游客所在国家相同与否同样分为出境游代理商和入境游代理商两类；旅客按照其性质可以分为不同类型，包括独立游客和团体游客、国内游客和国外游客等。

1. 旅游供应链结构

旅游供应链的结构分为直线型结构、网络型结构和新型结构三种基本类型。

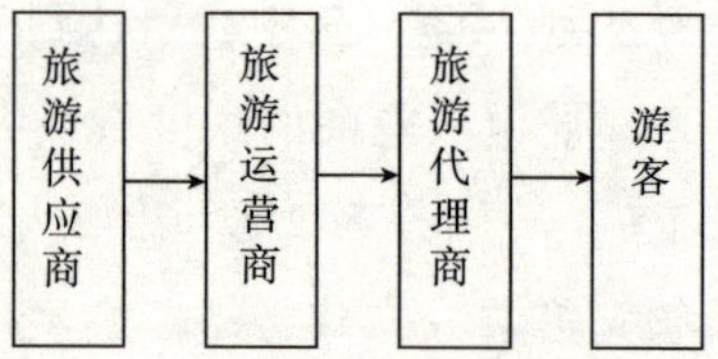

图7-2 直线型旅游供应链结构

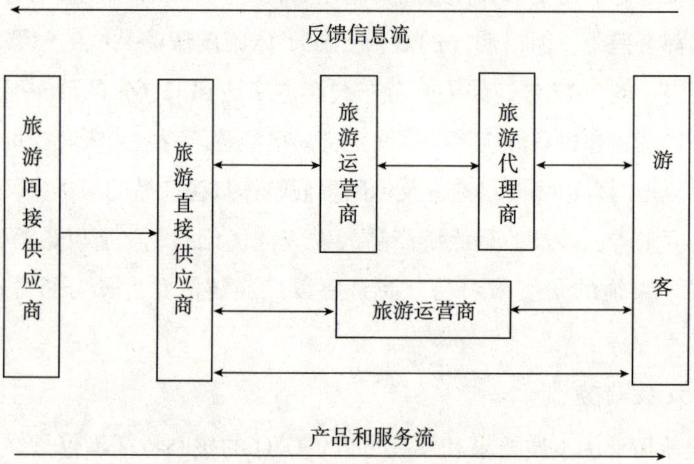

图7-3 网络型旅游供应链结构

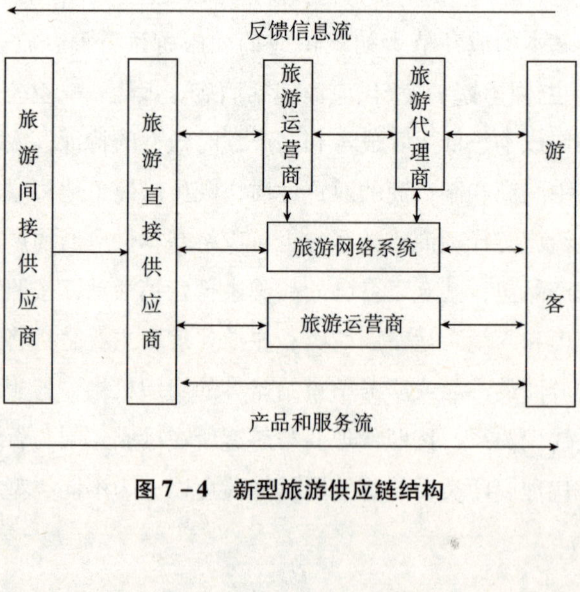

图7-4 新型旅游供应链结构

从这三种基本供应链类型中可以看出信息流、产品流和服务流是旅游产业的三根主线，互联网的高速发展及信息技术的进步则在进一步优化旅游供应链。可以说互联网等信息技术的发展对旅游行业产生了极大的影响，电子商务、信息传播技术的出现不仅改变了旅游企业传统的交易模式，也对旅游供应链上的企业合作方式和权力分布产生决定性影响。

概括来说，信息技术的引入对旅游供应链的影响主要体现在两个方面：一是旅游供应链主体之间的协作；二是旅游供应链的重构。而这两点正是旅游 O2O 的本质。所以旅游 O2O 的深度发展需要在这两点上形成突破，而旅游产品的虚拟性特点又把商品流进一步汇集到信息流中，旅游 O2O 从本质上来说就是信息流 + 服务流。线上对旅游产品浏览、参考、预订、支付、评价等动作加上线下实际体验就构成了旅游 O2O 的闭环，而这一闭环的关键环节离不开信息流的通畅和服务流的细致体验。

当前中国旅游 O2O 的发展过程中，体现了旅游产品供应商、旅游核心企业（中间商）、旅游者三者之间的利益共求与竞争发展的现实需求，旅游电子商务以食、住、行、游、购、娱等六大要素为服务供应商，以核心企业为组织纽带，通过电子商务平台的信息流与游客交流。信息流和服务流在旅游 O2O 中如此重要也是由旅游产品本身的特点所决定的：其一，旅游产品具有无形性、生产与消费的同时性、不可储存性、独特性等特征，游客事前对于旅游地以及旅游产品无法触摸、感知，只能事后评价，随着信息技术的发展，网络虚拟社区提供了大量的旅游信息和虚拟旅游产品，网络多媒体为旅游产品提供了“身临其境”的展示机会，因此，旅游电子商务可以使无形的旅游产品“有形化”。其二，由于旅游产品独特的产品特征，不可能提前“生产”和“储存”，只有当游客在实际旅行时才能完成旅游产品的生产。旅游电子商务企业能做到实时整合服务供应商和游客之间的供给与需求，完成旅游产品的预售。其三，旅游电子商务销售旅游产品可以采取直销模式，通过在线电子商务平台宣传、销售，直接与游客接触完成预订、支付，减少中间环节，可以最大限度地节约成本。

刘　锋、王　波（北京巅峰智业旅游文化创意股份有限公司）

第八章 文化旅游策划与营销

● 文化旅游策划与营销是市场营销学在旅游业中的创新应用，是旅游业的第一生产力。它在科学分析旅游者的需要、动机的基础上，归结出不同旅游者的购买行为和方式，研究在一定的时空条件下，如何刺激旅游者需求并满足旅游者需要的营销规律。文化旅游营销策划使得人们对旅游业的管理与经营的认识上升到一个新层次，可称之为文化旅游产业运行中的灵魂。

● 文化旅游策划营销须具备鲜明的目的性、明显的综合性、强烈的针对性、突出的操作性、确切的明了性等特点，即体现“围绕既定主题、目的直接明确，步骤深入细致、环节周到具体，推进一事一策，表述简易明了”要求。2015 年中国文化旅游产业的策划与营销应在顺应“互联网 +”的国家级战略发展背景下，着力于七个方面：休闲度假旅游、乡村旅游、文化旅游产品、研学旅行、老年旅游、健康旅游、旅游购物消费。

● 本章主体分为三部分，深入剖析文化旅游产业策划营销的基于主客体关系和营销载体的多元化，结合 2014 年国内文化旅游产业具有代表性若干策划营销案例逐步展开观点的论述。

一、文化旅游的市场与消费者分析

（一）游客市场分布特征

目前，中国形成了国内旅游、入境旅游、出境旅游三大市场三足鼎立的格局。根据国家旅游局公布的数据显示，2014 年，国内旅游人数 36.3 亿人次，同比增长 11.4%；国内旅游消费增长 16.3%，达到 3.1 万亿元。出境旅游人数 1.16 亿人次，同比增长 18.2%；出境旅游消费增长 20%，达到 1550 亿美元，旅游服务贸易逆差将突破1000亿美元。中国已经稳居世界第一大出境旅游市场与第一大出境旅游消费国。中国境外游游客人数从2001年的1000万人增长至2014年的1.16亿人，带动了全球旅游行业的向上发展。

国内游增速平稳，出游成为三、四线城市首选。根据2014年酒店预订及点评消费者数据分析统计，国内年度目的地人气排行为：从当前预订情况看，2014年国内游预订出行最热门的十座城市，按由高到低的顺序排名分别是，北京、上海、广州、杭州、成都、三亚、厦门、西安、青岛、武汉。就此，同2013年相比，热门城市排名变化不大，依然集中在杭州、成都、三亚、厦门、西安、青岛、武汉等地。“成都美食游”“西安古都游”“杭州小资游”深受消费者喜爱。

还有些类似于吉林省、广东省旅游“交换冬天”，也是非常受欢迎的。吉林省一季度实现国内旅游收入360.84亿元，同比增长19.9%；接待国内旅游2505.68万人次，同比增长11.6%；游客人均花费1440.09元，同比增长7.4%。

而三亚、厦门、青岛等海滨海岛、综合性旅游城市，人气持续走高，同比增长10%。住宿是游客出游刚需，而随着休闲旅游概念逐渐深入人心，周末选择郊区度假，城市酒店度假的市民越来越多。

（二）游客消费行为研究分析

1. 旅游者人口统计特征

（1）从年龄构成来看，1982年以来我国65岁及以上人口数量逐年增加，至2014年达到13755万人，占总人口的10.1%；15岁以下人口数量逐年减少直到2011年才有所回升，至2014年我国15岁以下人口达到23957万人；15岁至64岁的人口数量在持续上升后，2014年首次出现下降，达到99070万人。

（2）作为观测人口红利的显性指标，人口总抚养比在1982年以来持续下降，到2010年开始上升，至2014年已上升至38.06%。老年抚养比持续上升，我国老龄化问题值得关注。

（3）从城乡结构看，我国城镇化率持续上升，在2011年超过了50%。2014年末全国城镇常住人口为74916万人（占比54.77%），比2013年末增加1805万人，乡村常住人口61866万人，减少1095万人。

（4）从性别结构看，2006年以来性别比持续下降，2014年末我国男性人口

70079 万人、女性人口 66703 万人，性别比 105.06（以女性为 100）。

（5）旅伴：伴侣/配偶（带孩子）54%、家人 46%、朋友 45%、伴侣/配偶（不带孩子的）26%、独自出行 16%。

2. 旅游者消费行为特征

（1）对于出游的游客，观光、餐饮和购物仍是最受欢迎的活动。对历史遗迹感兴趣的（35 岁以上游客占 39%，35 岁以下游客占 32%），对美食感兴趣的（35 岁以下游客占 36%，35 岁以上游客占 26%），同时较看重购物的（35 岁以下游客占 27%，35 岁以上游客占 22%）。

（2）旅游目的地的决策行为

2014 年旅游者境内游，人气从高到低依次是：三亚、丽江、九寨沟、西藏、厦门、桂林、成都、新疆、西安、哈尔滨等；2014 年旅游者出境游，按人气从高到低依次是：泰国、中国香港、中国澳门、中国台湾、日本、韩国、欧洲、马尔代夫、澳大利亚、美国、毛里求斯等。

3. 旅游者对出游决策及信息采集

（1）对不同信息来源的采用率和信赖度

中国游客在搜索境内、外游时，从旅游指南书籍中采用的旅游信息，采用率为 53%，信赖度为 10%；从朋友那儿得知，采用率为 52%，信赖度为 14%；住宿预订网站/旅游网站，采用率为 48%，信赖率为 13%；旅行社，采用率为 47%，信赖率为 10%；旅游杂志/手册，采用率为 39%，信赖度 4%；社交媒体，采用率 33%，信赖度为 5%；从促销/优惠，采用率 31%，信赖率 7%；移动应用搜索，采用率 30%，信赖率 5%。

很明显，旅游指南书籍、朋友和在线旅游网站，仍然是游客做决定时最喜欢参考的信息来源，虽然一些信息表明使用这些来源的游客略有下降，而使用譬如社交媒体的游客则有所增加，今年依靠朋友做出决定的游客比 2013 年下降了 8 个百分点，降至 52%；而依靠社交媒体做出决定的游客攀升了 6 个百分点，上升至 33%。

（2）对经营出境业务旅行社的选择

数据显示，大多数人出行首选经济型酒店，其价格区间为 150～299 元/夜，预订比例高达 43.45%；除此之外，中端酒店也有大幅增长，价格区间为每间 300～599 元/夜，占比为 20.82%。

这源于国内游客的消费水平提高及国内外酒店集团近两年在中国市场上加速布局中档酒店。中档酒店主要定位于收入殷实、消费理性、追求高性价比与入住体验的消费群体。除酒店的安全、干净、实惠因素外，酒店的地理位置、设施服务以及顾客点评也成为旅游消费者关注度较高的元素。

（3）游客购买旅游产品决策过程分析

A. 游客目的及对产品选择的标准

出游目的地：几乎所有（97%）中国游客都曾为了休闲目的出游，近一半的人表示自己曾因商务/求学目的出游。

旅游时会考虑的因素例如：人身安全、是否物有所值、当地的文化庆典活动、天气情况等。安全出行是第一大因素，而历史遗迹再次以37%成为影响出行的第二人因素，再次则是美食29%。今年调查结果显示，中国游客不再那么“精打细算”了，选择购物这一因素则比2013年上升了6个百分点，达到23%。

游客在旅游产品类型方面的偏好：旅游者每年会选择的旅游产品出行，其中入选最多的前三位是：自由行产品、酒店、机票比例分别是74%、68%、62%，其次有团队游33%、门票31%、一日游18%、火车票14%等。租车作为近两年新的旅游业务也获得了7%的消费。

B. 消费者对出游的接受程度

一、二线城市出境旅游人次平稳增长，三、四线城市人们随着收入的增加，出境游也已被列入出游计划中。

从各个季度出行人数来看，因春节黄金周以及十一黄金周旅游出行的拉动，2014年全年第一季度及第四季度国内游人数占比近60%；第三季度因暑假出游带动，人数明显高于第二季度。此外，家庭型消费者更热衷于选择长假期间出游，而单身型消费者及情侣型消费者更习惯错峰出行。

C. 游客的消费水平

在酒店消费人群中，59%的消费者将经济型酒店作为出行入住的第一选择；民宿客栈因其独特的风格也吸引了18%的消费者。选择主题酒店（动漫、情趣主题等）的约占15%，这部分消费者的选择主要是基于个人偏好需要。选择星级酒店的占10%，星级酒店因其完善的服务措施，优良的服务质量吸引了一部分消费者，但因其价格贵、消费水平高，大部分年轻人只能望而却步。在床型选择上，商旅型消费者主要选择标准间，家庭型消费者热衷选择标准间和三人间；而情侣型消费者以年轻人居多，多会选择大床房，且愿意尝试新鲜事物，对榻榻米、水床、圆床等特色大床房情有独钟。

从线上酒店预订数据分析来看，近半数消费者从早年的PC端预订转为Mobile端预订。2014年，手机客户端预订比例超过50%，同比2013年，增长超过6倍。伴随着酒店预订方式的改变，酒店支付方式也在发生着悄然改变，从过去的前台付现、前台刷卡，酒店预付成为更多消费者选择的支付方式。倾向于在线全额付款的消费者，信用卡付款是主要的支付方式；选择通过支付宝、储蓄卡及微信支付的消费者也呈稳定上升趋势，到店现金支付比例下降。

游客对食物也是十分重视的，95%的人在行程中会在酒店用餐，餐饮是游客在旅行期间的第二重要活动，尤其是对于35岁以下的游客群体。

D. 游客的消费差异

中国女性休闲旅游的次数高于中国男性（由2013年的3.61次增至2014年的4.86次）。观光（女性占74%，男性占72%）、餐饮（女性占67%，男性占61%）和购物（女性占60%，男性占51%）特别受中国女游客的欢迎。尤其值得一提的是，女性对旅游的兴趣在2015年有所提升，2014年则略低于男性（女性占72%，男性占78%），选择自由行而非团队游的女性比例则略高于男性（女性占68%，男性占65%）。

女性最喜欢选择具有当地特色的单体酒店（42%）和国际连锁酒店（41%）。与2013年不同的是，今年的结果显示，女性对具有当地特色的单体酒店的青睐程度略低于男性（女性占42%，男性占44%），她们同时热衷于预定国际连锁酒店。

在酒店设施方面，女性游客最重视无线网/互联网服务（69%），而2013年，她们更看重酒店餐厅，还有女性更看重酒店内的水疗设施（女性占13%，男性占9%），而男性更看重的是酒吧（男性占10%，女性占6%）。男女在水疗上花费差距正在逐渐缩小，2015年的结果显示，在水疗上花费最多的男性比例在接近女性（女性占8%，男性占6%）。

在选择下个度假目的地时，女性更常提到美食（女性占32%，男性占27%），而较少提到历史和文物古迹（女性占35%，男性占39%）。

章节案例：江西旅游特卖会

（一）什么是旅游特卖会？

“特卖”意味着门票收入的降低，但人气的聚集、市场的打开，却将带来江西旅游新的发展空间。因为旅游业关联度高，对交通、餐饮、住宿、商业、电信等行业都有着巨大的辐射带动作用。游客进入江西，引发了游客对交通、餐饮、住宿、出租、商贸等的消费需求骤增，为这些行业带来了可观的经济效益。

在三地举行营销活动期间，江西各地区市旅游发展委员会及旅游景区提供门票、索道、观光车、游船、酒店等方面的优惠，并由具有实力的旅行社根据这些优惠编制适销对路的精品旅游线路产品，供游客在线上线下选择。这意味着游客可以以史无前例的优惠，在6月到12月启程到江西休闲度假。“旅游特卖会”的形式，将活动的主体转变为旅行社、酒店等市场主体，将推广营销的方式由旅游形象宣传为主转变为旅游线路产品为主，并借助新媒体手段，方便游客的选择。

近年来，江西省旅游发展委员会（原省旅游局）每年都会在北京等客源地市场展开旅游营销，宣传“江西风景独好”。但在客源地举办特卖会，今年还是第一次，这种活动形式也开创了国内旅游营销的先河。

2014年3月底至5月，江西省在北京、上海、西安连续推出“江西风景独好”2014年江西旅游特卖会活动，并组织全省各设区市旅游局及旅游景区提供门票、索道、观光车、游船、酒店等涉旅单位的优惠政策。江西省庐山、井冈山、三清山、龙虎山、婺源、景德镇古窑、明月山、仙女湖、滕王阁等17家重点旅游景区承诺将对活动期间报名的游客给予门票五折或五折以下的优惠；江西全省20多家旅行社和宾馆、酒店也拿出了适度的利润空间优惠于民，吸引广大游客来赣旅游。

江西省旅游发展委员会王晓峰主任表示，这意味着游客在6月到12月来江西休闲度假，可以享受到史无前例的优惠。江西省将当地特色文化旅游景点及资源进行整合，以整体营销旅游目的地，提供综合优惠服务，融以线上线下相结合的方式，提升该省文化旅游的吸引力。

推以精品旅游线路，突出江西“好”风景的旅游文化品位和内涵，树立优质品牌形象，打造精品文化旅游链，拓宽宣传渠道，系列捆绑式营销。

江西旅游特卖会入选2014中国旅游营销创新TOP10。

（二）特卖会优惠与产品挑选

在政策优惠方面，庐山、井冈山、三清山、龙虎山、婺源、景德镇古窑、明月山、仙女湖、滕王阁等江西17家重点旅游景区承诺将对活动期间报名的游客给予门票五折或五折以下的优惠。此外，全省20多家旅行社和宾馆、酒店也将拿出一定的优惠政策。

游客可通过现场和在线两种方式报名。现场报名须携带本人身份证或护照到报名现场完成咨询、注册手续并交纳1元定金；在线报名须登录活动网站或下载APP客户端完成注册手续，活动主办方会每天从在线报名者中选出1000名幸运游客享受优惠政策。此外，在现场报名的游客，通过抽签，还将获得免费游江西景区的机会。

江西旅游特卖会拿出了前所未有的让利优惠，目的就是要随着旅游旺季的到来，提升江西旅游的影响力。

资深旅游专家、南昌大学经济管理学院副院长、导游系主任黄细嘉教授表示，“这样的活动也释放出了一个明确的信号，江西旅游将彻底告别对门票经济的依赖”。江西通过降低门票价格，举办旅游特卖会吸引更多的游客就是一种有益尝试。

（三）“特卖会”的特色

此次特卖会，实现了江西旅游业由侧重品牌宣传向品牌宣传与品牌销售相结合的重要转变。这对于江西旅游产业来说，是一个可喜的突破；对于全国旅游业来说，旅游产品“特卖会”也是一个创举。

“景区独大、山岳独尊、风景独好”形成了江西旅游竞争力的基本特点，“旅游特卖会”的形式，将活动的主体转变为旅行社、酒店等市场主体，将推广营销的方式由旅游形象宣传为主转变为旅游线路产品为主，并借助新媒体手段，方便游客的选择，同时促进旅游产业转型升级，助推旅游强省建设。

二、线上线下无孔不入的营销策略

（一）在线旅游市场发展呈现稳定增长态势

自1997年首个旅游网站上线，我国旅游电子商务已走过17年的历程，并保持了持续快速发展的势头。根据艾瑞咨询数据，2013 年我国旅游电子商务市场交易规模达到 2205 亿元，同比增长 29%。随着新一代信息技术的蓬勃发展和大众旅游时代的来临，我国旅游电子商务将加速变革。

所谓 OTA（Online Travel Agent）是指在线旅游社，是旅游电子商务行业的专业词语。代表为：去哪儿网、村游网、号码百事通、旅游百事通、驴妈妈旅游网、携程网、百酷网、8264、出游客旅游网、乐途旅游网、芒果网、艺龙网、同程网、搜旅网、途牛旅游网和易游天下等。

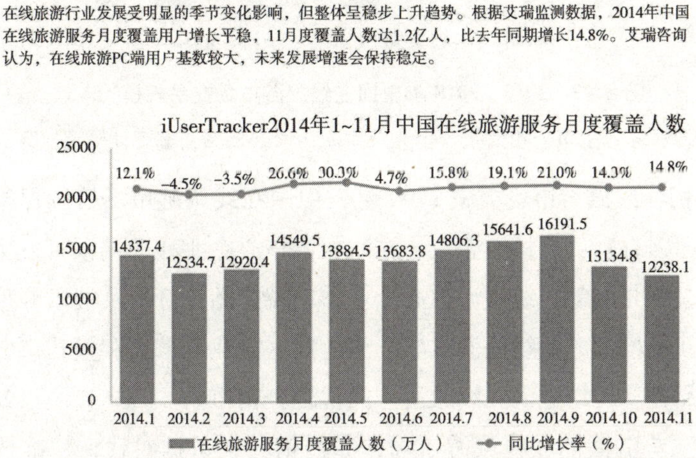

图 8－1　2014 年中国在线旅游服务月度覆盖人数

资料来源：iUserTracker，家庭办公版 2014. 12，基于对 40 万名家庭及办公（不含公共上网地点）样本网络行为的长期监测数据获得。

Talking Data 发布了《2014 移动互联网数据报告》，报告显示，2014 年，我国移动产业发展迅猛，移动智能终端设备数已达 10.6 亿，较 2013 年增长 231.7%。

而在线旅游依托互联网，以满足旅游消费者信息查询、产品预订及服务评价为核心目的，囊括了包括航空公司、酒店、景区、租车公司、海内外旅游局等旅游服务供应商及搜索引擎、OTA、电信运营商、旅游资讯及社区网站等在线旅游平台的新产业，目前正处于快速上升期。

2012～2014 年，我国在线旅游市场交易规模呈波动上升态势，2014 年在线旅游 OTA 交易规模 614.1 亿元，环比增长 5.5%，同比增长 17.1%。

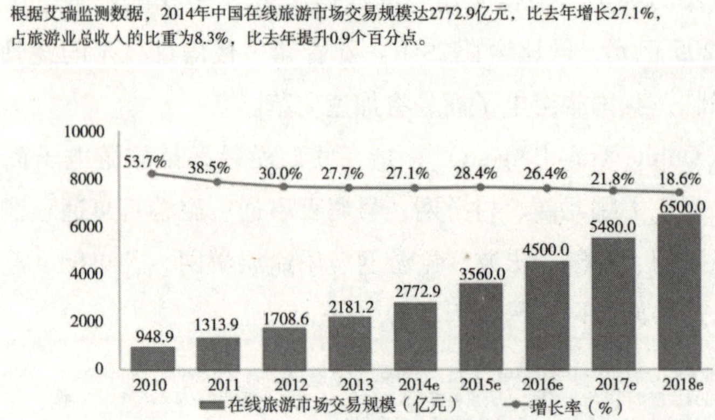

图 8－2　2010～2018 年中国在线旅游市场交易规模

资料来源：综合上市公司财报、企业及专家访谈，根据艾瑞统计模型核算。

2014 年中国在线旅游市场突破 2700 亿，中国在线旅游市场持续保持稳定增长态势，主要原因有：一是核心企业，在线旅游核心企业移动端预订发力，携程网、同程网、去哪儿网等在线旅游核心企业移动端产品预订量及搜索峰值均成倍数增长；二是新增模式，在线旅游攻略、旅游社区企业寻求盈利模式，尝试攻略的结构化和产品化，纷纷进入在线旅游产品代理分销市场。

面对“涨”势汹汹的在线旅游市场，如何依托大数据时代，精准树立良好的品牌形象，拓宽营销渠道便是当务之急。

（二）大数据时代的品牌形象与渠道

随着社会化媒体、移动互联等新技术的发展，各种结构化和非结构化的数据铺天盖地般汹涌而来：在全球，每天有超过 4 亿的推文在推特上发布；在中国，5.38 亿的网民每天发表出 2 亿多条微博。

1. 大数据时代下的消费行为

身处这样一个大数据的时代，消费者获取信息的渠道和范围已经大大增加。他们已经不再听任企业的摆布，而是追求更加个性化的产品和服务，并根据搜集来的各种信息做出判断、随时分享，将个人体验的影响扩大到更大范围的群体之中。

大数据下的营销时代已然来临，大数据时代就是碎片化信息与数据铺天盖地的时代，抓住这些信息或利用这些技术，势必会重构品牌营销的基本战略。大数据可能带来的巨大价值正逐渐被人们认可，它通过技术的创新与发展，以及数据的全面感知、收集、分析、共享，为人们提供了一种全新看待世界的方法。更多地基于事实与数据做出决策，这样的思维方式，可以预见，将推动一些习惯于靠“差不多”运行的社会发生巨大变革。

此外，不仅在商业方面，大数据在社会建设方面的作为同样令人惊叹，智能电网、智慧交通、智慧医疗、智慧环保、智慧城市以及智慧旅游等的蓬勃兴起，都与大数据技术与应用的发展息息相关。

面对被数字工具武装起来的客户，只有通过创建个性化营销策略、重塑客户体验、推进企业文化与品牌的真正融合才能推动一场深刻的营销变革与转型。

聘请一支专业的数据分析团队为他们确认，根据旅游消费者平时的消费操作习惯，统计出带有旅游消费者典型的个人倾向、喜好、兴趣点的消费数据构建对应消费者模型指数。通过这个指数，在很小误差范围内预测该旅游消费者的情况，从而制定出精准的营销策略，吸引并留住含金量很高的旅游消费群体，是现代科技与文化旅游的“亲密结合”。

2. 让消费者影响消费者

技术的发展赋予了消费者如此广泛的影响力，同时也使消费者与企业之间的地位发生了逆转。让消费者影响消费者，在大数据时代，受众的碎片化让原本的消费者研究方式无法保持应有的真实性，媒体到达率、受众心理变化效果、行动效果都无法再用传统的手段和方式来获知，也就无法再利用这些方法来捕获受众的真实需求与欲望，于是传统硬广式的品牌营销模式也就失去了从前的效力。

尤其当下传统媒体向自媒体过渡的时代，人人都有麦克风，人人都是记者，人人可以成为独立媒体，品牌营销的定义与方法就被广泛的拓展开了，品牌营销的透明度与难度也被层层放大了。这个时代的品牌营销主题词应该从“品牌宣传”转向“品牌对话”。而“品牌对话”注重品牌与目标受众的双向交互，及时反馈，注重目标受众的感受以及目标受众之间点到点的经验与体会传递。这种从以往单向线性结构向多向网状结构的转化具有革命性的意义。

2014 年，抚顺市拿出“好空气”做标签，推销抚顺旅游。市长率队南下卖“空气”赚足了眼球。他们把抚顺新鲜的富含几万倍负氧离子的空气装进瓶子里，拿到客源地市场出售，推介抚顺良好的生态资源和满族故里的文化旅游符号，当场“叫卖”，同时还与当地的地方政府以及旅行社沟通，开展旅游营销，给抚顺带来了一万多名外地游客。

这种将达到商用标准的空气作为营销的亮点，发挥市场推广优势，将反映抚顺地方文化特色的文化产品（空气）纳入旅游项目推广计划，充实旅游产品的文化内涵，做成品牌，将品牌传承理念进一步深化，带给旅游消费者提供更多旅游外的附加价值。以“卖空气”的形式暗示游客来到抚顺就可以免费呼吸到这种优质的空气，而且仅以此地的空气都如此有价值，生态资源及景观便更不在话下，以生态资源挂钩养生旅游，为游客提供促进健康的“养肺、养眼、养心、养神”的文化旅游环境。

“市长卖空气”案例被评为2014中国旅游营销创新TOP10，其影响力也呈几何倍数增长。

3. 大数据时代为品牌对话提供了技术基础

目前已经建立了海量数据的搜集、存储、管理、分析、挖掘与运用的全新技术体系。新的技术体系让原本纷繁无序的数值变得规律而有意义。它们不再仅仅是对客观现象的忠实记录，更是携带着无数隐含信息的数字信号。人们可以基于对这些数据的交换、整合、分析，来解释各种现象背后的原因，并能预测事物的发展趋势，这为企业及时调整策略，进行快速迭代，实现与目标受众的频繁对话成为可能。

面对新的形势，转型为新时代的营销者，推动营销从成本中心到价值中心的转型，实现从营销到客户体验的拓展，领导营销和业务变革。而要实现这样的变革与转型，营销人员需要完成如下三大使命。

第一，需要理解每个消费者的个性化需求，创建个性化的营销策略。

CEC的出现使营销的目标要精准到以个体为单位，而大数据和新技术也使个性化的精准营销成为可能。

第二，需要根据客户需求，创建一个全接触系统，重塑客户体验，从与客户的每次交互中创造最大价值。

成功的全接触系统能够在正确的接触点给消费者提供正确的建议，同时激发消费者与品牌建立更好的联系。

第三，推进旅游文化与品牌的真正融合，使品牌的形象表里如一。在大数据时代，信息几乎完全透明，制胜的关键全在于内外功的修炼程度，全在于是否真正了解并满足旅游消费者。CMO们要引领企业建立真正伟大的公司和伟大的品牌，就要充分了解品牌自身。

4. 案例分析：刁娜带您游烟台与卖空气

刁娜成为烟台旅游宣传推介的“新武器”，而刁娜是一个全国范围内的公众人物，倡导文明旅游，希望从业者诚信经营有良好的说服力。刁娜就是南山景区的从业者，是烟台旅游行业的一员，同时也是一位时尚的年轻人，有良好的营销价值。

首先，“刁娜带您游烟台”项目，良好的形象可争取公众的良好评价，将个人良好道德品质放大并且推广，上升为品牌形象，将品牌“人格化”，人格“品牌化”。

其次，良好的品牌形象可弥补单纯市场营销的不足，面对旅游质量低服务质量差，导游、商家等与游客矛盾冲突频发的现状树立一个良好的品牌形象，以获取社会公众好的评价；良好的品牌形象可弥补单纯市场营销的不足，吸引游客、扩大市场份额。这种信任感为品牌的市场营销行为排除了许多阻力，增加了许多机会。

良好的品牌形象可以形成无形资产，有利于品牌进行资本营运，发展市场营销事业依然以抚顺市长卖“空气”为例。“好山好水好空气，清前史迹，满族故里”是抚顺市2014年根据市场形势提炼的旅游形象定位语，一推出便得到市场强烈的反响。进一步扩大城市影响力，提升旅游产品的竞争力。2014年抚顺旅游接待人数同比增长12%，居该省首位，成为辽宁旅游营销靓丽旗帜。品牌形象是商誉的表现。品牌无形资产的增值是品牌总资产增值的重要途径，是品牌事业成长发展的标志，是品牌进一步扩大市场份额的基础和动力。

（三）移动互联网的掌上旅游

桌面互联网时代，离开椅子就意味着离开互联网。而移动互联时代，人们将真正生活在网络空间。移动互联网市场的超常规发展催生了智能硬件产业的爆发：各类终端厂商都在争抢移动互联网入口，从手机、平板电脑到各类移动终端，各类智能化的移动设备正在重新定义人们的生活方式。

移动互联网正在从一种流行与时尚转变为人们工作与生活的一般必要条件。我们看到，移动互联网已经进入生产过程，成为一项重要的生产基础设施。它对生产过程中的人、机器以及管理都产生了巨大的影响，提高了人们的工作效率，释放了更高的生产力，从而创造出更高的社会效益与经济效益。

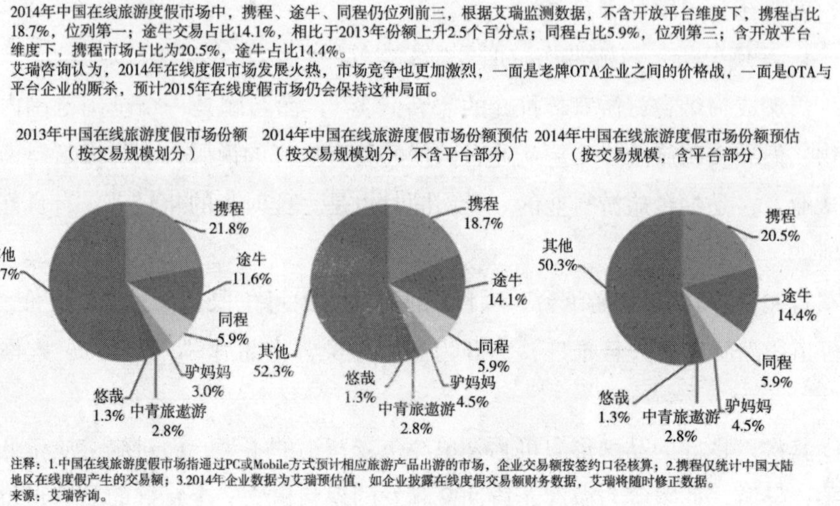

图8-3　2014年中国在线旅游市场竞争格局

借移动互联网东风，“碎片化”成为炙手可热的概念。从手机游戏到碎片化支付，从社交网络到微电影传播……当碎片化概念悄然潜入旅游行业，产业资本也从线下移师，展开线上竞逐。

1. PC端格局已定

国内在线旅游PC端排序已经稳定，酒店是携程网、艺龙网、美团网、去哪儿网；机票是去哪儿网（作为平台）、携程网、淘宝网；门票是同程网、驴妈妈网。行业第一的携程网合作、并购动作频繁，涉及邮轮、租车、休闲旅游等业务，但是观察国外在线旅游网站可以发现，酒店业务仍是旅游公司的主要增长点，其他业务是为了增强客户黏性，以更好地卖出酒店产品。

2. 新的增长在移动端

在PC（个人电脑）时代，电视剧的贴片广告容量是电影的几十倍。但随着智能终端的兴起，移动视频用户正在强劲增长，移动端营销的金矿也随之显现。碎片化消费特征迅速崛起，给传统产业的生态环境和基本格局带来巨大转变。移动互联网大旗一挥，贴上碎片化标签的电影和微电影、手机游戏、移动支付不仅夺走了传统产业的商业价值，还在持续分流后者赖以生存和发展的消费群。

3. 流量变现能力尚需提高

对于在线旅游的后来者，移动端的消费习惯与PC端不同（移动端的决策时间短、等待时间短以及离预订目的地距离短，需要通过优惠价格提高支付意愿），可以发掘新的市场，获得快速增长。携程在 2013 年 4 月公布了“拇指 + 水泥”战略，全面转向移动互联网，首席执行官梁建章要求未来携程至少有一半的收入会来自 APP。7 月携程发起价格战，吸引互联网用户，来自呼叫中心的订单比例由 1/2 下降到了 1/3。携程推出综合性、一站式的 APP；艺龙也已转型，从只有酒店，加上了机票、团购等内容。携程预计 5～10 年后，至少 70% 的预订都在 PC 端和移动端进行，并希望在 70% 里占到 10%～20% 份额，保持在第一阵营。

总体来看，碎片化的市场特征，包含了碎片化时间和碎片化需求两大要素。当游客在公交站等车、在地铁上穿梭以及餐厅门前等位，或是在宾馆临睡前查看旅游攻略时，这些碎片化时间正成为商家们竞相挖掘的金矿。

在快节奏空间里，移动互联网的行业竞争逐渐演进成碎片化时间的争夺战，而终极目标正是用户时间最大限度地变现。他们正在培养这样的用户习惯。

伴随意见领袖的退隐和自我意识的觉醒，需求个性化已成大势所趋。智能终端一方面通过 LBS（基于位置的服务）以及社交网络帮助用户精准地定位需求，一方面也帮助商家在碎片化的海量信息中锁定目标用户。

尽管碎片化概念的商业价值和消费群体开始显山露水，但在短期内无法撼动传统产业的根基。与移动端的碎片化支付相比，线下支付依然不可取代；腾讯在传统互联网的 PC 端斩获了巨额利润，而大肆消耗碎片化时间的微信商业化道路才刚刚开始。

可以肯定的是，移动互联网是一个碎片化的市场，这意味着核心用户需求的多样化，也意味着庞大的市场空间无法被寡头轻易垄断。在碎片化时代的金矿里面，更多淘金的机会在等着被发掘。

4. 市场竞争角度，并购整合频起，初步形成了寡头竞争格局

经过十几年的发展，我国旅游电子商务市场竞争日益激烈，互联网巨头纷纷涉足在线预订领域，并购事件频起。2014 年 4 月，携程战略投资同程网，成为其第二大股东，占股约 30%；同月，携程以 1500 万美元入股途牛。中国 OTA 市场已形成携程系、百度系、阿里系和腾讯系四大派系，中国 OTA 进入“CBAT”时代，具体情况如表 8－1 所示。

表 8-1　中国 OTA 四大派系的业务分布

派别	在线预订	比价搜索	在线支付	资讯点评	APP
携程系	携程网 途牛网 同程网 台湾易游网 松果网 铁友网 途家网 途风网 订餐小秘书			驴评网 中国古镇网 蝉游网	快捷酒店管家 非常准
百度系		去哪儿网		百度旅游	
阿里系	淘宝旅行	一淘酒店	支付宝航旅	穷游网	
腾讯系	艺龙网 同程网		财付通航旅	旅人网	

除此之外，京东、奇虎360、苏宁云商、美团网等大型互联网公司也纷纷进军在线旅游领域，成为未来产业发展的重要变量。中国 OTA 已初步形成寡头竞争格局，且有愈演愈烈之势。

在线旅游行业经过十多年的发展，目前有两个公认的趋势，一是大量用户向移动端转移；二是机票、酒店业务增长放缓，休闲旅游的增速引人瞩目。

分析认为，核心 OTA 仍然拥有较强的渠道把控能力，随着邮轮、房屋短租、出境游等旅游产品的丰富，OTA 营收规模将保持稳定增长；然而，OTA 机票酒店等标准化产品的激烈竞争持续压缩了其佣金空间，使营收增速出现同比增速下降的情况。2014 年 7 月，国航、南航以及海航，“联手”先后将国内机票的基础代理费从 3% 调低至 2%，下调代理佣金的举措将使在线 OTA 在机票营收规模上出现一定的增速下滑。

不管行业竞争如何硝烟纷飞，想获得消费者好评的在线旅游品牌，对于消费者市场，未来需要两手抓，两手都要硬。除了继续把握好价格问题，让消费者受益；面临越来越激烈的在线竞争形势，需要花费大量人力物力做服务，以便更好地抓住消费者。

5. 散客时代来临，旅游“B2B”成新宠

B2B（也有写成 BTB，是 Business - to - Business 的缩写）是指品牌对品牌之间的营销关系，它将品牌内部网通过 B2B 网站与客户紧密结合起来，通过网络

的快速反应，为客户提供更好的服务，从而促进品牌的业务发展。

近年来B2B发展势头迅猛，趋于成熟。旅游市场逐渐呈现年轻化、散客化、自由行趋势，相比电商，传统旅行社的产品丰富度欠缺。价格没有优势，迫切需要平台供应商提供产品支持。而近年来，中小旅行社透过B2B平台转型去线下，O2O、B2B、B2C、B2B2C都是载体，是表现旅行社经典价值的形式。

章节案例：指尖峨眉——峨眉山直达号

1. 智慧建设超人一步，峨眉山率先上线百度直达号

基于15年来智慧旅游的成功开发和应用，峨眉山成为了百度旅游直达号全方位展现的最佳载体。游客只需在手机百度中输入“@峨眉山”，就能“直达”峨眉山，得到峨眉山“吃住行游购娱”各项攻略，并得到导游导览、在线支付、实时监测、出行参考、语音交互等一站式服务。直达号可以实现信息直达、决策直达、购买直达、体验直达、服务直达。同时，游客可以在线购买门票，并得到最便捷、畅通的交通出行参考。

百度直达号是百度全新推出的专门针对传统商户的搜索合作模式，这种全新的服务模式，将直接拉动峨眉山作为传统行业的移动转型，帮助峨眉山吸引更多游客，打造中国最“移动”、服务最优秀的景区。

2. 全新模式加速景区移动转型

中国人的消费习惯和生活方式已发生了质的变化，温饱型的消费模式已逐渐被享受型和发展型的消费模式所取代。追求时尚、讲究舒适、展示个性、发展自我逐渐成为人们，特别是年青一代的愿望和需求。这意味着，现代文化旅游不得不考虑品牌营销要实现成功创新的三个关键：技术创新、概念创新、传播创新，赋予自己的旅游方式及产品更多的附加价值，消费者更高的精神需求。

随着智能手机的普及和移动互联网的快速发展，旅游市场的散客化和网络化趋势日益明显，旅游者的自主意识日益增强，崇尚更加自由、自主、轻松、灵活的旅游方式，而越来越多的旅游者也都习惯了通过旅游网站和手机客户端安排旅游行程。

在游客使用移动端旅游消费时，通过对特定关联的体验，也就满足了相应特

定的精神、文化上的需要。这种便捷个人化的服务唤起特定的主人翁情绪、情感等心理，这种心理内涵甚至帮助他们创造、维持或重塑自我社会地位、生活格调等。峨眉山景区准备四大手机平台的B2B运用，“随时、随地、随心”让游客能够用指尖体验更加智能、便捷、科技、人性的自助旅行，享受互联网业务带来的便捷带来的愉悦感、增加用户忠诚度，更丰富的业务种类、个性化的服务和更高服务质量的保证在传达自己是符合移动时代的特质的人。自己要与时俱进，不要落伍的观念，都以某种方式被灌输到游客心灵深处促进着在线旅游更好的发展。

与百度合作直达号，全新模式不仅解决峨眉山在移动转型中的问题，还将让峨眉山成为智慧文化旅游行业转型成功的标杆。有效的运用“情理之中意料之外”的利益定位法，在消费者的脑海中寻找他们对于“你的景区的期望益处的核心要点在哪里”，以及如何通过定位策略在消费者的脑海中建立具有差异化的品牌印象。

3. 建立微弱信息搜集机制

建立微弱信息搜集机制，有利于我们从不同途径更细致的了解消费者。大多数品牌对微弱市场信号还没有建立起有效的收集机制，随着竞争多元化、同质化的加剧，品牌明显的竞争优势越来越小，各品牌对目标消费者的聚焦呈现重叠化。而在信息流通日益透明化的今天，消费者心理构建的防范意识更强了，欲得到真实的信息也比以往更难了，所以众多品牌决胜的终端就是在一些细微领域的竞争。

经常搜索旅游、景区等信息的用户将能收到峨眉山新业务的推送消息，而百度搜索业务拥有惊人的用户量，每天搜索旅游信息的用户更是百万级别，这些用户中哪怕只有10%选择了峨眉山的服务，用户量也是惊人的。

业务与终端、网络的强关联性是移动互联网的特点之一。其业务内容和形式也需要适合特定的网络技术规格和终端类型。百度直达号开通后，基于百度大数据，峨眉山将能更精准分析不同群体的用户，对不同需求的用户提供不同的旅游套餐，这种个性化服务对用户将更具针对性与吸引力，开辟社群营销新天地。

4. 峨眉山的15年布局数字化

作为旅游行业，用超前思维提前进行战略布局，才能不断适应时代发展，并带来景区更好的服务表现，从而作为榜样带动旅游行业的发展。

这一理念表现在实际效果上。面向客户端的多渠道整合，包括渠道、流程甚至是组织结构等新的营销战略转型之后，通过客户接触系统的整合和营销自动化，营销效率大大提升，是年客流量持续稳定在350万~400万之间、15年的数字化建设、超5亿元的总投入、近1亿元的移动端投入、每月50%以上的移动端散客增长率、230公里信息高速公路，再加上官网、电商平台、官方App、网游、微博、微信服务号等各种移动产品的齐备。这种每天都能监控到一个跨不同渠道的营销项目，相关的客户反馈、销售和产品价值。峨眉山已率先走在了中国景区移动化改革的前沿。

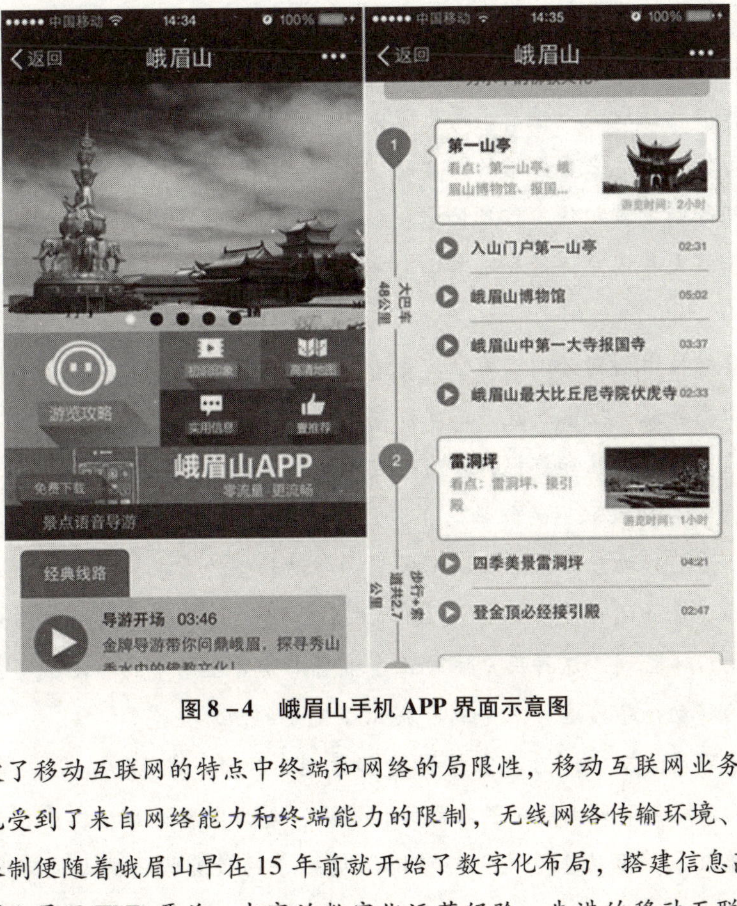

图8-4　峨眉山手机APP界面示意图

打破了移动互联网的特点中终端和网络的局限性，移动互联网业务在便携的同时，也受到了来自网络能力和终端能力的限制，无线网络传输环境、技术能力等因素限制便随着峨眉山早在15年前就开始了数字化布局，搭建信息高速公路，如今达到全景区WiFi覆盖、丰富的数字化运营经验、先进的移动互联网理解能力和全球先进的技术合作伙伴而顺利解决。

因此，峨眉山的移动转型战略制定非常顺利，积极拥抱移动互联网，主动为移动互联网时代的散客化提供全覆盖的服务。游客如需更流畅、更便捷、零流量的查看峨眉山使用信息，直接在峨眉山微信随身导里选择免费下载手机客户端便可以完成。

5. 转型之后的新起点

峨眉山的移动转型主要是官方 APP、微信服务号、微博矩阵。这些方式为峨眉山带来的总订单量严重不足与转化率不足 5%。拥有近 400 万年客流量的峨眉山，移动端订单如此少的几点原因如下。

官方 APP 在推广方面孤立无援，游客对传统品牌印象也还停留在到了景区再买票的程度上，大量用户不知道峨眉山有 APP，直到进了景区才知道。

微信订阅号和服务号往前走了一步。用户对微信公众号印象还停留在被动获取一些活动信息这方面，不知道通过微信可以订票，微信的相对封闭性也让用户很难通过服务号获取更多峨眉山景区服务。虽然接入了微信支付，大量用户没有微信支付习惯，造成来自微信的订单稀少。

微博矩阵则更多担任了信息传递、服务监督、用户交流的作用，峨眉山通过微博矩阵，将大量用户评价和峨眉山全新活动做汇集整理，只是简单让用户更多了解峨眉山。

以上各种技术创新必须以关注消费者体验，实现差异性品牌价值为中心。简单地认为曲高和寡，技术新就可以实现高附加值是不可能成就品牌。只有这种技术创新为消费者所关注和重视，才有存在的价值和推进的价值。

6. 深度开发以互联网为纽带的在线文化旅游资源

过去，这些移动产品都无法满足峨眉山移动转型的需求，拖慢了峨眉山转型的步伐，而现在开通百度直达号达成了“五个到”——想得到、搜得到、买得到、看得到、体验到，这种用户体验正是峨眉山景区理想中的移动服务，而百度正用丰富的移动产品为这“五个到”提供了完整的闭环生态。

置身于百度生态中，为游客提供更加方便、快捷、轻松、轻便、轻快的服务。深度开发以互联网为纽带的在线文化资源，着力发展大众型、商务型、终端型文化旅游服务，推动基于文化与旅游深度融合的服务性消费趋向理性化、优质化。

中国景区移动互联网时代，峨眉山用具有前瞻性的眼光开展了具有现代科技与时尚，便捷与智能的智慧文化旅游模式走在了文化旅游的前列，促使传统的旅游经营发生革命性的变化。

三、文化旅游策划营销的内容

文化旅游策划与营销涵括目标定位、市场调查、创意构想、风险及成本控制、方案论证、实施操作、绩效评估、落地服务等。

（一）文化旅游的策划与营销

1. 目标选择与定位

（1）目标市场由一些具有相同需要或特征的购买者构成，目标市场选择市场细分后，要先对每个细分市场的吸引力进行评价，然后选择一个或几个细分市场作为目标市场。旅游目标市场的确定是建立在对旅游资源、旅游客源、旅游品牌等进行分析的基础之上。

评估目标市场要考虑三个因素：旅游细分市场的规模和发展前景、旅游细分市场结构的吸引力、旅游企业的细分目标和资源。

（2）市场定位。在完成市场细分与目标市场选择后，更为重要的就是进行市场定位。市场定位又叫产品定位，是指消费者对产品的重要特征进行定义的方法，即与竞争产品相比，本产品在消费者心目中的地位。

例如，春秋航空将目标市场定位于：A. 对价格敏感的商务人士（商旅客）；B. 喜欢出行的年轻人（学生）；C. 旅游团队（自游人）；D. 崇尚便捷出行的人群。

途牛网建立初期，于敦德将途牛网定位在社区站点，带领为数不多的团队花费半年时间建立了一个国内最全面的景点库，涵盖 4 万多个景点。还有网友参与，使一个景点一个景点完善起来。

（3）市场细分。市场细分是战略营销活动的基础，也是制定营销策略的关键。根据不同的细分变量，如人口统计变量、心理变量、行为变量对市场进行细分，并对各个细分市场的特征加以描述。

截至 2011 年 6 月，我国使用在线旅行预订的网民为 3686 万人，在网民中的使用率为 7.6%，占最近半年外出旅行的网民的 22%，旅行预订服务渗透的发展空间还很大。从学历、收入和职业层次等因素上看，旅行预订的用户还属于社会的中高阶层，旅行预订服务目前还没有完全走向大众，还聚焦在相对较为高端的人群。

在线旅行预订用户中，最近半年在网上预订过机票、酒店和旅行行程的用户分别为95.7%、81.3%和54.2%。用户在线预订的行为方式较为分化。38.2%的在线旅行预订用户直接上代理商网站预订，37.6%的用户直接上航空、酒店官网上预订；34.2%的用户使用通用搜索后再预订；18.1%的用户是使用旅游垂直搜索后预订。

2. 案例一：春秋航空差异化战略

定位差异化。春秋航空从筹建伊始便确立了低成本运营策略，力求将航空旅行从豪华、奢侈型为主转变为大众、经济型为主，让更多的普通大众坐得起飞机。所谓“定位是钉子，战略是锤子，不能没有钉子就拿着锤子乱抡。”正是因为春秋找准了定位，很快就深深地钉入了中国航空业，打下扎实的根基，成了中国低成本航空的领头羊。

服务差异化。春秋实行的差异化产品策略已经逐步得到民航总局和旅客的认同，仅免费提供1瓶300ml的矿泉水，若旅客需要另外的食品和饮料，须付费用；免费行李额度从20公斤降至15公斤等。客机没有头等舱和经济舱的区分，而是同一型号、同样间隔的统一舱位。另外，春秋针对航线的选择也实行了差异化。

营销对象定位的差异化。在学习美国西南航的成功经验中，不是如西南航那样把目标市场全部锁定在商务旅客，而是明确提出其市场营销定位是“旅游者和对价格比较敏感的商务旅客”。

营销手段的差异化。春秋航空的机票销售以网络销售和通过春秋旅游的门店进行。春秋航空成立了专门的航空旅游电子商务网站———春秋航空旅游网，提供方便快捷的航空票务、旅游和酒店等在线预订服务。

经营成本差异化。春秋航空把重点放在着眼于内部，向经营要低成本，向管理要低成本。春秋自己总结出了“两高两低两单两控”等八方面的措施，降低成本。“两高”即保持85%以上的高客座率和11小时、12小时的高飞机日利用率。“两低”即低销售费用、低管理费用。“两单”即单一机型、单级舱位。“两控”即控制可控制成本、日常经营管理费用。

在低成本同行面前保持差异化。按照竞争理论，企业竞争优势的来源主要有两个方面，一是低成本领先，二是“别具一格”，即个性化、差异化。

3. 案例二：途牛旅游网的差异化战略

途牛与携程、艺龙等酒店+机票产品的模式不同的是，途牛只卖旅游线路；

与传统旅行社门店销售模式的区别又在于，他们是以“网站 + 呼叫中心 + 旅游线路”的方式展开业务。这就是途牛 CEO 于敦德为途牛网寻找到的差异化竞争优势。

用户通过网站的展示平台，能够轻松地找到自己满意的旅游产品，然后通过电话咨询或直接在网络上预订并支付旅游产品，为用户节省了更多的时间和精力。途牛的团队中专门设定了呼叫中心部，负责全天候呼叫中心，进行预订和咨询。2010 年 1 月 4 日途牛旅游网全面启动“7 × 24 小时全天候服务”，用户可以随时随地享受途牛无微不至的贴心服务和深切关怀。

（二）文化旅游的市场调查

随着经济全球化的发展和市场界限的无国界化，市场迅速扩大，消费者需求因为交通与通信的发展而越来越多样化和多变化，企业之间的竞争也日益激烈。如何分析市场、发现市场和确定市场已是企业关注的关键问题。旅游市场调查目的，为旅游企业决策者和部门管理者提供参考依据。

例如，春秋航空即通过对网络网民进行调查。

消费者分析：对价格敏感。

竞争者分析：无法与一线二线航空公司抗衡。

品牌自身分析：差异化的定位策略。

表 8－2　春秋航空 SWOT 分析

企业内部条件			
优势 S	1. 销售创新机制； 2. 差异化产品； 3. 初级低成本经营管理模式； 4. 春秋国旅的品牌和业务支撑； 5. 市场定位明确； 6. 航线优势	劣势 W	1. 资金短缺； 2. 机队无规模； 3. 飞行员短缺； 4. 不可控成本较高
企业外部条件			
机会 O	1. 改革带来发展空间； 2. 巨大的“平民市场”机会； 3. 网络不断普及	威胁 T	1. 政策限制； 2. 航空公司竞争加剧； 3. 低成本航空体系尚未形成

春秋航空内部优势明显，外部有众多发展机会，总体上适宜采取深化品牌战略。同时也应看到企业内部诸多劣势，单靠自身力量短期内无法解决，企业外部机会与威胁共存。

再如，途牛网的市场分析。

“在线旅游市场里，相比酒店机票的预订服务，专做旅游线路预订的很少。”于敦德说，玩的人少就意味着机会。尽管携程、艺龙等在渠道、产品资源等方面的优势为后来者树立了强大的竞争壁垒，但是途牛网只做旅游路线，对这一细分市场进行深耕细作，仍然是“广阔天地，大有作为”。

于敦德提出了做不了携程，另辟“旅游路线”的思想。

做旅游路线：于敦德因为喜欢旅游，所以看中了国内旅游市场每年1万亿单位以上的大蛋糕。刚走出大学校门没多久的于敦德选择了创业，并将目光瞄准了在线旅游预订市场。

竞价排名，“搜”来滚滚人气：虽然旅游是传统行业，但出身于互联网的于敦德非常了解网络的优势，在途牛网创办之初，就开始全面借助网络营销，为网站带来滚滚人气。

服务体验是核心：在内部管理上，途牛网有严格的内部控制，若有投诉，一经查证属实，产品经理都要接受罚钱，供应商也要扣钱。

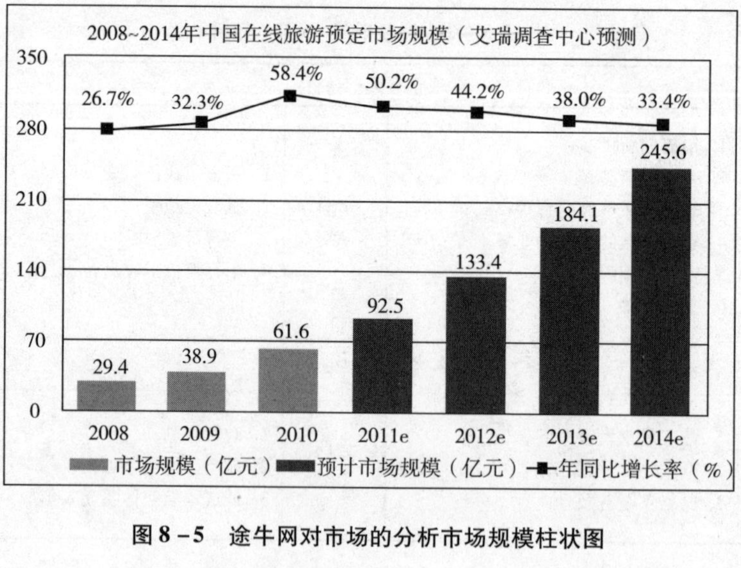

图8－5　途牛网对市场的分析市场规模柱状图

（三）文化旅游的策划规划

1. 创意构想

文化创意是指以创作、创造、创新为根本手段，以创意成果为核心价值，以知识产权实现或消费为交易特征，为社会公众提供文化体验。

例如，春秋航空数年来秉承“让更多普通人坐得起飞机”的经营理念，还有，春秋航空表示将在空中率先卖房卖车，目前该公司正在和房地产商、汽车厂商积极洽谈。“飞机卖站票有创意”，春秋集团董事长王正华曾向媒体描述了所谓飞机站票区的设想：“站票位置类似于吧台座位，旅客可以站着斜靠在一块板上，背部有软垫，肘部有扶手，胸部有安全防护横挡，臀部还会有突出物支撑；旅客从肩膀到胸口，交叉绑上安全带；可以半坐，也可以直立，乘飞机过程将是安全的。”

2. 风险及成本控制

目前我国旅行企业要想更好的控制会计的成本费用，就应当首先建立和健全一套具有较高效能的成本控制管理机制体系。一般的情况下，旅游团的操作运行是由旅行社的专职计调人员进行把握、控制的，旅行社的随同或者导游因为不了解自己所要接待的旅游团的费用情况和各项的开支费用标准，同时对整个团体的利润情况还处于一个相当模糊的状态当中。对于目前旅游企业进行有效的成本控制的措施应考虑以下几个方面。

（1）树立“以人为本”的经营管理理念。对企业费用当中占有较高比例的那部分成本费用加以控制。控制企业成本费用所针对的对象是产品的全部成本费用。

（2）要安排好各个部门的成本任务，进行绿色经营管理，把成本费用控制到最低。要进行严格的成本核算的量化、细化与及精华的管理。

（3）要有效的开发和挖掘成本费用控制的潜力。

（4）要强化市场调查和市场信息业成本管理中的应用。旅游企业成本费用的控制、对员工的激励是必不可少的，旅游业几乎可以和任何一个行业结合。

旅游企业成本费用的控制还应当形成一个高效的监管机制。根据相应的评估控制标准，对成本形成的各个进程，要经常地进行检查、评估和监督。例如，途牛网的本质是旅行社分销商，业务的性质决定了其毛利率不高。途牛网的核心优势是采购成本。随着销量增大，采购成本、运营效率和品牌会形成进入壁垒。从长期来说，盈利能力提升主要还是量的扩大，议价能力会增加，导致成本下降。

3. 方案论证

方案论证指对各种旅游营销策划进行分析、比较与评价，选择技术先进、经济合理的最优方案或满意方案。要定期举办旅游企业内部绩效考核团队与网络营销团队交流座谈会。双方就绩效评估过程中存在的具体问题进行探讨交流，网络营销团队中的成员应当就绩效考核中存在不合理、不科学的行为进行沟通交流。通过沟通交流机制，增强其在各项评估活动中的了解，更有利于各项工作的配合。

（四）文化旅游的实施操作

1. 实施过程

文化旅游营销策划的实施过程应当大概分为以下八个步骤。

第一步：实施旅游营销计划方案；

第二步：实施培训；

第三步：实施动员；

第四步：试运行实施；

第五步：实施检查和评估；

第六步：调整和改进；

第七步：全面推广；

第八步：流程体系改进和完善。

例如，在实施操作方面途牛网有非常清晰的组织架构，完成实施操作途牛旅游网的组织结构属于事业部制，途牛团队下属五个部门，分别为以下几方面

网站部：庞大的产品信息、旅游资讯、旅游者互动社区、在线咨询与网上预订。

呼叫中心部：全天候呼叫中心进行预订、咨询。

客服部：最新旅游资讯邮件列表服务、回访服务、追踪服务。

产品部：全国旅游产品采集、筛选、服务质检。

技术部：为途牛其他部门提供强有力的技术支撑、使公司业务快捷化、自动化。

2. 绩效评估

评估标准与评估方法对于评估结果的公正性、科学性有着最直接的影响。因

此制定科学的评估标准与评估方法是提升旅游网络营销绩效评估的首要措施。

（1）制定科学的评估标准与评估方法。第一，统一评估标准。第二，准确用词，避免在评估过程中由于程度词语的模糊性导致最终的评估结果不准确。第三，灵活采用评估方法。

（2）提升考评者的专业素质。

（3）建立沟通交流机制。

（4）建立信息反馈、激励机制，要将评估结果与旅游网络营销团队直接利益挂钩。通过职务晋升、岗位调整、薪酬调整等多种方式提升网络营销团队的工作积极性，推动整个旅游网络营销平台的发展。

3. 落地服务

文化旅游作为一种体验式旅游，服务在其中发挥着不可或缺的重要作用。其实，倘若吃、住、行、游、购、娱都是既方便又满意，自然都是一种享受。为了促进旅游服务的发展，2010 年，“中国服务”的新命题被旅游业界首次提出来，并呼吁在旅游业率先打造“中国服务”。

2010 年 1 月，途牛旅游网全面启动“7 × 24 小时全天候服务”。

2010 年 6 月，途牛旅游网正式启用全新旅游预订电话。

2010 年 9 月到 2011 年 6 月，途牛成都旅游网、途牛武汉旅游网、途牛重庆旅游网、途牛西安旅游网、途牛常州旅游网、途牛无锡旅游网、途牛长沙旅游网、途牛厦门旅游网、途牛大连旅游网、途牛青岛旅游网依次开业。

章节案例：山水盛典

山水盛典文化产业有限公司由中国山水实景演出创始人，著名旅游演出导演、策划人梅帅元先生发起设立，其作品有《印象·刘三姐》《井冈山》《鼎盛王朝康熙大典》等。山水盛典对实景演出有自己的理解与定位。

1. 实景演出的特点

山水盛典选择实景演出基于外部条件和内在因素两大方面。外部条件有：第一，投资门槛小，一般七、八千万元到 1 亿元就能投一个项目。第二，一般是民生工程。第三，地方政府有社交平台的需要。第四，它有房地产和其他联动项目。内在要素则是：第一，用文化带动旅游，深度挖掘地方文化。第二，适应民风、民俗。第三，将文化、艺术、旅游有机结合，带动文化产业发展。

山水盛典在操作中坚持如下原则。

(1) 承接传统文化，植根地方文化。山水盛典的成功，至关重要的是对传统文化的挖掘，高度还原传统文化，加强与地方文化的融合，这样使得其演出内容不仅能高度还原历史，同时与地方文化的结合让观众看得明白，看得舒服，看得有感触，加之山水公司与地方政府的合作和大投入、大制作、大团队的高度结合，其成功似乎水到渠成。

(2) 不是为了大制作而大制作。高度集合传统文化的同时，山水公司多次邀请易中天、于丹、纪连海担任演出顾问，这是对历史的尊重，同时也是舆论上的"造势"。受邀之辈大多是业界翘楚，不仅能在最大程度上对演出有帮助，同时会附加舆论价值，又如谭盾、黄豆豆、释永信，都是在各自领域极具影响力的人物，正所谓强强联手。这点山水做到，不为大而大，而是大而精，做实了文化和实景演出的基础，继而带动旅游。

(3) 山水盛典坚持自己的眼光，不盲目，不折腾，不闹腾。看准地方再工作，而不是谁来合作就跟谁做，不做脑门一热的生意，如此，其身后的分析团队，策划团队功不可没，使之不是盲目的随波逐流，而是笑看鹿死谁手。

2. 对文化旅游的理解

山水盛典用"复生"文化名人来唤醒传统文化，由此把握文化旅游的内涵。随着传统旅游市场竞争力的削弱，越来越多的学者着手于对适应时代需求和更为科学的营销理念和营销范式的研究，旅游文化营销的研究便应运而生。国外研究主要集中于跨文化的国际旅游营销，国内研究则主要集中于旅游文化营销的内涵、类型、特征及功能方面，然而对旅游文化营销模式以及策略组合方面的研究却很少且相对分散。山水盛典能打破常规，让文化带动旅游"活"起来。

山水公司始终以包括旅游演出和景区策划、规划、设计制作在内的文化旅游项目开发及运营为主业，致力于相关行业资源整合，网聚行业精英不断提升文化项目制作品质及持续创新性，已经成为国内领先的文化旅游演艺行业综合内容提供商和依托演出项目平台整合文化旅游资源的运营服务商——这是山水公司官网上关于公司的定位。我们不难看出公司是以策划、规划、设计制作三位一体的方式在运营，充分挖掘地方文化与传统文化，并将二者深度结合，强强联手，不断推陈出新。

3. 实景演出市场

“山水实景”演出方式在中国已有100多台，仅山水盛典自创的“山水”系列作品每年就有450万观众，与张艺谋的“印象”系列共计已接近1000万人。但这一庞大的受众和创新演出形式，目前尚缺少专业的研究和把脉。从“山水”与“印象”系列看，无论是梅帅元还是张艺谋抑或是王潮歌，实景演出已经有市场，或者说在逐步扩大。

参考文献

一、书籍类

［1］涂子沛．数据之巅　大数据革命，历史、现实与未来［M］．北京：中信出版社，2014.

［2］梁慧．品牌营销8大实战攻略［M］．北京：中国财富出版社，2010.

［3］程小永，李国建．微信营销解密——移动互联网时代的营销革命［M］．北京：机械工业出版社，2013.

［4］尹隽．旅游目的地形象策划［M］．北京：人民邮电出版社，2006.

［5］原群．旅游规划与策划全真案例［M］．北京：旅游教育出版社，2014.

二、刊物类

［1］赵爱玲．将低成本航空进行到底［J］．中国对外贸易，2006（3）．

三、电子文献类

［1］中国社科院旅游研究中心课题组．2014年上半年中国旅游消费价格指数（TPI）报告［EB/OL］．中国社会科学网，http：//www. cssn. cn/jjx/jjx_ bg/201408/t20140808_ 1285018. shtml，2014－8－10.

［2］2014年一季度中国旅游业分析报告［EB/OL］．http：//www. askci. com/news/201406/04/041130219675. shtml，2014－6－4.

［3］天下网商图媒体．2014年国民旅游消费行为调查［EB/OL］．http：//res. meadin. com/HotelData/112171_ 1. shtml，2015－02－05.

［4］张淑萍．2014年度中国旅游业分析报告［EB/OL］．http：//res. meadin. com/IndustryReport/113442_ 1. shtml，2015－03－14.

［5］张志瑜．春秋航空低成本战略研究［EB/OL］．http：//cdmd. cnki. com. cn/Article/CDMD－10271－1013122200. htm，2012－7－26.

［6］CNNIC. 2011 年中国网民旅行及预订行为调查报告［EB/OL］．中国科学院计算机网络中心，http：//www. cas. cn/xw/yxdt/201110/t20111014_ 3362584. shtml，2011－10－12.

［7］巩丽，张锐，席小倩等．78 途牛旅游网案例分析报告［EB/OL］．http：//3y. uu456. com/bp－cca9s3db80eb6294dd886cc6－1. html，2011－11－25.

［8］郁翔，郁斌．浅谈春秋航空公司的低成本策略［J/OL］．http：//xueshu. baidu. com/s？ie＝utf－8&tn＝SE_ baiduxueshu_ c1gjeupa&wd，2010（16）.

［9］杨婧．低成本的力量［J/OL］．http：//www. iceo. com. cn/zazhi/2007/0303/189595. shtml，2007－3－3（Z1）.

［10］西游甲．抚顺市长南下“卖空气”推销旅游［DB/OL］．中国旅游新闻网，http：//www. cntour2. com/viewnews/2015/01/22/MmFZBHnhTlvG66J3uAbY0. shtml，2015－01－22.

［11］艾瑞咨询．2015 年中国在线旅游度假行业报告［EB/OL］．http：//www. meihua. info/a/46911，2013－01－27.

［12］刘宇艳．“刁娜带您游烟台”［DB/OL］．http：//travel. shm. com. cn/2015－01/19/content_ 4295916. htm，2015－01－19.

［13］欣欣旅游．从旅游业热门事件看发展趋势［DB/OL］．http：//news. cncn. com/202533. html，2014－11－08.

［14］罗琨．峨眉山直达号［DB/OL］．http：//www. ems517. com/article/12/7994. htm，2014－9－30.

［15］艾瑞咨询．旅行预订［EB/OL］．http：//www. qianzhan. com/analyst/detail/463/150313－fd7af0df. html－199IT.，2015－04－12.

徐　曼（南昌大学）

第九章　乡村旅游与文化旅游综合体

● 寻求文化享受已成为当前旅游的一种风尚。乡村旅游与文化旅游综合体是一种特殊的综合性产业，因其关联度高、涉及面广、辐射力强、带动性大而成为新经济社会发展中最具活力的新兴产业。

● 现阶段实现乡村旅游与文化旅游综合体利益最大化和不断发展，关键在于开发利用各种文化资源，满足人们对旅游产品和服务中的文化需求，在深度挖掘乡村旅游与文化旅游综合体内涵的过程中，建立乡村旅游与文化旅游综合体良性的内部运行机制和外部发展关系，从而提升乡村旅游与文化旅游综合体素质，获得可持续发展。

● 在乡村旅游与文化旅游综合体开发中，要按照全面创新的战略要求，用新的思维认识、开发和管理乡村旅游与文化旅游综合体。

● 乡村旅游与文化旅游综合体是以文化软实力为核心竞争力的开发模式，是用文化引领规划、建筑设计、园林景观、营销体系、物业服务等的系统工程。是以"文化和生活方式"为核心，用文化旅游提升价值。

● 本章对文化旅游与文化地产作了发展分析、市场分析和政策分析，最后预测了乡村旅游与文化旅游综合体的前景与发展趋势。

一、乡村旅游与文化旅游综合体分析

（一）乡村旅游与文化旅游综合体的内涵

乡村旅游具有资源潜力大、覆盖面广、受益群体多、市场需求旺盛、综合带动性强等特点，对拉动社会消费、促进农民就地现代化、优化乡村经济社会结构、统筹城乡发展、提升文化传承与文明程度、保护乡村生态环境等方面都具有十分重要的意义。旅游综合体就其内涵而言，有时也可称之为休闲综合体或度假综合体，是指基于一定的旅游资源与土地基础，以旅游休闲为导向进行土地综合开发而形成的，以互动发展的度假酒店集群、综合休闲项目、休闲地产社区为核心功能构架，整体服务品质较高的旅游休闲聚集区。作为聚集综合旅游功能的特定空间，旅游综合体是一个泛旅游产业聚集区，也是一个旅游经济系统，并有可能成为一个旅游休闲目的地。

（二）乡村旅游与文化旅游综合体的核心

功能构架的确立，是旅游综合体打造的核心所在。旅游综合体在功能构架上，绝不是各种功能简单地堆砌和罗列，而是要充分研究其主要作用、内在关系和互动模式。推动城镇化的实践是文化旅游产业核心，这不仅仅是它在推动城镇化方面的独到作用，更关键的是，在打造文化旅游综合体的过程中，能够使当地居民增收致富、投资者有丰厚回报、生态环境进行优化整合、周边产业协同发展、政府部门的战略意图得到实施，使各方面的需求进行统筹兼顾，实现多方共赢。文化旅游综合体模式下的城镇化是实现“人文环境优秀、自然生态优异、产业发展优良、居民生活优越的全面城镇化”的绝佳途径。

1. 打造核心吸引中心

打造核心吸引中心，是面向市场需求创新整合开发核心资源，目的是创造一个或多个独特的核心吸引物，这是创造核心吸引力的基石所在。核心吸引中心的打造是吸引人流、提升土地价值的关键所在。这是旅游综合体打造的关键，需要对旅游产品有着深入的研究与创新能力，才能实现。

2. 构造休闲聚集中心

构造休闲聚集中心，是为满足由核心吸引物带来的客源的各种休闲需求而创造的综合休闲产品体系，实际上是在泛旅游产业构架下各种休闲业态的聚集（Mall 构架的游憩方式），主要包括主题酒店群、特色商街、主题演艺、高尔夫球场、水上游乐项目、滑雪场等。核心吸引中心把人流吸引进来，也形成了最初的消费，但要留住人流并扩大其消费，就需要创造更多的休闲产品，激发并满足人流的休闲消费需要，让其成为旅游休闲目的地，即构造休闲聚集中心。这是旅游综合体的主体功能部分。

3. 创造延伸发展中心

创造延伸发展中心，主要是延伸发展地产业（利润主要来源）、泛旅游产业、现代服务业等相关产业，这是获取土地开发巨大收益的重中之重。对于旅游综合体，核心吸引中心与休闲聚集中心，是关键所在，也是旅游经营的主要依托，这两部分的成功开发将极大地提升土地价值与品牌价值，也能够创造可持续的现金流。但是，要真正获得土地开发上的巨大回报，必须进行延伸发展，主要是休闲地产社区、会议会展和文化创意产业的开发，以及现代农业、现代服务业的开发等，最终形成一个泛旅游产业的发展构架。尤其是休闲地产，是最重要的延伸发展中心，包括高端居住小镇、度假公寓、养生社区、研发园区、文化创意产业园区、企业总部基地等多种形态。考虑到住宅价值体现的周期较长，先期可以先推出部分休闲地产项目，以便快速回笼资金。

（三）乡村旅游与文化旅游综合体的深刻解读

加快乡村旅游发展的指导思想是以科学发展观为指导，按照“生产发展、生活宽裕、乡风文明、村容整洁、管理民主”的要求，以建设小康、文明、生态、和谐的社会主义新农村为目标，从农村实际和旅游市场需求出发，发挥旅游产业的关联带动作用，坚持“政府主导、部门协作、多方参与、市场运作”，结合扶贫开发、文明生态村建设和旅游经济强县、旅游小镇建设，因地制宜、突出特色，不断完善乡村基础设施建设，丰富乡村旅游产品，优化乡村旅游环境，促进各地乡村旅游向市场化、产业化方向发展，实现以旅助农、以农兴旅、农旅结合、城乡互动，为社会主义新农村建设做出应有贡献。在发展中应坚持以下基本原则。

1. 坚持“以农为本、自主自愿”的原则

发展乡村旅游业必须“农”字当头，坚持以农为本，以农民作为受益主体，以促进农民的全面发展为目标，坚持资源产品的农本化和从业主体的农本性。企业可以参与开发或成为开发主体，但要把农民利益放在首要位置，把农民受益与否作为衡量发展乡村旅游业经济效益和社会效益的重要指标。要注意尊重农民意愿，要自始至终尊重农民的首创精神，保持农村旅游发展多样性，政府在引导中要重点加强服务，逐步建立面向农村和农民的旅游服务体系，不断提高公共服务水平。

2. 坚持“政府引导、社会参与”的原则

我国乡村旅游业还处于起步阶段，基础设施薄弱，没有形成健全、成熟的乡村旅游产业体系，必须充分调动发挥各级党委、政府抓乡村旅游业的积极性和主动性，在扶持政策、公共设施、引导资金、规范管理、宣传推广等方面加大支持和引导力度。

3. 坚持“保护耕地、持续发展”的原则

按照国家严格保护耕地的要求，在发展乡村旅游中要保护和集约利用土地，严禁出现乱占和浪费耕地的现象，防止导致在没有建立保障机制的情况下使农民失去土地。要强调生态环保和文化遗产保护，促进乡村生态环境保护，促进乡村文物古迹、非物质文化遗产保护，民族民俗文化的挖掘和有效传承。坚决避免因急功近利、盲目发展造成的资源浪费和环境污染。

4. 坚持“因地制宜、突出特色”的原则

各地立足本地条件，因地、因时制宜，探索各具特色的乡村旅游发展模式。各地要根据自然环境、地域文化、依托的资源、针对的市场等不同，打造具有浓郁地域特色的乡村旅游产品。特色产业带动型、都市村庄型、景区依托型、农场庄园型、特色技艺展示型等多种类型的农村旅游发展模式，都有不同发展规律和特点，各级政府加强分类指导，要引导各种模式个性化发展，推动各种模式间的优势互补。

5. 坚持“市场导向、产业化发展”的原则

以市场导向配置资源，“近郊依城，远郊靠景，沿路沿江，城乡互动”，引导乡村旅游向优势地区集中，提高竞争力。要以市场需求为导向，引导各类乡村旅游经营主体，特别是农民按照运行市场化、要素规范化、经营规模化和网络化的方向，提高乡村旅游产业化水平，培育乡村旅游发展的微观基础。

6. 坚持“统筹城乡、以点带面”的原则

发展乡村旅游，要统筹乡村旅游产品与城市居民休闲需求的对接，统筹城乡基础设施和公共服务，实现城乡互动，带动城乡间人员和财富转移的速度和规模，加快城乡一体化发展进程。形成城乡之间互为客源、互为市场、互动发展的良性局面。要注重培育龙头以点带面，促进乡村旅游全面发展。建设“环城市休闲度假旅游带”，推进乡村旅游产品转型升级。

（四）乡村旅游与文化旅游综合体的几大特征

乡村旅游与文化旅游综合体出现是“旅游消费模式升级（从单一观光旅游到综合休闲度假）、景区发展模式升级（从单一开发到综合开发）、地产开发模式升级（从传统住宅地产到综合休闲地产）”三大升级共同作用的结果。从这个意义上看，更印证了“旅游综合体”必然是推动中国旅游产业再次升级的主力引擎，也决定了其核心特征包括以下五个方面。

1. 以一定的旅游资源与土地为基础

这是旅游综合体打造的前提所在。需要指出的是，这里说的旅游资源，是包括人工打造的资源在内的泛旅游资源的概念，如何转化成具有独特吸引力的旅游产品是其核心指向。土地资源，可大可小，它决定了旅游综合体的规模大小，影响着产品的配比结构。

2. 以旅游休闲功能为主导

作为旅游综合体，旅游休闲功能必须是主导，基于泛旅游产业综合发展的构架，融合观光、游乐、休闲、运动、会议、度假、体验、居住等多种旅游功能在内的“综合旅游休闲”的概念。当然，在实际开发中的功能综合配置，不是多种功能的简单大糅合，而是要根据具体情况，侧重打造其中某一项或几项功能。

3. 以土地综合开发为手段

旅游综合体，实际上根本就是以旅游休闲为导向的土地综合开发利用的一种手段，其目标是通过综合开发，进行多功能、多业态的集聚，以旅游发展提升土地价值、推动衍生产业发展、多元文化互动，最终实现开发回报的最优化。

4. 以休闲地产产品为核心

在此说的休闲地产产品，既包括度假酒店地产、休闲商业地产（商街）、休闲住宅地产三大核心类别，也包括其他特色主题地产如创意地产，这是旅游综合体开发最核心的一个板块，是盈利的核心所在。

5. 以较高品质服务为保障

作为旅游开发的升级模式，旅游综合体必须拥有超越一般景区的较高品质的服务作为保障，才能够实现良好的运营。

（五）乡村旅游与文化旅游综合体的促进与作用

乡村旅游综合体是在总结乡村旅游与文化旅游发展中所形成的成功经验基础上提出的一种全新的发展模式，它将乡村旅游与文化旅游综合体的发展完美嫁接。从大的层面上来说，一个成功的旅游综合体，对于提升城市品牌形象、提供更多就业岗位、推动产业转型升级等方面都有巨大作用。从旅游发展的角度来说，推动区域旅游从“观光时代走向休闲时代”；推动区域旅游从“景区时代走向旅游目的地时代”；推动旅游开发从“单一产品时代走向综合体时代”。

从地产开发的角度来说，旅游综合体为大地产开发，特别是旅游休闲地产的开发提供了一种创新的模式。按照“旅游综合体”的特色模式进行旅游休闲导向的土地综合开发，实现地产开发与综合旅游休闲发展的完美融合，为旅游休闲地产的创新开发带来了巨大的空间。其主要作用有以下几方面。

功能复合性：乡村旅游综合体不只服务于乡村居民，也要服务于乡村旅游者——城镇居民，这就要求其必须具备城镇与乡村的多重复合功能。

效益综合性：乡村旅游综合体的本质特征决定了它不仅追求经济效益，而且追求生态效益和社会效益，追求全方位的综合性效益。

要素系统性：乡村旅游综合体各个项目要素之间构成共生互补的能动关系。

产业规模性：乡村旅游以具有乡村性的自然和人文客体为旅游吸引物，依托乡村景观、乡村环境、乡村建筑、乡村文化等资源，开展各种休闲活动的一种旅游方式。

城乡融合性：从城乡统筹发展的视角出发，打破城市和乡村相互分隔的壁垒，逐步实现城乡经济和社会生活紧密结合与协调发展，逐步缩小城乡差距，使城市和乡村融为一体，而乡村旅游综合体正是形成城乡经济社会一体化新格局的重要载体。

二、乡村旅游与文化旅游综合体的背景

（一）综合体发展的新常态

旅游业在国民经济和社会发展中具有重要地位，但需要进一步改革以激发其巨大的发展潜力。2014 年 8 月 22 日国务院发布《关于促进旅游业改革发展的若干意见》（以下简称“31 号文件”）以十八届三中全会《中共中央关于全面深化改革若干重大问题的决定》等重要文件为指导思想，重点放在了“改革发展”上，这切中了当前旅游业发展的根本——如何在新常态下实现旅游业的新发展。新常态既包括宏观经济发展的新常态，也包括旅游业发展自身的新常态。

1. 从业内融合到跨界融合

旅游业在产业结构转型升级中，已经并将进一步发挥产业融合剂的作用，给其他产业带去新的市场、新的方向和新的商业生命周期。旅游业也在与其他产业融合的过程中汲取了全新的运作模式、经营理念和资本力量。

旅游领域内之所以能够打破传统上“羊毛出在羊身上”的盈利模式，形成类似于“羊毛出在牛身上”之类的创新，其根本就在于产业内部的融合以及产业间的跨界融合。不过，目前更多的跨界融合力量是来自市场的自发，政府对旅

游产业融合的实质性推动还较为薄弱，尤其是各地各级旅游行政主管部门可用于激励旅游业跨界融合的政策手段很有限。

从这个角度看，其实旅游系统内部的改革空间是比较有限的，改革的重要方向是将政府让权于市场；尽管旅游行政主管部门还需要加快推进改革，但客观而言，更多的改革可能在于与旅游密切相关的系统外部门的放权。

2. 从技术渗透到技术人本

技术创新与产业发展的结合是近些年旅游业发展的重要现象，尤其是互联网技术、信息技术与旅游业的深度结合。这些技术之所以能够给旅游业带来全新的模式，更多在于市场上出现了大量的全新的消费者，正是这些“80 后”“90 后”消费者的内在需求和禀赋变迁，成就了创新企业，推动了旅游业的变革发展。

任何技术的渗透都不构成智慧旅游的全部，只有把技术的智慧和人的智慧结合起来，才能真正实现智慧旅游的宏伟目标。因此，无论是政府还是企业，都不能忘了谁是新常态下的消费者，他们需要什么样的产品与服务等，否则会在新常态下失去生命力。

3. 从内部创新到外部创新

旅游发展的创新迭代模型，这个不太成熟的模型包括了开发创新、配套创新、组织管理和制度创新，这些创新是继起性、交替性的迭代，每个不同的发展阶段又有不同的创新重点。这其中很多是企业可以通过自身努力实现的创新，有些则是企业无能为力而必须依赖外部环境改善的创新，我们姑且将前者视为内部创新，后者视为外部创新。

在中国旅游业发展的进程中，我们看到以旅游景区为主的开发创新、围绕传统旅游六要素进行的配套创新、基于制度约束下的企业自身的创新，接下来我们将更多地看到政府大幅度减少对资源的直接配置、市场化改革在广度和深度上的新发展以及在这些制度创新下旅游业的新发展。

4. 从带病增长到内生增长

31 号文件不再提旅游人数等指标，希望通过评价指标的调整来对以往旅游经济增长模式及时矫正的思路是完全正确的。带病的、带着水分甚至泡沫的旅游经济增长并不是市场所需要的。

社会需要矫正以往那些没有足够市场需求支撑的、凭着领导意志形成的旅游供给，研究这些旅游供给如何加快改革、面向市场的问题；关注诸如房地产市场发展趋势调整后，对旅游业发展的影响问题。在旧常态下，这些都曾经是旅游经济增长的推动力量，但在新常态下，这些推动力量正在快速退出。如何在这些战术性力量退出的时候找到持续推动旅游业发展的战略力量和新的商业模式，已经成了当前非常急迫的任务。

5. 从碎片市场到系统市场

对于31号文件中提到的“支持具有自主知识产权、民族品牌的旅游企业做大做强”可以从两个方面来看：如何看待这些企业之前形成的“大”和“强”，如何看待这些企业“做大做强”与深化旅游改革的关系。

随着市场回归到商业本来的面目，随着经济发展的转型换挡，随着政策性保护和垄断加快淡出，这些机会导向的企业能否继续强大下去，无疑需要打上一个大大的问号。

当然，也不否认在市场经济大潮中中国出现了很多市场化的大型旅游企业。需要关注的是，在过去的30多年，很多中国的企业（包括旅游企业）过多地将资源配置在打价格战上，将企业的发展重点放在如何保证低价格前提下的盈利问题上。目前这种“以低工资来保持低成本，以低成本来维持低价格，以低价格来获得竞争优势”的企业发展思路已经到了必须调整的时候，必须积蓄价格战之外的、能够给企业带来持续发展动力的核心竞争能力，比如学习能力、创新基因、质量稳定、品牌资本化等方面的能力。①

旅游经济的发展需要借鉴生态群落理念培育形成旅游产业生态圈。用“你好我好”的共同演化思想去代替以前那种“你死我活”的双输思路，在共同进化、共同发展的产业生态圈中获得更持续的发展。

（二）综合体的文化创意发展

文化创意产业为旅游业可持续发展提供了新的机会和空间，旅游业应积极吸收文化创意产业的发展成果，提升旅游产品内涵。体验经济来临，文化体验是人们现代旅游需求的重要内容。把古老的历史价值和现代的文化价值自然地融合起来，让旅游目的地由内而外自然尽显独特气质，并凝聚成强大的吸引力和包容力，让游客浸润其中、尽情感受，这是文化旅游的核心。以发掘文化、表现文化、营销文化来升级旅游产品，是旅游业在体验经济时代的发展出路。

---

① 厉新建．新常态下的旅游业新发展［N］．中国青年报，2014－11－7.

为更好地顺应市场的需求、创造更大的综合效益，政府机构、旅游集团和地产企业，在区域土地综合开发项目上，都越来越多地指向了“旅游综合体”这一全新模式。据统计，在全国布局了上百个旅游综合体项目，南至海南岛，北到长白山，西至大漠边陲新疆，东沿海岸线蔓延。这一趋势，在未来五年甚至更长一段时期内必将继续存在，这是中国旅游产业转型的方向、中国地产开发创新的方向，也是政引导区域升级的方向。

创意经济背景下，旅游模式不断创新，由旅游业与文化创意产业融合而成的文化创意旅游综合体应运而生。文化创意旅游综合体具有融合性高、创意性强、文化性强的特征。文化创意型旅游综合体是泛旅游时代的产物，是一种崭新的产业业态，理论上是对既往各种文化旅游开发模式的融合创新，具有多产业、多功能、多目标、综合性等显著特点。文化创意型旅游综合体开发是一项复杂、系统的综合性创新工程，需要从现象中总结运行规律，在理论创新中寻求发展模式。总体发展状况良好，但仍然存在缺乏整体规划、“创意”内核难以凸显、同质化竞争严重、文化创意旅游人才稀缺等问题。最后，加大政府支持力度、重视创意产品研发、培养高素质文化创意旅游人才、完善市场体系成为文化创意旅游综合体的发展路径。

（三）综合体的政策环境

旅游综合体在未来的发展中，必然面临激烈的竞争。赢得竞争的关键，在于定位的突破，主要包括两个方面：其一，是区域功能定位。就是要跳出地块，在区域旅游一体化的结构中，通过发挥自身的比较优势，明确自身在区域发展格局中的定位，这是旅游综合体融入大区域城镇发展与旅游发展的前提。其二，是开发主题定位。实际上就要面向市场需求，以创造差异化的吸引力与感召力为指向，整合自然旅游资源、文化旅游资源和社会旅游资源三大资源，凸显放大比较优势，形成一个独特性的主题，即要找到“旅游综合体”打造的灵魂，这个灵魂将指导旅游综合体个性文化与特色意境的构建，是非常重要也极具难度的一个环节。

1. 政策环境在旅游综合体开发中起着举足轻重的作用，就像是滋养种芽的土壤一样，所在的土壤是否肥沃，是前期规划要解决的首要问题。从国家战略层面探究宏观态势，指导重点产业方向，如文化产业、旅游产业发展改革政策的频繁出台；从城市圈层举措把握区域态势，确定项目发展重点，如环首都经济圈，在邻近北京将近1000公里的范围内，建设养老、健身、休闲度假、观光旅游、有机蔬菜、宜居生活基地。

2. 城市通过交通路网串联起来，打造成全国内陆型经济开发开放战略高地及全国现代农业高技术产业、彰显华夏文明的历史文化等四大基地，这些大的区域性举措都为范围内的地区带来了发展动力和发展指向；从各项上位规划层面锁定主体功能与定位，项目所在地区的规划，如在城市总体规划、旅游发展规划等上位规划的全盘考虑中，找到属于本项目的角色和应当发挥的作用是项目得到政府认同、顺利报批开发、惠及地方发展的前提。

3. 旅游的发展之路是一条文旅交融之路。旅游是文化生活的重要内容，是文化传承保护的重要渠道，是文化交流的重要方式，是文化形象的重要载体，是文化繁荣的重要支撑。文化是灵魂注入的重要核心，是彰显个性的重要途径，是建设品牌的重要手段，是开拓市场的重要抓手。

4. 发展旅游产业，首先要发挥文化的引领作用，塑造旅游项目的文化张力、项目内涵，实现文化的现代传承和文化大发展大繁荣，最终才能实现项目的持久生命力。

用文化做基石，通过对地域文化的研究解读，结合现世人的价值观与消费需求，提取文化内核，并将文化创意化开发，产业化实现，最后转化为经济价值。文化旅游创意方面经历了三个阶段：第一个阶段是文化展示为主的阶段，注重器物上的表现形式，比如搞博物馆、展览馆、雕塑、小品来展示当地文化；第二阶段是以文化创意为主的阶段，这阶段更注重创意的力量；第三阶段是文化旅游经济体的发展阶段，或者叫文化旅游生活方式为主导的阶段，更加注重文化价值观的传播。

休闲度假时代的来临，消费者多元化的市场需求，结合旅游经济本身的特征，决定旅游管理者、投资者、经营者必须用全新的视野来审视。与商、农、工、教、文、体、康、行、娱、游、购、科、食、住等实施产业融合，拓展产业链条，创新旅游新业态，从而满足当下旅游者旅游过程中有看头、有玩头、有住头、有买头、有疗头、有行头、有说头、有学头、有拜头、有享头、有回头的多元化旅游消费需求。

（四）综合体的市场需求及其架构

发展乡村旅游与文化旅游综合体，是市场的需要。

1. 审美享受。长期生活在城市之中，看到的都是钢筋水泥，听到的都是汽车喇叭，呼吸的都是浑浊的空气，在这种情况下，人们不禁会追求一种别样的审美愉悦，而乡村旅游正符合了这种需求。这种美是纯自然的，是历史遗留的。无论是宜人的自然风光，还是充满了趣味的田园生活，抑或是清新的空气都让在都市中生活久了的人体验到别样的审美情趣。

2. 缓解压力。之所以选择乡村作为旅游地点，究其原因不是因为优美的风景或别样的生活方式，而是因为人们想要摆脱城市中快节奏的生活方式，卸下沉重的工作压力。乡村中完全不同于城市的生活环境，能让人们暂时逃避现实生活，遗忘所有生活上和工作中的不快。经过一段时间的放松之后，游客能以一种全新的状态进入现实生活中，重新接受挑战和机遇。

3. 教育体验。国外的乡村旅游，很多家长都愿意带孩子一同去，其中的原因除了娱乐之外主要是能对孩子进行最直接、最现实的教育。通过体验农村生活、品尝乡村野味、参与农业劳动，从小生活在城市中的孩子能够领略到农村中别样的生活方式，体味到农村人的辛苦和勤劳，学习到有关自然的知识，即寓教于乐，是一种很好的教育体验方式。

4. 文化传承。相比于城市，农村中往往保留了更多中国的传统文化。通过乡村旅游，建设民俗文化村，举办民俗文化节，都市人能够更好地了解乡村社会文化和民俗风情，起到传承中国传统文化的作用。

5. 促进农村经济发展。旅游业是一种投资少、见效快、收益多的高度综合的特殊产业，通过初次分配和再分配的循环周转，不仅促进了经济的发展，而且促进了贫困地区产业结构的优化、转变，从而提高了贫困地区人民的生活水平，缩小与发达地区之间的差距，对解决“三农”问题起着举足轻重的作用。同时，发展乡村旅游能使那些拥有丰富旅游资源而经济贫困、交通落后的地区，加快招商引资步伐。在贫困地区，由于土地资源有限，农村剩余劳动力一直存在。因此，通过发展乡村旅游，可以安置过剩劳动力，扩大就业面，极大地维护和促进了当地社会的稳定，提高了社会的整体效益。

6. 更新社会观念。农村地区之所以落后，很大一部分原因是观念的落后，而乡村旅游的发展可以吸引大量城市游客的进入，农民在为游客服务的同时也可以开阔视野，接收到城市中先进的思想和理念，更新陈旧的思想观念。

可以把乡村旅游与文化旅游综合体开发项目的构架分为三个中心：核心吸引

中心、休闲聚集中心、延伸发展中心。旅游综合开发项目的商业模式，就是以区域综合开发运营的视角，打造三中心。

其一，打造核心吸引中心——初步收益。这个核心，实际上就是旅游核心吸引物的打造问题，需要通过创新策划与设计，面向市场需求，整合自然、文化与社会资源，打造一个或若干个具有强大吸引力的项目。这是旅游综合开发项目必须突破的第一步。

其二，构造休闲聚集中心——扩大收益。通过核心吸引中心把休闲消费者吸引过来后，要通过度假酒店群、休闲街区、休闲广场、运动游乐项目、文化休闲设施、特色餐饮、主题表演留住消费者，从而扩大其消费，这是旅游板块能够获得持续收益的重要载体。

其三，创造延伸发展中心——延伸收益。通过前两大中心的发展，区域土地将会实现逐步的升值，这就需要通过延伸发展中心的创造，来获得土地升值的效益与可持续的发展，由此应该发展休闲地产、特色农业、文化创意产业、无污染加工业等产业来实现土地增值的落地与可持续发展的保障。

（五）综合体价值链定位及项目发展趋势

既然是旅游综合体，那么势必应该有多功能、多产业、多特色的单体旅游产品联合开发，共同形成综合性的旅游产品；那么也就必然涉及一定规模的土地利用与综合开发做旅游产业产品的基本支撑。为此，通过“资源转户，土地转换，产业转移，地产转型”四个流程的实施，把旅游综合体一体化发展起来，将是旅游产业未来发展的基本程序与核心思路。在以上的四个流程交互运营中，土地价值链的树立与构建将是旅游综合体的核心与关键环节。

1. 是土地依托性的资源：区域旅游综合体与单纯的山水观光旅游开发有着本质的不同，单纯观光旅游产品是依托自然的山水生态资源开发成为回归自然的旅游区，未来休闲与度假旅游产品依托的是包括自然山水在内的所有的生态环境资源、文化主题资源、民俗民风资源。换句话来说，就是依托生态环境的可开发的土地综合和利用资源（比如历史遗迹、沙滩、溪流、沙漠、森林、丛林、陆地），相关的游憩设施（比如会所、高尔夫、SPA、滑雪等），或可间接开发为旅游产品的资源（工地遗址、教育基地、乡村农业），来满足不同的客户群对休闲娱乐的渴求。

2. 是旅游消费者的活动：包括随意性的浏览观光者，遗迹分时段共享式旅游度假者。在休闲时代的大背景下，还应该包括有钱、有闲基础上人们所有的非工作岗位之外的活动，就此，旅游在未来时代，已经或者正在变换成为为生存而工作之外的无所不包、无处不在、无事不想的广泛内涵，比如商务、会议、购物、运动、洗浴、体育、竞技、度假、郊游等。

3. 是地产功能化的开发：成就旅游综合体的核心要求就是土地的运作、土地多元化流转和土地的集约化开发利用。因此，土地流转以及地产模式将是旅游综合体有序发展的基础和根本。就土地综合体开发并建设形成的地面建筑物、复合地产来说，还应该包括周末度假酒店、分季住宅或者第二居所的拥有者和使用者。

4. 是载体城市元的体现：旅游综合体的首要内涵是强调区域的概念，是复合型资源累计起来一体化规划、立体化开发、商业化运营的发展道路，复合型资源加上立体化开发必将形成城市化功能载体的自然融入，必然形成未来生态新城市或者环抱生态的度假功能区域。就发展而言，成功的旅游区域开发，大多会使非永久性居民成为永久居民，在未来人口规模增大，配套设施完善，旅游度假物业可成为退休隐居或其他长年使用的主要住宅，从而，旅游区域开发成为各城市间的链接纽带，加速了城市化进程。在我国的快速城市化进程中，各种资源及市场的高效配置下城乡融合组成城市边界的小市，也就意味着城市区间的大量土地的开发与利用。对于我国特殊的国情，农村成为土地储备最大的区域，在保证18 亿亩耕地不变的前提下，合理利用耕地流转占补平衡，农村建设用地置换，林地流转，荒地开垦利用等诸多手段寻求发展，成为城市化进程中重要的关注点。

乡村旅游有着十分广阔的发展前景。对于未来乡村旅游产品的具体形式与发展趋势，我们可以作如下预见。

其一，依靠生态化建设乡村度假村。乡村旅游开展所依托的资源，不是后人自己创造的，更多的是先前遗留下来，不需要靠恢复、模仿而再现的场景。因此，在对乡村旅游进行开发时，采用自然生态化的开发模式，借助优美的生态环境，构建乡村度假村是一个趋势。在度假过程中，游客可以在欣赏自然景观、亲身参与到农村的真实生活中来摆脱城市中的压力，得到全身心的放松，这在当今社会生活节奏加快、城市环境趋于恶劣的背景下将显得弥足珍贵。

其二，依靠文化建设民俗文化村。文化因素是乡村旅游得以兴起的基础之一。信息社会的来临，在给人类带来丰富的物质享受、充足的社会信息的同时，也使城市中的居民渐渐遗忘了中国传统的文化，遗忘了中国几千年来的瑰宝，更渐渐遗忘了自己国家的民俗风情。因此，乡村旅游在给游客提供视觉上的放松以外，更可通过体验旅游的方式让游客重温农民们的生活方式，体验别具情趣的民情风俗。因此，开展民俗文化村，举办民俗文化节，传播我国浓厚的文化底蕴也将是乡村旅游吸引游客的有利方式之一。

其三，开发模式多样化。目前，很多乡村旅游的内容和形式还处于比较基础的阶段，因此在未来发展过程中，乡村旅游必将采取多样化的开发模式，带动和引导国内市场需求向高层次发展。比如采用休闲农庄庭院开发模式，通常独户经营或由几家农户联合，进行些诸如采摘水果、蔬菜，吃农家饭，干农活等庭院活动，这种类型的景点是当前乡村旅游的主体；再如，观光农场绿色农产品开发模式，这种形式在国外比较流行，在未来的发展中，农场和牧场业必将逐渐兴起，促进观光农业的盛行。

其四，增加教育意义。从长远角度来讲，乡村旅游要达到可持续发展的目的，加强旅游过程中的教育意义具有重要作用。通过游览过程，为游客提供不同形式和内容的教育，使游客进一步了解当代农业科技知识，真实再现现代农村生活场景，传承中国传统文化内涵，让长期生活在都市的人们增加对农村的认识。

乡村旅游将成为未来我国旅游市场能够发展的一大亮点。我国的乡村旅游必须走与生态旅游、文化旅游相结合的道路，营造良好的生态环境，挖掘民族文化中丰富的营养，才能持久而兴旺地发展下去。

三、乡村旅游与文化旅游综合体的企业盈利模式

（一）综合体开发与管理模式

1. 开发原则

在开发方面，应当关注四个方面的原则。

（1）乡村旅游开发要与其他旅游开发相结合

乡村旅游不能理解为是一种纯粹的农业资源开发，而要与区域内其他旅游资源和旅游景点的开发结合起来，借助已有旅游景点的吸引力，争取客源，以形成资源共享，优势互补，共同发展的格局。

（2）与农村扶贫相结合

开发乡村旅游可增加旅游就业机会，可以从一定程度上解决农村剩余劳动力的问题，缓解农村剩余劳动力对城市的压力。

（3）乡村旅游开发要与小城镇建设相结合

小城镇的建设要按旅游城镇的风貌进行控制，使小城镇本身就成为旅游吸引物之一，也可以依托小城镇发展乡镇企业、旅游商业，如农副产品的深加工、旅游纪念品的生产等。

（4）与资源开发和生态保护相结合

在乡村旅游开发中要注意资源开发与环境保护协调的问题，防止旅游开发造成环境污染和资源破坏，加强与生态资源的有机结合，坚持在旅游资源开发中“保护第一，开发第二”的原则，走可持续发展的道路。

2. 综合体项目管理模式

旅游产品的提供要得到当地社区各个部门及政策法律环境的支持，只有政府运用行政手段、法律手段及社会手段去引导、指导旅游企业健康正常的经营，才能真正实现景区的全面持续发展。因此必须充分利用市场机制，积极探索旅游景区经营管理的新模式。

（1）国家直接经营管理模式

国家直接经营管理模式就是国家集旅游景区的所有者和经营者于一身，景区的管理、保护和开发经费由国家财政承担，景区的门票及其他旅游项目由国家定价（一般定价很低），收入上缴国家。这种模式在市场机制不完善的条件下发挥了积极作用，在保护遗产、体现社会公共利益、资源整合等方面表现得尤为突出。在同一景区内，建设、文物、林业、水利等多个部门插手管理，严重阻碍了旅游景区的健康发展。这种模式导致资源得不到有效配置，其经济价值得不到应有的体现。严重阻碍了旅游景区的健康发展。在专业性或公益性强的景区（景点）严格控制旅游的过度开发，保护自然文化遗产。

（2）市场化经营管理模式

市场化经营管理模式就是将所有权和经营权分离，真正把风景区作为一项产业来对待，将其作为独立的主体推向市场。存在的市场化方式主要有两种，一种是以项目的形式招商引资，由多个投资主体进入景区行使经营权；另一种方式是垄断经营权，以一家作为投资主体，进行垄断经营。

但也要认识到，旅游业是以持续为目标，需要将经济和环境效益结合起来考虑，而企业经营者往往只注重经济效益，而忽视社会、环境效益。

（二）民俗乡村旅游与文化旅游综合体开发的基本模式

乡村旅游与民俗文化相连，随着时间的推移，旧民俗文化正一步步远离我们，这并不是一个好的现象。对于这些民俗文化的保存也自然成了一个很重要的话题。对于我们来说，首先要对这一类的文化有所了解，但历史留下来的民俗文化我们不能盲目地全盘接受，也不能全盘否定。要进行有批判地继承以及发扬。而对于糟粕，我们要毫不犹豫地抛弃。这样，才能营造一个积极向上的文化环境。

通过对民俗文化的丰富内涵进行精选和加工，激发人们前来观赏民俗、了解文化的旅游开发行为可以概括为六种基本模式。

1. 集锦芬草式：指将散布于一定地域范围内的典型民俗集中于一个主题公园内表现出来。如深圳中国民俗文化村和美国佛罗里达州锦绣中华、北京中华民族园集中表现了中国的民族民俗文化，云南民族文化村集中表现了云南境内的少数民族的民俗文化。这一模式的优点是可以让游客用很短的时间、走很少的路程就领略到原本需花很长时间、很长路程才能了解到的民俗文化，其缺点是在复制加工过程中会损失很多原有的民俗文化信息内涵，如果建设态度不够严谨，可能会歪曲民俗文化。

2. 复古再现式：它是对现已消失的民俗文化通过信息搜集、整理、建设、再现，让游客了解过去的民俗文化。如美国的“活人博物馆”中，员工作为几百年的抵美“移民”而出现，身着16、17世纪美国劳动人民的服饰，向游客表演了用方形的扁担挑水、用原始农具耕作、用独轮车运输等古老的传统习俗以及各种民间舞蹈，吸引了大量国内外游客。杭州和香港的宋城、无锡的唐城、吴文化公园也属此类。这种模式的优点是可以令时光“倒流”，满足游客原本不能实现的愿望，但也存在着与集锦芬草式共同的缺点。

3. 原地浓缩式：一些少数民族村落或民俗文化丰富独特的地区由于时代的发展已在建筑、服饰、风俗等方面有所淡化，不再典型，或者民俗文化的一些重要活动（如节庆、婚嫁）原本在特定的时期才会呈现，令游客不能完全领会当地民俗文化的风韵，故当地政府或投资商在当地觅取合适地段建以当地民俗文化为主题的主题园，集中呈现其民俗精华。如海南中部的苗寨和黎塞风情园均属此类。其优点是便利游客充分了解当地或该民族的民俗文化精髓，其缺点是在真迹旁边造“真迹”，令游客自然形成对比，对有些游客不能构成吸引力。

以上三种形式可以归并为一个大类，即博物馆类，以丰富的民俗文化知识为特征，其员工都是专门的旅游业从业人员。

4. 原生自然式：它是在一个民俗文化相对丰富的地域中选择一个最为典型、交通也比较便利的村落对旅游者展开宣传，以村民的自然生活生产和村落的自然形态为旅游内容，除了必要的基础设施建设外几乎没有加工改造。如广东连南三排瑶寨、夏威夷毛利人村落等。其优点是投资很少，让游客有真实感，能自然地与当地居民交流，甚至亲身参与劳作，有很大的活动自由度；缺点是难以将旅游开发带来的利益公平地分配给村民，村民的正常生产生活受到干扰后可能产生抵触或不合作，难以保证村民们在接待游客时保持热情、友好、不唯利是图。

5. 主题附会式：指将民俗文化主题与某一特定功能的旅游业设施结合起来，形成相得益彰的效果。如苏州名园“网师园”传统上仅白天对外开放，让游人欣赏江南园林的造园艺术和文化内涵，夜间不对外开放，但近期“网师园”推出了“古典夜园”活动，利用园内各厅堂分别表现一两段苏州评弹、昆曲等各种类型的地方民俗文化艺术，游客同时可以领略苏州园林在夜景下的意境，很受好评。

6. 短期表现式：以上五种模式均为长期存在、旅游者可随时前往欣赏的旅游开发形式。但也有一些特定的民俗文化只存在于很短时间，激发短暂的旅游人流。主要有两种情况，一是出于民族民俗传统的节庆活动，如内蒙古的“那达慕”大会、白族和彝族的“火把节”等，其本意并非为了发展生旅游业，故不会长年存在，但在节庆期间会吸引大量的旅游者；二是流动性的民俗文化表演活动，如贵州组织民间表演队到国外演出松桃苗族花鼓、滩堂戏、下火海等，展现了民间文化的艺术风采，每到一处也吸引了不少外国民众远途而来欣赏（这本身即旅游行为），进而吸引游客前往贵州旅游。

一个地区的民俗文化开发应选择符合当地实际、体现民俗文化特色的适当形式。在民俗乡村若设置宾馆、餐厅，则可考虑采用主题酒店形式，即辅以主题附生式旅游开发模式。

（三）综合体的多种实践模式

1. 传统民俗文化＋旅游地产

深入挖掘项目所在地的传统文化内涵，并选取一些代表性的建筑元素和风貌，通过传统生活空间的场景再现、历史建筑风格的复原、地方民俗活动的举办、地方传统商铺的引入等手段，使游客具有身临其境的感觉，满足了游客对于传统文化的向往和追求。同时，配套高端住宅、酒店、商业、会所等设施，满足某些高端游客的居住、娱乐和休闲消费的需求，实现项目的开发收益。我们可以借助典型案例成都芙蓉古城对此予以说明。

芙蓉古城位于成都西郊青羊界，占地50万平方米，总体投资逾3亿元。芙蓉古城以川西民居为主，同时融入江苏民居、云南民居、唐风建筑等中国传统建筑精髓而成，由四合院型的建筑群组成。集川西民居之灵气、巴蜀文化之精华、古老成都之淳朴、江南园林之情趣于一身，是中国屈指可数的融居住、旅游、休闲度假、投资于一体的大型复合式旅游地产项目。

项目由川西民居宣华园、苏州民居沧浪园、云南民居拓东园、唐风民居玉溪园、独立宅院紫宸园五个组团构成，住宅均为2～3层仿传统民居的四合院与独立宅院，建筑外观典雅美观，各种文化特色鲜明的建筑符号充分体现了中国传统建筑的神韵。老成都传统的饮食文化、童趣文化、天府街市文化、茶文化、水文化、民俗文化在这里被演绎得淋漓尽致，而芙蓉古城也因此成为西部最大的生态园林式文化旅游、休闲度假、生态居住社区。①

2. 综合体与欧陆风情文化+旅游地产

以文化旅游为核心切入点，将文化旅游概念融入了整个企业的发展基因，使得自己的产品具有了独特的差异化优势，从而成为了国内地产界“文化经济”先行者。选取具有较高知名度和优美自然环境的欧陆小镇作为项目的文化旅游元素，在建筑风格和整体风貌上原样复制，深入挖掘所选国外小镇的文化内涵和人文特色，打造出具有独特魅力的文化旅游项目，吸引国内游客的关注，并凭借异域文化特色提升地产的品牌和档次，构筑高端文化地产项目品牌。

波托菲诺项目是这种模式的代表。在意大利语中，波托菲诺的本意是边界小港口。华侨城“波托菲诺”再现意大利千年古镇波托菲诺独特海域风光的原汁原貌，建于华侨城西部，占地达80万平方米，建筑面积108万平方米。建筑类型包括别墅、联排别墅、多层住宅、小高层住宅、商业配套设施。项目共分三期开发，推出后引起轰动，连续获得多项国家级奖项。

---

① 刘争．创新发展，打造文化旅游地产发展新模式［EB/OL］．http：//www.boraid.cn/article/html/153/153338.asp，2010－12－1.

在设计构思中运用了新都市主义的规划思想，意在为人们创造一个具有浓郁人文气息及地中海异国情调的社区。它别具一格的居住环境、景观、人文环境，赋予了“波托菲诺”丰富的历史、文化内涵，同时通过居住主题的创造、烘托来展现“波托菲诺”的建筑风格，使文化旅游和居住社区能够融合与统一。

3. 综合体古村镇旅游

所谓“古村镇”，是公众和媒体约定俗成的说法，从法律角度和学术内涵上并没有特别严格的界定，一般所说“古村镇是指在某个历史时期形成的，具有一定历史意义、文化特色和艺术价值的古村古镇。”至于其“古”的程度，“村”“镇”尺度和规模的大小，历史建筑和街巷风貌等的保存现状等，都没有明确限定。古村镇是地方经济、文化、生活、习俗的有机整体，不仅有古建民居、历史街区及民间工艺等有形的旅游资源，更包括民族艺术、空间环境及节事活动等无形的旅游资源。其独特的文化内涵，特别是与现代文明隔离所保留的传统环境迎合了现代游客求异心理。

（1）古村镇旅游的发展必须以当地旅游资源的特色为基础，以旅游客源市场的需求为核心。强化旅游产品的参与性功能。旅游产品应充分发挥其集历史文化、民俗风情和自然资源于一体的优势，创造性地开发丰富多样的旅游项目，最大限度地为旅游者提供体验参与的机会，使旅游活动在游客与旅游项目之间形成一种良性的互动。为了满足旅游者需求必须从真实性、参与性、动态性、高雅性、差异性等方面进行文化提升，全面的历史文化环境是一种背景。

（2）加大旅游资源保护力度。由于古村镇旅游资源的古老性和不可恢复性，所以一定要做好资源的保护工作。如果古镇旅游资源遭破坏或消失了，古镇旅游也就丧失了其发展的最根本动力。因此，要发挥古镇旅游资源的作用，首先要保持这些古建筑及其他遗迹的真实存在——不是以复制品、恢复建筑的形式存在，只有真实的才是最有价值的。

（3）加大人才的引进和培养力度。人才在旅游业发展中具有重要作用，所以对古村落旅游一方面要加大人才的引进力度，把高素质的旅游专业人才吸引到旅游业的发展中来；另一方面要重视现有从业人员的定期培训，从而使古村镇旅游从业者的整体素质得到有效提高。

（四）红色乡村旅游与文化旅游综合体的发展概况

红色旅游是旅游业的一支新芽，在国家政策引导、推动和市场需求的驱动下，近年来红色旅游蓬勃发展。红色旅游，是指以革命纪念地、纪念物为外在形式，以其所具有的革命历史、革命事迹和革命精神为内涵，组织接待旅游者进行参观游览，达到学习革命精神，接受革命传统教育和振奋精神、放松身心、增加阅历的目的的旅游活动。

与此同时，当前我国红色旅游发展中也存在着一些问题和不足。为了推进我国红色旅游的持续健康发展，应采取以下对策和措施。

1. 进一步扩大红色旅游的综合效益，注重整体有效规划

发展红色旅游应当注重综合效益，把政治文明建设、物质文明建设与精神文明建设有机地结合，使红色旅游的政治功能、经济功能、文化功能最大限度地发挥，从而促进红色旅游产业走上良性循环的道路。在这一过程中，一定要充分提炼红色旅游景区的红色文化内涵，将在红色旅游景区发展的历史长河中涌现的革命历史人物，以及他们的英雄事迹充分地挖掘和展示。各地区应将本地区红色旅游景区的发展置于全国红色旅游发展的整体规划中，注重统筹互补，形成气候。

2. 构建红色旅游产业格局

目前，国内很多红色旅游景区多采取展板、实物展示等单一的形式，形式简单，内容缺乏吸引力。不少旅游专家表示，只有将红色旅游内容丰富了才能吸引游客，如果红色旅游线路做不到精耕细作，没有众多游客的参与和整个社会的认同，红色旅游就成了一个空泛的概念，爱国主义教育也相应削弱了效果。

3. 丰富红色旅游内涵

国内有许多红色旅游点“孤立”存在，没有与其他旅游项目或景区形成集群效应，再加上红色旅游景区展示形式单一、乏味等原因，造成游客在红色旅游景区逗留时间短，能观赏的有价值的景点较少，无法在红色旅游景区形成中长期的游客群，游客消费有限，“回头率”低，经济效益低下。因此，要改变红色旅游区的现状，丰富红色旅游的内涵，就要变“单色”为“多色”，让“孤景”成“群景”，促进多元化游客类型的形成，提高景区的消费水平，提高经济效益。

4. 加强红色旅游景区的基础设施建设

对红色旅游景区的基础设施建设加大投入，在交通、餐饮、住宿及其他各项配套服务中凸显优势，在方便游客的同时，吸引更多游客的到来，促进红色旅游的发展，也带动革命老区和红色旅游区当地经济的快速发展。

（五）非物质文化遗产乡村旅游与文化旅游综合体

非物质文化遗产是一个民族、族群或者地区人民的精神家园，要充分认识其

旅游价值，普查并正确评估其旅游资源，在对非物质文化遗产资源的开发过程中，要科学合理地旅游开发，给予有效的保护，这也是对其精神家园的守望，从而真正实现非物质文化遗产旅游资源的可持续发展。非物质文化遗产与民族地区乡村旅游结合是一种全新的旅游理论，当前各国少数民族地区依托原生态的自然和非物质文化旅游资源发展起来的新旅游模式渐成热点，彰显出越来越重要的推广价值。

非物质文化遗产的旅游价值有以下几个方面。

1. 审美价值。非物质文化遗产保存较好，且特色鲜明，这是进行非物质文化遗产旅游开发的物质形态基础。

2. 历史价值。非物质文化遗产大多历史悠久，它承载着丰富的历史，是以前流传下来的历史财富。

3. 文化价值。非物质文化遗产是鲜活的文化，具有原生态的文化基因。非物质文化遗产旅游资源的存在价值是以该民族身份的原生状态的文化形态而出现的。

4. 科考价值。非物质文化遗产作为历史的产物，是对历史上不同时期生产力发展状况、科学技术发展程度、人类创造能力和认识水平的原生态保留和反映，是后人获取科技信息的源泉。

5. 教育价值。非物质文化遗产中包含了丰富的历史知识、科学知识、艺术精品的资源，是教育的重要知识来源。

6. 经济价值。非物质文化遗产由于具有原生态的文化特征，所以蕴涵着巨大的经济价值。旅游地通过对民间艺术真实地展演、对民俗文化的旅游开发，能更好地提高旅游地的知名度。与此同时，对传统工艺品进行重新设计包装成旅游商品，旅游者购买当地的旅游商品，能对当地能产生巨大的经济效益，从而拉动经济增长。

四、乡村旅游与文化旅游综合体的发展前景

（一）乡村旅游与文化旅游综合体发展的主流趋势

乡村旅游与文化旅游综合体未来发展趋势有五个方面，分别是旅居一体，新型生活方式成为主流；文化振兴，文化创意特征日益明显；市场细化，产品走向多元发展格局；三重助力，新型旅游模式前景广阔；多方关注，大型企业成为开

发主力。

从人口增长的速度来看，近年来，大城市人口增长迅猛，1000万人口以上的超级城市已有10多个，北京、上海等城市常住人口已超过2000万。多数大城市都不同程度地出现了土地、水、能源、交通、环境等领域的问题，个别城市甚至出现难以为继的严重局面。人口增长过快同时也造成社会竞争的激烈，工作压力过大、情绪持续紧张，使人们越发想要逃离城市，投入舒适、放松的环境中。创意旅游综合体是人们身心需求的必然产物。

从人口结构的变化来看，据国家统计局统计的数据显示，2001年到2020年是我国人口快速老龄化阶段。我国将平均每年增加586万老年人口，年平均增速达到3.28%，是全国总人口平均增速的近5倍。到2020年，老年人口将达到2.48亿，老龄化水平将达到17.17%。按照联合国规定的标准，我国已经步入老龄化社会，老年人市场已经成为一个庞大的市场，并且旅游作为一种社会化的活动，也日益成为老年人的主要休闲方式。创意旅游综合体产品休闲化、环境景区化的特征将使综合体成为老年人的生活首选。

从投资意向的转变来看，传统投资领域、生产领域已基本饱和，特别是传统房地产开发领域机会越来越少，住宅市场成熟期已基本到来，投资商的资金开始物色新的领域。创意旅游综合体是国家大力推进旅游业发展，人们消费意识形态生活化、休闲化双重背景下的产物，是迎合国家政策的“阳光工程”，符合市场规律，必将成为投资者开发的热土。

从以上三重视角正视创意旅游综合体的发展前景，可以说前途光明，发展潜力巨大。

伴随着中国步入休闲时代，旅游消费模式也在发生着变化，即由传统的以景点观赏为目的的“观光游”向以休闲消费、时间消费、度假居住为目的的“休闲旅游、度假旅游模式”转换。在这种模式下，人们对于旅游消费的需求将逐步倾向于“景区的环境+城市的设施”并存的模式。也就是说，人们向往一种“旅游在景区，生活在社区”的旅居功能一体化的全新生活方式。

从居民生活方式转变的阶段来看，处于中国城市化高潮阶段，大量居民涌入市区，步入了城居生活时代。随着城市人口压力不断增加、城市资源逐步稀缺，空间趋于狭窄、环境越发恶化，人们开始逃离城市的压力和氛围，急迫需要一个缓解压力、释放身心的生活空间，郊区生活时代到来。郊区生活虽然拥有优越的环境，但城中工作、郊区生活的长距离往返局面，无形中增加了人们每日的时间成本。随着我国逐步进入后工业化时代，会议集群、休闲商业集群、文化创意集群等服务业新兴产业开始外移，未来在远离城区的区域将形成环境优越、配套完善的，既宜居又宜业的区域。旅居模式呼之欲出，旅居生活将成为时尚。

旅居生活方式将以舒适放松的生态环境为基础，注重旅游休闲度假功能的构建，注重景观小品、园林格局、建筑风格、居住设施的设计，注重教育、医疗、购物等生活功能场所的配置。是中国休闲度假旅游由城郊型旅游目的地向更高消费层级迈进的核心支撑，也是未来创意旅游综合体发展的核心价值所在。2000年十五届五中全会通过的《中共中央关于制定国民经济和社会发展第十个五年计划的建议》中，首次提出文化产业的概念。

文化产业的振兴、政务市场的繁荣、老龄化进程的加快、健康关注度的提高等因素，也致使商务旅游、养生旅游、运动旅游、文化旅游专项市场群体和产品日益繁荣，温泉度假区、运动基地、养生地产、文化旅游园区等项目也如雨后春笋般发展迅猛。说明市场的进一步细化要求每个旅游综合体必须结合自身特征有所侧重地进行专项产品的精准包装。

重点突出、产品多元将是乡村旅游综合体对应市场需求变化的必然趋势，在土地和金融政策的双重打压下，传统房地产发展空间和利润空间将越来越小。乡村旅游综合体将成为更多开发企业投资的热点。

（二）乡村旅游与文化旅游综合体发展的走向

以文化旅游为产业核心推动城镇化，并不仅仅是它在推动城镇化方面的独到作用，更关键的是在打造文化旅游综合体的过程中，能够使当地居民增收致富、使投资者回报丰厚、让生态环境优化整合、让周边产业协同发展、让政府部门战略意图得到实施，使各方面的需求进行统筹兼顾，实现多方共赢。文化旅游综合体模式下的城镇化是实现“人文环境优秀、自然生态优异、产业发展优良、居民生活优越的全面城镇化”的绝佳途径。

中国各地的乡村旅游开发以农业观光和休闲农业为主，目前正向以观光、考察、学习、参与、康体、休闲、度假、娱乐等为一体的综合型方向发展，其中国内游客参与率和回游率比较高的乡村旅游项目是以“住农家屋、吃农家饭、干农家活、享农家乐”为内容的民俗风情旅游；以收获各种农产品为主要内容的务农采摘旅游和以民间传统节庆活动为内容的乡村节庆旅游等几个方面。

乡村旅游的迅速发展，逐渐呈现出产业的规模化和产品的多样化。国外一些与乡村旅游相关的旅游主要有：Agrotourism（农业旅游）、Farm Tourism（农庄旅游）、Green Tourism（绿色旅游）、Village Tourism（一般指偏远乡村的传统文化和民俗文化旅游）和 Peripheral Area Tourism（外围区域的旅游）等。

综合国内乡村旅游的现状和其他学者的研究成果，乡村旅游基本类型归纳为以下几类。

1. 以绿色景观和田园风光为主题的观光型乡村旅游。

2. 以农庄或农场旅游为主，包括休闲农庄，观光果园，茶园、花园，休闲渔场，农业教育园，农业科普示范园等，体现休闲、娱乐和增长见识为主题乡村旅游。

3. 以乡村民俗、乡村民族风情以及传统文化为主题的民俗文化、民族文化及乡土文化为主题的乡村旅游。

4. 以康体疗养和健身娱乐为主题的康乐型乡村旅游。

（三）乡村旅游与文化旅游综合体市场未来发展趋势

大力发展乡村旅游，是社会主义新农村建设的重要组成部分，是加快城乡经济统筹发展、实现产业联动和以城带乡的重要途径，对加快推进新农村建设、统筹城乡发展、增加农民就业机会、拓宽农民增收渠道、促进农村精神文明建设和满足游客旅游文化消费需求都具有十分重要的意义。同时，科学保护和合理开发各类乡村风光，宣传文化和生活吸引，开展乡村观光、休闲、度假和体验性旅游活动，对进一步保护生态环境和弘扬民族文化，丰富和优化我国旅游产品结构、产业结构、区域结构和市场结构都将发挥积极的作用。文化旅游综合体不是沿袭“城市效率优先”的传统原则打造新的“巨无霸”，而是秉持一种“愉悦生活”的观念，营造一个生态、人文、经济、生活等各个要素均衡配置，大多数人买得起房子，并能在此享受舒适生活的“轻城市”。

1. 发展方向

乡村旅游必须沿着与文化旅游紧密结合的方向发展，明确这一发展方向是使之规范化，健康、高速发展的根本保证。文化因素本来就是乡村旅游得以兴起的根基。乡村旅游开展所依托的资源，不是先人遗留下来的、死气沉沉的、被称作凝固乐章的静景观，不是靠恢复、模仿而再现的历史场景，不是失去原有自然环境的高度浓缩在有限空间中的民俗风情，而是世代伴随人类繁衍、进化，充满生气与兴旺景象的、能将游人融于其中的环境、氛围和活动。中国传统的“天人合一”的哲学思想给我们指出了一个深刻的道理，即只有贴近自然的才是永久属于人类的。生态旅游、文化旅游正是这一传统哲学思想在旅游业发展方向上的体现。

2. 发展目标

通过大力发展乡村旅游，形成种类丰富、档次适中的乡村旅游产品体系；把乡村旅游业培育发展成为繁荣和壮大我国农村经济的特色优势产业；把乡村旅游业发展成为旅游业新的主要力量；通过发展乡村旅游业着实启动乡村旅游消费市场，形成的社会消费热点。最终，把广大乡村建设发展成为国内旅游的重要目的地和客源输出地，建成统筹城乡的国民旅游消费大市场。推进我国乡村旅游实现消费大众化、产品特色化、发展产业化、服务规范化、效益多元化发展。

3. 工作目标

因地制宜，与文化旅游相结合，大力开发体验性、知识性农业旅游项目，挖掘文化内涵观光农业是一种文化性很强的产业，发展农业旅游不能只以田园风光、农事活动等作为吸引物，必须发掘农村文化中丰富的内涵，做到文化、乡情、景观三者的和谐统一。如果说，文化是“根”，乡情是“叶”，那么景观则是“花”。有文化内涵的产品将是21 世纪旅游产品的基本特色，只有在内容和形式上充分体现出与城市生活不同的文化特色和民族色彩，具有鲜明的地域特色和文化内涵，才能最大限度的激发旅游者需求动机。

张雷雷（文化部艺术发展中心）

第十章 文化旅游产业投融资

● 2014年中国文化旅游产业的投融资事件主要集中在重量市场的旅游地产和轻量市场的旅游在线服务两大细分领域中。

● 2014年传统行业向文化旅游产业的跨界融合不断增强，并且在股权投资模式的基础上，产业合作模式不断创新。文化旅游产业链条的边界在与其他产业的融合过程中逐渐模糊，外延更为广阔。

● 文化旅游产业资金中的政府参与部分在2014年表现为两大特征，一是参与积极性高涨，除海南、云南、湖南等文化旅游产业投资起步比较早的地区，其他地方政府在2014年纷纷关注区域内的文化旅游产业；二是政府资金参与模式普遍市场化，借鉴私募股权投资基金的模式，发挥政府资金引导作用，吸纳社会资本，由市场化专业团队管理。

● 文化旅游产业主要投资主体在2014年初步完成产业布局。区域型投资主体的叠加投资在2014年进一步立体化，更深层次的挖掘区域内文化与旅游资源。同期，以万达集团为代表的连锁型投资主体加大扩张力度，初步形成全国范围的投资布局。尤其在主题公园领域，国内外投资主体的竞争日趋白热化，单纯的规模投资已经没有优势可言，移植元素、挖掘内涵、提高品质、整合资源将会成为重量市场下一步的发展重点。

● 根据艾瑞监测数据，2014年中国在线旅游市场交易规模达3077.9亿元，比2013年增长38.9%。火爆的市场吸引了大量资本，2014年文化旅游企业的私募融资主要集中在在线文旅企业。此外，在发行上市的企业中，80%的企业选择了新三板，未来这里将是文化旅游企业股权交易非常活跃的板块。

● 2014年国家出台了多项与文化旅游相关的政策文件，包括《国务院关于促进旅游业改革发展的若干意见》《深化文化体制改革实施方案》《关于全面深化农村改革加快推进农业现代化的若干意见》《国家新型城镇化规划（2014~2020）》《关于推动特色文化产业发展的指导意见》等，结合近几年出台的其他政策文件，文化旅游产业的市场前景已经非常明确。

● 频繁颁布的利好政策，吸引各类资金在2014年将更多关注集中到文化旅游产业，而产业内原有资金格局在2014年也进行了部分调整，呈现出新的特征。可以说，文化旅游产业在投资方式和融资渠道等方面都体现了中国经济新常态的特征，未来发展潜力仍然很大。

一、2014 年中国文化旅游产业投资特点

在国家政策引导和宏观经济形势的影响下，文化旅游产业吸引了众多投资者的目光，大量资本和人力资源涌入该领域。2014 年，随着网络、数字、信息技术的发展，文化旅游产业链条上与之相关的领域迅速兴起，成为文化旅游产业领域投资的重要方向。同时，以基础设施建设为主要内容的资源依赖型投资开发模式持续保持增长态势。

（一）各类资本投资特点日渐清晰

近年来，文化旅游产业的投资热潮不断涌现，来自银行、债券市场、证券市场、私募股权机构等各方的资本对文化旅游产业表现出很高的热情。作为融合了文化产品市场和旅游产品市场不同特征的文化旅游业，各方资本在投资过程中也表现出对不同领域的青睐。

1. 投资公司型投资

投资公司型投资以风险投资和私募股权投资机构为主要投资主体，侧重投资轻量市场，比较关注是否已形成市场化程度比较高的、健全完整的投资环境体系。

在文化旅游涉及的产业链环节，投资公司型投资主体纵向上侧重文化旅游产业上游领域，如在线旅游服务、渠道和品牌传播等；横向上侧重于各类服务业，如会展服务、酒店服务、旅游短途的交通运送服务等。

在投资额度环节，投资公司型投资以小规模投资为主，重点提升品牌、渠道和文化内涵，如与影视、游戏、音乐等传媒手段的合作。

在涉及旅游景区的环节，对回收期有严格限制的投资公司型投资一般不参与刚开始运作、需要资本量很大的新景区，而是尽量寻找价值被低估的景区，或是休闲类消费景区。

结合此类投资特点，以及近年高科技、互联网渗透的惊人速度，2014 年轻量市场文旅企业的融资事件呈现“井喷”态势，相当一部分在线文旅服务商甫一出世就受到大量天使基金、风险投资的追捧，如我趣旅游网、6 人游、途家网、途牛网等服务商在 2014 年均进行了 2 轮融资。

2. 地产集团型投资

作为前几年文化旅游产业的主要投资主体，地产集团型投资更倾向重量市

场，多集中在产业链条上的基础设施建设环节，如景区开发和运营等，在对产业链条上文化内涵的挖掘和现代服务手段的运用方面相对欠缺。2014 年此类资金除了继续与各地资源对接，横向推进全国景区布局之外，在轻资产投资主导的内容打造方面也有所提升。

以万达集团为例，2014 年其在武汉的两个文化旅游项目，电影乐园和汉秀，一个是室内多厅电影科技乐园，一个是文化舞台秀，不仅内容更多文化、科技含量，建筑也结合了文化创新。除重量市场的文化衍生开发外，万达集团 2014 年进一步布局轻量市场，9 月与百度、腾讯合资成立的电子商务平台作为线上渠道，拟与定位在终端渠道的万达旅业进行资源整合，实现文化旅游产业上下游渠道和服务的链接，目标是打造文化旅游业的全产业链。

3. 政府主导型投资

政府主导型投资在文化旅游业发展初期是主要的投资力量，早期很多景区的投资都来自政府资金，但是随着文化旅游产业市场化进程的加速，政府投资重点转向公共服务设施。

2014 年政府主导型投资与产业和资本的对接更为深入，一方面表现在政府参与力度加大，各地方政府在景区开发、产业内中小企业扶持、产业发展创新探讨等方面热情高涨，以政府为主导的各地文化旅游节庆活动层出不穷。

另一方面，投资资金的参与模式在 2014 年凸显出市场化特征。投资主体由政府财政投入为主，转向由政府引导基金与社会资本结合，由专业团队管理，市场化运作为主。投向依然具有地域性强的特点，但是运作更多以市场为导向，由市场化团队自主开展。

4. 跨界参与型投资

文化旅游本身就是跨界融合形成的产业，部分投资主体由其他产业跨界进入，融合初期主要是股权投资，以并购文化旅游企业的股权或新设文旅企业为常规方式。近几年，随着文化旅游产业越来越火，越来越多的企业在探寻借力文化旅游、发挥自身优势的模式，挖掘传统行业的文化内涵，在项目投资的选择上跨界进入文化旅游产业，发挥多产业的协同效应，创新投资模式。随着这些企业逐渐汇入文化旅游的产业链条，文化旅游的内涵不断得以丰富，产业链条也得以延伸。

2014 年 1 月，中国移动通信与香港上市公司文化传信集团举办全球发布会，双方首个合作的游戏《跑向珠峰》，融合区域文化、旅游、音乐、动漫、电商、交易平台等内容，面向全球推广西藏文化旅游资源。

同月，梅赛德斯－奔驰宣布独家联手携程旅行网集团旗下顶级品牌 HHtravel，创建高端旅游品牌“梅赛德斯－奔驰旅游”（Mercedes－Benz Travel），标志着梅赛德斯－奔驰正式进军高端出境游市场，并成为首家在华推出高端旅游业务的汽车制造商。

2014 年 7 月，台湾联新国际医疗集团旗下子公司与广东泉林股份就以养生、康疗为核心的恩平泉林度假区项目合作达成共识，实现医疗保健行业与文化旅游业的跨界融合。

2014 年 10 月，由西霞口集团承办的山东省首届“渔夫垂钓”休闲海钓赛，昭示海洋渔业与文化旅游产业的顺利对接。

于 2014 年 1 月 1 日结束的顺德首届伦教珠宝旅游文化节，12 月正式启动第二届。伦教提出“珠宝、旅游、文化”战略，借珠宝文化和产品结合来提升珠宝首饰的附加值，将珠宝加工制造业嫁接在文化和旅游资源上。

2014 年文化旅游产业资本在各自偏好的细分市场间的界线有着逐渐融合的趋势。随着各类投资主体专业性的不断提升，以及文化旅游产业市场化程度的加深，资金在各细分市场间的交叉会越来越多，在资本平台上将会有更多类型的文旅产品出现，吸引更多更规范的资本参与。

（二）投资布局更为立体化

文化旅游产品的延展性强，投资单一产品的模式很难满足消费者多层次多角度的体验需求，而只有消费者对文化旅游产品产生多重多角度体验才可能使其加深对该产品的印象。另外，文化本身具有的一定地域性，这对投资项目可挖掘的深度和广度也提出了要求。为确保文化旅游产品的持续竞争力，2014 年产业内资金的投向和布局呈现多维度立体化特点。

1. 叠加投资

在旅游业地域性的限制下，多层次挖掘文化深度的投资能更好地发挥资金的效率，产生叠加效用，典型的投资布局就是一定地域范围内的满足多方面多层次体验需求的文化旅游综合体。

以陕旅集团为例，2014 年其投资以深度挖掘地域内文化旅游产品为导向，除单体投资项目尽可能满足消费者对文化和旅游的多重需求外，在投资维度上也充分延展、叠加，以期带给消费者陕西文化旅游“博大精深”的感受和体验。

表 10－1　陕旅集团部分叠加投资布局

陕旅集团部分投资	具体内容	规划及投资时间
西咸新区“北国风光”	田园生态型旅游文化中心	
“华清池”	唐文化旅游	
“唐乐宫”	仿唐歌舞剧院餐厅	
文化演出	延安保育院、《长恨歌》等剧目	
“文安驿古镇”	驿站文化、民俗文化、知青文化	2014 年 1 月项目启动
白鹿原文化主题景区	影视拍摄与观光、娱乐、休闲为一体	2014 年 2 月核心区开工
延安“圣地河谷”	红色革命文化、黄土民俗文化	2014 年 4 月全面开工
乾陵唐文华景区项目	武则天和乾陵文化	2014 年 6 月规划
金旅城“四海唐人街”	盛唐文化	2014 年 7 月项目启动
“西城往事”	集餐饮、娱乐、休闲、商务、旅游、文化于一体的多元复合型项目	2014 年 7 月开工

叠加投资寻找文化旅游产品间的内在逻辑联系，使文化旅游产业的开发在纵深上有所延伸、深化，将过去的小、散、差的分散投资开发转向整合的统一长远规划，从而形成一种立体化的可持续的投资。

2. 连锁投资

文化旅游产业的资金在数额上主要集中在资源性投资，资源的稀缺性促使投资主体在适当条件下自发执行扩张投资政策，从而一定程度的垄断资源，形成进入壁垒。大型文化旅游地产集团在 2014 年凭借其集团化、规模化和成熟的管理优势进一步推进全国范围的连锁性投资布局，而且在定位上也从传统的房地产开发商向文化旅游产业服务商转变。

在文化旅游地产有多项投资布局的万科集团，与以前年度的深圳浪骑游艇会、杭州良渚文化村、三亚森林度假公园、三亚湖畔度假公园、惠州双月湾度假村、清远白天鹅度假酒店等项目的战略定位不同，2014 年 12 月万科战略转型为“城市配套服务商”的重要内容和关键步骤，总投资达 400 亿元的吉林松花湖度假区也布局完成，从而形成万科集团南至海南、北至松花湖，中间有青岛、大连的文化旅游连锁投资布局。

此外，万达文化城作为万达集团文化旅游重点项目，目前已在全国布局 10 个左右，包括长白山、武汉、西双版纳和广州等，而万达的远期目标是将其建设到 20 座。其他如华侨城、方特、海昌、宋城等投资主体也在继续推进全国布局，取得了一定连锁经营的效益。

（三）地产类项目成投资热点

伴随部分资金雄厚的大型集团调整产业布局的契机，旅游地产以合理价格提供休闲生活多种选择，并以产品、生活配套、养生文化概念等文化内涵支撑，在2014年成为文化旅游产业投资的热点。

1. 投资额度大

作为文化旅游与房地产开发的结合，文化旅游地产项目普遍具有投资额度大的特点。例如，已于2015年1月16日正式开业的吉林松花湖度假区投资额度约400亿元；2014年2月28日，总投资300亿元的无锡万达文化旅游城正式开工；6月，深圳宝能集团先后与宁波奉化市政府、临桂新区管理委员会、桂林国奥凤凰国际投资有限公司等主体签署投资合作协议，投资约800亿元于宁波、桂林打造两大文化旅游地产项目。

2. 投资项目类型多元

文化的多元性，使文化旅游地产项目的类型也多种多样。例如，2014年2月，泰禾集团投资兴建了体验式影视旅游度假综合体；7月，陕旅集团投建金旅城·四海唐人街旅游休闲综合体项目；10月，碧桂园投资昆明奎南生态文化旅游产业园项目；随后，港中旅与海雅集团携手百亿筹划兴建国际文化生态旅游港。

3. 部分细分市场的资金集中度高

（1）主题公园市场增势迅猛

据世界著名咨询公司美国AECOM发布的行业第三方数据显示：2014年我国新开业的主题公园和水上乐园已逾25个。近几年，大量资金涌入主题公园市场。截至2014年陆续投资建成的各地主题公园，很多将于2015年开始营业，如乌镇大话西游主题公园、南京银杏湖乐园、南京乐天世界、芜湖方特东方神画乐园、上海冰城梦幻乐园、金华地心世界、西双版纳国际旅游度假区、西安乐华欢乐世界等。

2014年3月13日，我国首家在香港主板上市的主题公园运营商海昌控股公开发行股票10亿股，募集资金24.50亿元，为我国主题公园市场拓展了新的融资模式。

（2）具有明显区域性特点

目前我国文化旅游地产已经形成了明显的区域性，其中在海南、西南、环渤海、长三角及两广地区分布了约占全国85%的项目。从2014全年看，云南、海南、贵州依然是开发热点，但福建、山东、江西、湖北、四川、东北、西北等地也都在快速发展文化旅游地产。

二、2014年中国文化旅游产业投资基金情况

《国务院关于加快发展旅游业的意见》中明确指出要丰富旅游文化内涵，把提升文化内涵贯穿到“吃、住、行、游、购、娱”各环节和旅游业发展全过程，并提出要促进区域旅游协调发展，将我国旅游业发展推到了一个新的战略高度。为将政策落到实处，切实促进文化旅游产业的发展，2014年各地方政府纷纷组建区域内产业投资基金，文化旅游产业投资基金在数量和规模上均比2013年有较大增长，形成以政府投入为导向，社会资本为主力的产业投资基金态势。

（一）政府引导设立的投资基金

自十八届三中全会提出“市场要在资源配置中起决定性作用”后，各级政府及行业主管部门对财政资金的投入模式纷纷“拨款变投资、资金变基金”，即以财政资金为导向，撬动社会资本，由市场化运作主体向战略产业企业投资。在文化旅游产业方面，2014年突出表现为地方政府财政引导的产业投资基金设立意愿突涨，在数量和规模上也比2013年有较大增长，而且绝大多数是以市场化为主要运作模式。

表10－2　2014年至今政府主导设立的文化旅游产业投资基金

信息发布时间	地区	基金名称	筹资结构	投资方向
2014年1月	宁夏	文化旅游产业种子基金	由财政厅出资专项资金，由银川分行与宁夏文化产业投融资有限公司共同发起成立。 由宁夏文化产业投融资有限公司出资2亿元设立风险补偿专项资金，按照初始资金的10倍规模给予配套授信资金	针对自治区从事文化、旅游、科技、体育、教育等行业的国有、民营企业和其他类型中小微企业在经营发展中所需贷款进行信贷支持
2014年2月	河南	河南中原文化股权投资基金	基金主发起人为河南省文化产业投资有限责任公司（河南省政府直属企业），总规模为10亿元，首期规模3亿元	主要投资文化、旅游、创意等产业领域

续表

信息发布时间	地区	基金名称	筹资结构	投资方向
2014年2月	安徽亳州	文化产业创业投资基金	安徽省文化产业创业投资基金与市建投集团、亳州文化旅游公司共同设立。省文化产业创业投资基金出资5000万元、亳州市文化旅游公司出资2500万元	促进亳州市文化产业长足发展和融资模式创新，培育充实文化产业投资主体，营造良好的发展环境
2014年7月	四川雅安	雅安“4·20”芦山强烈地震产业重建生态文化旅游发展基金	财政资金5亿元（文化2亿元，旅游3亿元），市政府每年根据财政收入情况逐步增长	支持生态文化旅游融合发展试验区建设
2014年8月	山西	旅游文化体育产业基金	原则同意设立战略新兴产业、文化产业和旅游文化体育产业三支基金。 初步安排，旅游文化体育产业基金规模10亿元，首期5亿元，其中政府资金1亿元	体育文化旅游产业投资基金投向：旅游企业以兼并、控股、收购、参股等方式跨行业、跨区域重组和整合，六大旅游板块、八大休闲旅游度假区、18个核心景区，乡村体验旅游和工业感受旅游，深度开发旅游文化产品，体育发展重点领域，促进旅游、文化、体育交互融合发展等
2014年9月	吉林	吉林省旅游产业投资基金	吉林省文化产业投资控股（集团）有限公司发起设立。 该基金为私募股权基金，总规模达10亿元，首期规模将达5亿元。该基金的资金来源于社会融资，属于面向个人和机构非公开发行的私募股权基金，投资人为高净值人群。 通过旅游产业基金的设立，有望经过四到五年的时间，撬动100亿元以上的社会投资	致力于解决吉林省旅游业发展资金短缺的瓶颈问题，积极推进吉林省乃至中国旅游文化产业的跨越式发展。 基金主要投向吉林省旅游景区、旅游设施、旅游景点、旅游地产、旅游商贸、旅游文化和旅游娱乐等旅游项目
2014年10月	新疆一师	文化旅游产业发展专项资金	基数为1000万元，以后每年按5%～10%的比例增长	主要用于推动一师文化旅游产业跨越发展
2014年11月		中墨投资基金	中墨两国共同出资设立，目标规模24亿美元，第一阶段金额为12亿美元	主要用于基础设施、工业、旅游和能源等领域的投资合作

续表

信息发布时间	地区	基金名称	筹资结构	投资方向
2014年12月	甘肃	省级旅游产业投资基金	甘肃省在现有省级旅游专项资金的基础上，设立省级旅游产业投资基金。 从2015年开始，连续3年省财政每年预算安排1亿元作为引导资金，募集社会资金，放大基金效应，力争3年内分期募集社会资金30亿元	重点支持大景区开发、旅游基础设施、旅游配套服务设施建设和旅游商品开发，推进兰州水车博览园、黄河母亲主题文化公园、华夏文明甘肃文化产业园、兰州创意文化产业园、庆阳民俗文化产业园、庆阳农耕文化产业博览园等20个项目建设
2014年12月	陕西	陕西旅游产业投资基金	省政府注资7亿元给陕西旅游集团公司，要求陕西旅游集团公司以5亿元政府拨款为种子基金，发起成立陕西旅游产业投资基金。 国开证券和平安银行与陕西旅游集团公司等协商后，分别出资20亿元，陕西旅游集团公司在政府5亿元种子基金基础上再自筹5亿元，从而使基金总规模达到50亿元。西安银行、光大银行、恒丰银行分别授信50亿元，交通银行和招商银行授信之和达到100亿元，韩国的韩亚银行则授信1260亿韩币，从而使授信总额超过250亿元	主要用于扶持陕西省及周边相关旅游产业项目以及泛丝绸之路重大文化旅游项目。 投资重点关注旅游产业细分市场中具备较高成长潜力、投资规模适当、现金流量充沛、带动效应显著的企业及项目
2014年12月	山东临沂沂南	乡村旅游发展基金	民生银行与沂南县政府签订了总额5亿元的乡村旅游发展基金战略合作协议。当地整合了几处国有资产成立一家旅游投资公司，其中，民生银行注资4亿元、沂南县政府注资1亿元，通过民生银行为主、政府为辅的方式对沂南县境内在建、待建乡村旅游项目进行管理、支持	目前首批共同商定竹泉村、红石寨、马泉创意农业休闲园、林海花田等六个新建或分期阶段推进的乡村旅游项目，周期为5~7年
2015年1月	海南	海南国际旅游产业基金	该基金首期募集的目标规模约为50亿元人民币，工银国际投资管理公司与海航集团签订了海南国际旅游产业基金合作协议	投资领域将涵盖旅游基础设施建设、景区升级及配套设施的建设改造，亦可将一定比例的资金投资其他项目，重点解决海南旅游景区建设、交通物流、旅游信息化等基础设施所面临的融资困难问题

续表

信息发布时间	地区	基金名称	筹资结构	投资方向
2015 年 1 月	山东临沂	临沂产业引导基金	该基金由市财政预算安排，市场化、专业化运作，以 20 亿元为基础，发挥投资示范效应，力争在两年时间内，吸引带动社会资本跟进投资 80 亿元，争取实现 100 亿元	主要投资于市政府重点扶持的“10 + 6”现代产业体系确定的战略性新兴产业、现代农业、现代服务业、现代物流业、文化、旅游、电子商务等产业，以及“1531”骨干企业培植规划确定的企业和市内创新型、科技型、高成长型的中小企业
2015 年 3 月	陕西西安经开区	西安经开区天使投资基金	由西安市经开区政府每年投资 5000 万元人民币设立，目标规模 1.5 亿元	该基金用于研发后期、创业期的创新、创意项目，譬如科技创新项目、文化创意类项目以及其他创新、创意项目
2015 年 3 月	福建马尾	船政文化旅游基金	福州马尾经济文化合作交流中心与台湾海军军官学校校友文教基金会在中国船政文化博物馆签订《合作框架协议》仪式。 双方建立合作伙伴关系，以“海峡两岸文化创意产业园”为平台，共同致力弘扬船政文化，推动船政文化产业迈入新台阶，打造船政文化特色产业链	包括但不局限于船政文化交流、旅游产业等相关领域

数据来源：根据网络信息公开内容整理。

其他地方政府虽然没有明确文化旅游产业发展基金，但是 2014 年出台的相关政策也可以预示未来在资金投入方面的力度。如《天津市关于推进文化和旅游融合发展的实施意见》提出，到 2015 年文化与旅游快速融合发展，产业不断优化，新增 20 个文化旅游大项目，培育一批特色文化旅游演艺活动，举办 100 项特色文化旅游活动，文化、旅游产业增加值占全市 GDP 的比重分别达到 5% 和 7.5%，成为国民经济支柱产业；到 2020 年，文化与旅游实现深度融合，文化与旅游等生产要素高效聚集，推出一批精品文化旅游线路，扶持一批骨干文化旅游企业，建设一批文化旅游聚集区，形成一批国内外知名的文化旅游品牌，文化旅游产业发展的主要指标位居全国前列，使天津成为国际旅游城市和中国北方旅游中心。

《马鞍山市文化旅游发展行动计划》也指出，马鞍山市未来3年将在创业设计业、演艺娱乐业、传媒影视业、会展广告业、工艺美术业、观光旅游业、休闲度假业、乡村旅游业等领域加大投入，力争到2017年底，全市文化产业增加值占GDP比重超过5%，旅游总收入以每年25%以上的速度增长，形成马鞍山市各县区优势互补、相互促进、共同发展的文化旅游发展新格局。同时，马鞍山市还发布了市文化旅游产业项目一览表，共计63个项目，总投资额达840.24亿元。

此外，随着“一带一路”战略的实施，中国西北丝绸之路沿线省区纷纷借势打造“丝路”文化旅游牌，通过升级精品旅游线路、整合旅游资源、建立旅游信息共享机制等方式，努力让文化旅游成为促进“丝绸之路经济带”人文交流和经济发展的重要抓手。中国国家旅游局也已将2015年中国旅游主题确定为“美丽中国—丝绸之路旅游年”。可以预计，与此相对应的资金很快会成为沿线省区在未来几年的重要投向，而投入形式应该仍是以政府引导基金为主，吸引社会资金介入，在市场化运作模式下推进。

（二）非政府主导发起设立的投资基金

虽然在政府大力发展文化旅游产业的利好政策刺激下，2014年政府主导设立的产业投资基金扎堆涌现，但是在社会资本领域，考虑到文化旅游重量市场的风险和回收期等因素，非政府主导发起设立的投资基金数量和规模并未发生大的变化，主要集中在单体项目或轻量市场的股权投资领域。

表10－3　2014年至今非政府主导发起设立的文化旅游产业投资基金

时间	基金名称	管理机构	募集状态	目标规模	详情
2014年3月	张家界金赛银旅游文化产业发展引导基金企业（有限合伙）	深圳金赛银基金管理公司	——	RMB8亿元	资金用于建设张家界贺龙体育中心，除承办大型体育赛事功能外，还包括文体演绎、会展和5D影院开发，该基金初始投资3亿元
2014年3月	中弘长白山旅游文化产业投资基金	北京鼎立财富投资管理有限公司	——	RMB10亿元	通过股权的形式向中弘控股股份有限公司所属的长白山东参二期项目公司提供融资，该资金主要用于获得东参项目二期的土地及支付相关费用

续表

时间	基金名称	管理机构	募集状态	目标规模	详情
2014 年 12 月	上海康融股权投资基金合伙企业（有限合伙）	盛旅投资	首期募完，正在募集	RMB20 亿元	分两期募集，存续期 5 年，主要投资于旅游、文化、金融等具有发展潜力的项目，首期侧重于投资九龙山景区项目
2014 年 12 月	深圳市达晨创荣互联网股权投资企业（有限合伙）	达晨创投	首期募完，正在募集	RMB50 亿元	存续期 7 +2 年，该基金将聚焦于互联网新媒体产业的股权投资并购机会，布局于网络视频、OTT TV、移动互联网、网络游戏、在线旅游、在线教育、在线广告、智慧医疗等领域
2015 年 1 月	贵人鸟体育产业 I 期基金	贵人鸟体育产业投资	首期募完，正在募集	RMB20 亿元	该基金由贵人鸟股份有限公司与虎扑（上海）文化传播有限公司发起设立，该设基金将重点关注 O2O 体育运营、体育培训与个人健身服务、智能设备、体育网络媒体和社区平台等细分领域
2015 年 2 月	温州文化创意基金	东方汇富	正在募集	RMB10 亿元	首期规模 3 亿元人民币，由东方汇富创业投资管理有限公司负责管理，主要投资于文化创意产业

数据来源：根据投资界和网络信息公开内容整理。

三、2014 年中国文化旅游企业融资动态

2014 年中国文化旅游企业的融资主要集中在市场化程度和互联网融合程度都比较高的轻量市场，尤其是在线服务领域几乎占据绝对份额。下面将从发行上市、私募融资以及并购市场三个角度分析中国文化旅游企业 2014 年融资情况。

（一）2014 年文化旅游企业发行上市融资情况

在 2014 年发行上市的 20 家文化旅游企业中，传统的景区文化旅游公司有长白山、九华旅游、北部湾旅、大美游轮和参仙源等 5 家企业，占发行上市企业的 25%，其中前 3 家企业全部登陆上海证券交易所。

同期发行上市的公司中，提供旅游服务的在线平台公司有 5 家，占比为 25%；提供会展服务的公司有 4 家，占比为 20%；提供大型演出及服务的公司有 2 家，占比为 10%。

表10－4　2014年至今文化旅游企业发行上市列表

上市时间	上市企业	交易所	募资金额	行业与主营业务
2014年1月23日	众信旅游	中小企业板	RMB3.4亿元	提供出境游批发、零售、商务会展旅游业务
2014年1月24日	差旅天下	新三板	非公开	提供差旅出行及旅游相关产业的延伸服务
2014年1月24日	欧迅体育	新三板	非公开	体育赞助管理、体育资源策划管理、体育媒体内容管理等
2014年1月24日	中视文化	新三板	非公开	文化产业投资开发，影视基地投资，场地租赁，大型文艺活动，文化项目策划，承办书画、艺术品展览销售，设计、制作、发布、代理国内各类广告业务
2014年3月13日	海昌控股	香港主板	HKD 24.5亿元	主题公园及配套商用物业开发及运营商
2014年4月23日	高山水	新三板	非公开	为房地产住宅、公共园林和旅游度假区等提供生态绿化综合服务
2014年5月9日	途牛旅游网	纳斯达克	USD 7200万元	提供旅游度假产品预订服务
2014年6月20日	约伴传媒	新三板	非公开	新型旅游在线服务平台，为出行客人提供线上、线下全方位优质服务
2014年7月29日	亚泽股份	新三板	非公开	公关会展公司；国际贸易公司；国际旅游公司
2014年8月11日	景尚旅业	新三板	非公开	集酒店、旅游开发、票务代理、景点投资为一体的综合性旅游文化企业
2014年8月14日	北展股份	新三板	非公开	展览服务和会议服务等会展业务，会展项目的策划、发起及组织运行
2014年8月22日	长白山	上海证券交易所	RMB 3亿元	旅游
2014年8月29日	远古信息	新三板	非公开	旅游休闲行业信息管理系统的研发、销售和技术服务
2014年8月29日	景睿策划	新三板	非公开	大型综合展会项目的运营管理
2014年9月12日	光影侠	新三板	非公开	专注文化旅游体验产品设计与施工
2014年11月3日	云南文化	新三板	非公开	定点演出、国内巡演、海外巡演及大型歌舞演出编导等
2014年11月10日	路骋国旅	新三板	非公开	中国自驾游联盟指定官网
2014年11月12日	三利达	新三板	非公开	为国内各大旅游景区、猎场、射击场、俱乐部提供配套产品
2014年12月9日	大美游轮	新三板	非公开	长江水路涉外旅游运输、长江三峡观光旅游运输、酒店经营管理等业务

续表

上市时间	上市企业	交易所	募资金额	行业与主营业务
2014 年 12 月 9 日	参仙源	新三板	非公开	农业种植，兼营旅游产业
2015 年 3 月 26 日	九华旅游	上海证券交易所	RMB 3. 34 亿元	旅游
2015 年 3 月 26 日	北部湾旅	上海证券交易所	RMB 2. 72 亿元	旅游

数据来源：根据投资潮、投资界和网络信息公开内容整理。

代办股份转让系统（新三板）的全面开放为众多以服务类业务为主营的文化旅游企业融资提供了便利。在 20 家发行上市的文化旅游企业中，选择挂牌于新三板的企业占 80%。

随着新三板交易制度的逐渐完善与成熟，特别是做市商制度、转板交易规则以及新三板投资人准入门槛的降低，未来这里将是交易情况非常活跃的板块。同时，对于近几年在轻量市场上如雨后春笋般涌现的中国文化旅游企业而言，集品牌宣传、资本运作和退出机制为一体的新三板，无论在进入门槛还是等待时间方面，都不失为快速登陆主流资本市场的战略性路径。

2014 年 A 股已上市文化旅游企业的融资全部为非公开发行，共募集资金 56. 24 亿元。

表 10－5　2014 年文化旅游企业私募融资列表

证券代码	上市公司	发行日期	融资类型	融资数量（万股）	募集资金（万元）	本次发行量占发行后总股本比例
002033. SZ	丽江旅游	2014 年 2 月 18 日	非公开增发 A	6884. 38	78000	24. 43%
600138. SH	中青旅	2014 年 5 月 13 日	非公开增发 A	6721	122994. 3	13. 93%
002159. SZ	三特索道	2014 年 11 月 3 日	非公开增发 A	1866. 67	42000	13. 46%
600754. SH	锦江股份	2014 年 12 月 6 日	非公开增发 A	20127. 7	303525. 72	25. 02%
002059. SZ	云南旅游	2014 年 12 月 30 日	非公开增发 A	5338. 62	15840	17. 11%

数据来源：大智慧。

（二）2014 年文化旅游企业私募融资情况

移动互联网的发展和旅游服务具有天然的结合黏性，由于更能随时随地满足用户需求，因而能快速获得用户的接受及认可，与之相匹配的提供互联网或移动终端服务的文化旅游企业也以惊人的速度在吸纳资金。

据不完全统计，文化旅游类企业在2014年的私募融资事件次数是2013年的2倍，融资金额约为2013年融资金额的5倍。如匹匹扣旅游圈、我趣旅行网等企业设立当年即获得超额投资，我趣旅游网更是一年进行了2轮融资。此外，6人游、途家网、途牛网等服务商在2014年也都进行了2轮融资。携程网、同程网、途家网、虎扑网、来来会、匹匹扣旅游圈、途牛旅游网在2014年的融资额均达到亿元以上。

表10－6　2014年文化旅游企业私募融资列表

发生时间	融资企业	投资方	涉及金额	融资企业行业或主营业务
2014年1月1日	周末去哪玩	高恒资产	RMB数百万元	基于网站和微信的短途旅游服务网站，提供周边游线路预订服务
2014年1月1日	6人游（A轮融资）	非公开	USD数百万元	主要面对家庭、朋友等提供高品质舒适小团旅行的服务网站
2014年1月6日	雋水河旅游	三特索道	RMB 6268.76万元	集景区观光、湿地温泉、极限运动、度假休闲、企业会所、生态农庄为一体旅游公司
2014年1月6日	天水麦积文化影视基地	中阿产业投资私募股权基金	RMB 5亿元	文化影视的制作与拍摄
2014年1月10日	游多多旅游网	戈壁资本	USD 400万元	自助游服务平台，提供目的地景点、攻略、问答、结伴服务等，支持在线客栈预订等
2014年1月13日	爱旅行（A轮融资）	红杉中国	USD数百万元	提供限时特价旅游产品的网络平台
2014年2月4日	凤凰国旅	深圳基石资本/君联资本	非公开	致力于旅游市场综合服务的集约化企业
2014年2月16日	同程旅游	腾讯/博裕/元禾	RMB 5亿元	支持B2B和B2C模式的在线旅游电商网站
2014年3月1日	途牛旅游网	淡马锡/高原资本	USD 5000万元	提供旅游度假产品预订服务
2014年3月12日	佰程旅行网（B轮融资）	阿里巴巴/宽带资本	USD 2000万元	经营出境旅行服务的电子商务公司
2014年3月17日	好巧网	IDG资本	RMB 100万元	为出境自助游的游客提供实用便捷的搜索服务
2014年4月1日	途家网	携程	非公开	高品质度假公寓预订平台，提供旅游地度假公寓的在线搜索、查询和交易服务

续表

发生时间	融资企业	投资方	涉及金额	融资企业行业或主营业务
2014年4月1日	途风网	携程	USD 2309万元	主要提供大陆游客到美国、加拿大的出境游和目的地参团服务
2014年4月1日	同程旅游	携程	USD 2.2亿元	
2014年4月14日	我趣旅行网（A轮融资）	晨兴创投	USD 数百万元	从“美国旅行”开始，专注打造快捷、贴心的出境自助游服务平台
2014年5月1日	Hobobe	500 Startups	USD 10万元	面向外国游客提供中国入境游的网站
2014年5月18日	看台文化	非公开	RMB 300万元	中国体育与运动健康的移动互联网公司
2014年6月1日	湾旅信息（拖把儿户外网）	国富源投资	RMB 100万元	为户外运动爱好者提供空中、陆地、水上俱乐部的完整信息及休闲户外运动类的娱乐、精神和文化体验
2014年6月18日	途家网（C轮融资）	启明创投/宽带资本/纪源资本/鼎晖创投/光速创投	USD 1亿元	高品质度假公寓预订平台，提供旅游地度假公寓的在线搜索、查询和交易服务
2014年6月20日	玩途（A轮融资）	IDG资本	USD 100万元	主要经营国内旅游线路产品、商务会展旅游业务以及企业团体旅游业务
2014年6月27日	8264网（A轮融资）	非公开	RMB 5000万元	户外运动平台
2014年7月9日	虎扑网（C轮融资）	景林投资	RMB 1亿元	体育网站，在线上、线下、移动平台运营和推广体育赛事，为企业和组织提供一站式体育营销整合服务
2014年7月14日	发现旅行（A轮融资）	顺为基金	USD 数百万元	提供全程省心的一体化自由行服务
2014年7月17日	去兜风网	非公开	RMB 100万元	户外探索旅行的预订平台
2014年7月22日	海玩网	源码资本/红杉中国	USD 数百万元	全球当地旅游产品的直销平台
2014年7月31日	6人游（B轮融资）	华创资本	USD 1000万元	主要面对家庭、朋友等提供高品质舒适小团旅行的服务网站
2014年7月31日	世纪明德	携程	非公开	青少年游学、夏令营服务供应商
2014年8月1日	在首尔旅游网	非公开	USD 68万元	中国游客韩国自由行的服务平台
2014年8月7日	携程	Priceline	USD 5亿元	在线旅游
2014年8月7日	住百家	联想之星	USD 百万元	为中国大陆出境游自由行人群提供高品质的住宿和特色旅游产品

续表

发生时间	融资企业	投资方	涉及金额	融资企业行业或主营业务
2014年8月11日	驴妈妈（D轮融资）	非公开	RMB 3亿元	B2C在线旅游服务网站
2014年8月15日	来来会（B轮融资）	复星创投/鼎晖创投	RMB 过亿元	出境旅游特卖的旅游电子商务网站
2014年8月15日	哈达旅行（A轮融资）	梅花投资领投	RMB 千万元	目的地旅游线路预订平台，专注P2P出境游，分享旅游达人旅行经验
2014年8月21日	旅行派	五岳资本	RMB 500万元	服务自助游用户，致力发展智慧旅行
2014年8月21日	会小二	IDG资本	RMB 1000万元	为客户提供特价场地、活动会议套餐等会议产品精准推荐
2014年8月22日	丸子地球（pre-A轮融资）	五岳资本	RMB 近千万元	节目主持人会在当地人的带领下，深入体验世界各地的风土人情与当地文化
2014年8月22日	树熊网络（A轮融资）	阿里巴巴	非公开	为餐饮、酒店、休闲娱乐场所、展会、博物馆等提供WiFi广告营销、室内定位、客户管理等商业应用
2014年8月29日	胜利联盟	经纬中国	非公开	专注推动中国小场地足球运动及中国青少年足球教育
2014年8月	免签精选游	深圳创新投	RMB 数百万元	免签地出境自由行精选产品的网络平台
2014年9月1日	华远国旅	携程/中信产业基金	非公开	中国国家旅游局首批批准的特许经营中国公民出入境旅游的国际旅行社
2014年9月18日	我趣旅行网（B轮融资）	腾讯领投/晨兴创投	USD 2000万元	从“美国旅行”开始，专注打造快捷、贴心的出境自助游服务平台
2014年9月18日	四万公里	五岳资本	RMB 近千万元	基于以出境旅游、留学、商务考察的商用大数据统计与分析，以及对现有旅游行业模式二次构建等高新技术为主要支撑的平台和配套终端
2014年9月22日	Spottly	500 Startups/戈壁/心元资本	USD 85万元	基于旅游景点和目的地的点评分享社区
2014年9月30日	游谱旅行网	经纬中国	RMB 数百万元	一家主打个性化、高性价比的出境旅游产品服务商
2014年9月30日	舌尖旅行	五岳资本	非公开	一个把美食、出境游等融合在一起的移动社交应用
2014年10月13日	行天下	非公开	RMB 数百万元	出国旅游定制平台

续表

发生时间	融资企业	投资方	涉及金额	融资企业行业或主营业务
2014年10月19日	周末去哪儿（A轮融资）	蓝湖资本	USD千万元	一家主打周末旅游、周边游旅游项目的移动应用
2014年10月21日	携程	Priceline	USD 3亿元	在线旅游
2014年10月29日	度周末	高榕资本/浙江创投	USD 500万元	旅游产品、本地生活服务产品、拼周末延伸出的社交产品
2014年10月29日	苏州游良品	浙商创投/高榕资本	USD 500万元	主营短途周边度假在线旅游，国内外城市的周末游线路
2014年10月30日	无二之旅（A轮融资）	北软天使基金/安思晟投资	RMB 1000万元	主打私人定制的旅行服务提供商
2014年11月8日	爱旅行（A轮融资）	非公开	USD 1000万元	提供限时特价旅游产品的网络平台
2014年11月14日	走着旅行	高榕资本	非公开	专注于提供旅游目的地的深度游
2014年12月1日	42旅	安思晟投资/北软天使基金	RMB数百万元	马拉松赛事社交网站
2014年12月1日	爱信游（A轮融资）	华夏鑫宇投资	RMB千万元元	微信营销
2014年12月1日	七洲网（Pre－A轮融资）	盛大资本	RMB千万元元	境外游
2014年12月1日	路路行（A轮融资）	光速资本	USD 1000万元	出境游
2014年12月11日	匹匹扣旅游圈	谱润/华夏/海通	RMB 1.2亿元	为上游供应商和下游旅行社提供旅游产品预订、交易、保障服务的B2B平台
2014年12月15日	途牛旅游网	弘毅投资/京东商城/携程投资/途牛高管	USD 1.48亿元	提供旅游度假产品预订服务
2014年12月20日	面包旅行（C轮融资）	腾讯领投/富达亚洲风险投资/宽带资本	USD 5000万元	以移动APP为主体的个性化旅行社区，致力于通过移动技术连接中国旅行者和目的地服务提供方

数据来源：根据投资潮、投资界和网络信息公开内容整理。

从融资企业分布看，2014 年文化旅游企业的私募融资几乎都发生在与互联网相关的企业，如在线旅游、体育推广、会展服务等。

从投资主体来看，传统风险投资和私募股权投资基金仍是文化旅游企业的主要融资渠道，而企业间战略合作、强强联手动因推动的融资也成为2014 年私募融资的重要部分，如在2014 年动作频频的携程，已经不满足于简单完善产业链的需求，更多表现出规避竞争、战略共赢、专心巩固自身优势的战略态度。

从融资企业主营业务来看，在线旅游类企业占据了绝对优势，其中跨境游和个性化定制占据绝对比重。参与其中的大型企业往往是为了全产业链的布局需要，小企业则几乎都拥有个性化基因。以目前市场情况，创建新的综合平台已不现实，反而在细分领域占有一定市场规模的先行者会受到资本青睐。因此，随着市场划分越来越细致，越来越多的创业者投身到在线服务和个性化定制的领域。由此，在资本推动下，在线文旅企业的布局也比较清晰的分为两个层面，小企业抓紧细分市场快速做大，大企业抓紧先发优势快速并购。

（三）2014 年文化旅游企业并购重组情况

文化旅游企业根据消费者的需求可以将市场分解成许多的领域，可以针对特定消费者的需求不断创新主营业务，从而增强企业在细分市场的竞争能力。在这个过程中，产业内具有既有优势的企业对市场的支配能力和欲望越发增强，竞争力较弱的企业必将被竞争力强的大企业所并购。这不仅会提高行业的进入壁垒，而且能够实现资源的优化配置，在一定程度上保护文化旅游产业健康发展。

据公开信息显示，2014 年中国旅游企业融资、并购金额达到190 亿元（不含与旅游地产相关的投资）。其中，在线旅游和出境旅游是资本比较偏爱的领域，不过也有企业开始在线下传统旅行社中大肆扩张。

表10－7　2014 年至今非上市文化旅游企业并购列表

开始时间	并购方	被并购方	并购金额	状态	涉及股权
2014 年2 月19 日	北京探路者户外用品股份有限公司	Asiatravel. com Holdings Ltd.	SGD 400 万元	已完成	7.07%
2014 年4 月14 日	亚信联创集团股份有限公司（原亚信集团股份有限公司）	北京宝库在线网络技术有限公司	USD 1000 万元	已完成	非公开
2014 年4 月14 日	世界邦旅行网	途客圈	非公开	已完成	100%

续表

开始时间	并购方	被并购方	并购金额	状态	涉及股权
2014年4月15日	携程旅行网	开元旅游	RMB 5000万元	已完成	非公开
2014年4月21日	面包旅行	北京山水假日旅行社	非公开	已完成	100%
2014年4月23日	陕西华山三特索道有限公司	华阴三特华山宾馆有限公司	RMB 2359万元	已完成	46.83%
2014年5月9日	淘宝旅行	阿斯兰	非公开	已完成	60%
2014年5月13日	中国天化工集团有限公司	盈泰船务有限公司	非公开	终止	不少于50%
2014年5月27日	上海实业发展股份有限公司	上实发展（青岛）投资开发有限公司（青岛啤酒城项目）	RMB 7.02亿元	已完成	16.02%
2014年7月17日	苏宁环球股份有限公司	上海泓霆影业有限公司	RMB 2.81亿元	终止	51%
2014年8月11日	华邦颖泰股份有限公司（原重庆华邦制药股份有限公司）	重庆天极旅业有限公司	RMB 2550.18万元	已完成	100%
2014年8月14日	北京京西文化旅游股份有限公司	拉萨群像文化传媒有限公司	RMB 4.2亿元	进行中	100%
2014年9月10日	河北福成五丰食品股份有限公司	三河灵山宝塔陵园有限公司	RMB 15亿元		100%
2014年10月23日	深圳市腾邦国际商业服务股份有限公司	厦门欣欣信息有限公司	RMB 3600万元	已完成	12%
2014年11月21日	百视通新媒体股份有限公司	上海东方明珠（集团）股份有限公司	RMB 341.06亿元	进行中	100%
2014年12月17日	南宁八菱科技股份有限公司（原八菱散热器有限责任公司）	印象恐龙文化艺术有限公司	RMB 5000万元	已完成	100%
2014年12月19日	上海佳豪船舶工程设计股份有限公司	上海新巴富仕游艇有限公司	非公开	进行中	51%
2014年12月25日	去哪儿网	上海百事通信息技术有限公司	非公开	已完成	非公开
2015年1月6日	携程计算机技术（上海）有限公司	Travelfusion	USD 1亿元	已完成	控股
2015年3月11日	西安旅游股份有限公司	西安户县草堂奥特莱斯购物广场有限公司	RMB 2523.46万元	已完成	51%

续表

开始时间	并购方	被并购方	并购金额	状态	涉及股权
2015 年 3 月 19 日	深圳华侨城股份有限公司	上海华侨城投资发展有限公司	RMB 9929.76 万元	进行中	9.87%
2015 年 3 月 20 日	深圳市迪威视讯股份有限公司	江西省天域星空文化传播有限公司	RMB 2500 万元	已完成	51.02%
2015 年 3 月 24 日	广东全通教育股份有限公司	河北皇典电子商务有限公司	RMB 5362 万元	进行中	51%

数据来源：根据投资界和网络信息公开内容整理。

2014 年文化旅游类并购的动因主要有三类：第一类是原有业务优势不明显，出于提速抢占市场的需求，如华邦颖泰；第二类是欲跨界抢占文化旅游产业的机会，如探路者；第三类是欲打通产业链上下游，巩固行业龙头地位，如携程网、去哪儿网等公司。

随着文化旅游产业快速发展而催生出的新企业、新领域，将在未来的几年进行大范围的并购整合，跨界并购、强强联手、集团内部布局会在整个产业链上逐一展开，重新配置产业资源。

表 10－8　2014 年上市文化旅游企业并购列表

首次公告日期	并购方		被并购方		转让标的类型	标的描述	交易金额（万元）
	代码	简称	公司	与上市公司关系			
2014 年 10 月 29 日	002033	丽江旅游	云南睿龙旅游投资有限公司	公司控股参股公司（吸收合并）	资产	云南睿龙旅游投资有限公司	——
2014 年 6 月 24 日	002059	云南旅游	江南园林有限公司	无关联关系	股权	江南园林有限公司 80% 股权	RMB 47，520
2014 年 6 月 16 日	002707	众信旅游	竹园国旅	无关联关系	股权	竹园国旅 70% 股权	RMB 63，000
2014 年 12 月 18 日	300144	宋城演艺	六间房	无关联关系	股权	北京六间房科技有限公司 100% 的股权	RMB 260，205.10
2014 年 9 月 3 日	600258	首旅酒店	南苑集团	无关联关系	股权	宁波南苑集团股份有限公司 70% 股权	RMB 28，000
2014 年 11 月 11 日	600754	锦江股份	Groupe du Louvre	无关联关系	股权	Groupe du Louvre 100% 股权	EUR 148，441

数据来源：大智慧。

四、2014年文化旅游企业投融资典型案例

（一）万达集团2014年文化旅游产业投资布局[①]

万达集团从2006年开始涉足文化产业，到现在已经涉及文化旅游城、电影产业、舞台演艺、电影娱乐科技、主题公园、连锁儿童娱乐、连锁量贩KTV、报纸杂志、艺术收藏等领域。其中，文化旅游产业类型的文化旅游城、舞台演艺、主题公园等项目在2014年加快投资力度，基本完成了初步布局。全年文化旅游产业收入增速超过房地产收入增速，各业务板块表现均很突出，万达旅业收入75.1亿元，完成年计划的107.3%，超额完成向万达文化旅游目的地输送游客的目标。

2014年，万达在武汉布局两个文化旅游项目，电影乐园和汉秀，一个是世界室内多厅电影科技乐园，一个是文化舞台秀。这两个项目不仅内容创新，建筑也创新，汉秀剧院造型取自中国传统的红灯笼；万达电影乐园造型取自湖北出土的中国一号编钟，两个建筑本身也成为中国文化建筑地标。汉秀和电影乐园2015年上半年的票已基本售罄，创造世界同类产品销售奇迹。除武汉外，万达集团目前还有西双版纳、青岛、无锡等项目在建。

2014年万达开工无锡和广州万达城两个巨型文化旅游项目。万达文化旅游城是万达集团凭借多年在商业、文化、旅游产业积累的丰富经验，创新的世界首个特大型文化旅游商业综合项目。万达已有武汉、长白山、西双版纳、哈尔滨、青岛、南昌、合肥、无锡、桂林等9个文化旅游城项目。万达城集世界级秀场、星级酒店群、室内室外主题乐园、电影科技乐园、万达茂业态于一体，是世界首屈一指的文化旅游航母项目。2020年前，万达计划至少开业10个重大文化旅游项目。

随着旅游地产竞争加剧，投资拉动型项目已经不符合可持续发展的需要，万达集团在各地建造的文化旅游项目都是充分挖掘各地的文化，将文化渗入项目的方方面面，以期提高项目整体价值、满足消费者多层次需求。例如，体现江西“千年瓷都”风貌，具有鲜明江西地方文化特色的南昌万达城；西双版纳主题公

① 万达2014年上半年工作报告［EB/OL］. http：//www. wanda. cn/2014/report_ 0717/29071. html，2014－07－17.

园则设计了热带雨林、茶马古道、蝴蝶王国、水上乐园等几个园区，都具有浓郁的地方文化特色。

万达的经验是必须与创新、科技、规模相结合，才能真正大发展、大繁荣。最近几年，万达还将开业一批创新的文化旅游项目，进一步推进文化旅游产业的投资布局。

（二）腾邦国际多起并购拓展旅游业务线条

根据腾邦国际年报披露，2014 年其当年发生并完成的合并共 9 起，涉及金额 6706.98 万元。

腾邦国际认为，并购整合是在线旅游行业做大做强必由之路。对于还处于成长初级阶段的中国在线旅游企业来说，扩大并夯实自身的市场份额是第一要务，在此基础上借力收购兼并等资本运作，不断完善其业务模块和区域性布局，最终实现做大做强的目的。以机票代理起家的腾邦国际，上市前后均通过并购的方式扩大公司的规模和市场份额，使其在机票代理领域的市场份额排在全国前五。

2014 年 8 月，腾邦国际通过收购业内知名的机票交易平台成都八千翼网络科技有限公司，完成了从传统的批发供销模式向平台交易模式的跨越。

10 月，腾邦国际联合腾邦梧桐在线旅游产业基金以总价 1.95 亿元，分别收购在线旅游平台欣欣旅游 12% 和 53% 股权。被并购方欣欣旅游是一家专注于帮助旅游企业实现在线化，面向旅游行业提供旅游信息化整体解决方案的互联网技术开发公司，是能够实现集网上商铺、在线收客、同业采购分销于一体的 B2B2C（为旅行社和批发商提供平台，由旅行社为消费者提供服务）平台。

2014 年底，腾邦国际又相继收购了杭州泛美航空国际旅行社有限公司及重庆新干线国际旅行社有限公司。

至此，基本实现了腾邦系的全国布局，建立起了广泛的产品获取及线下服务落地网络，完成了商旅生态圈的核心布局。其中，腾邦国际对欣欣旅游网的并购，更是公司迈向大旅游产业的关键战略性举措，除了给公司带来更强的研发能力及渠道能力之外，更把公司从一个千亿级的市场推向万亿级的市场，并使公司就此获得稳固的互联网基因。

随着腾邦国际在商旅领域全国布局的基本完成，公司已向大旅游行业伸出了触角并在 2014 年对战略进行了全面升级，从“商旅 + 金融，构筑商旅行业生态圈”，迈向新的“旅游 × 互联网 × 金融，建设大旅游生态圈”的战略模式。在立